今日の総理

池上 彰

ビジネス社

はじめに

　遂に日本でも本格的な政権交代が起きました。総理大臣が自民党から民主党に交代すると、何が起きるのか。総理大臣の一挙手一投足には、これまで以上の関心が高まっています。

　総理大臣（首相）の仕事は激務です。早朝から深夜まで、さまざまな相手と会っています。

　そんな首相の日程がわかるのが、新聞各紙の2面ないし4面に掲載されている前日の首相の行動です。朝日新聞では、「首相動静」という欄で、前日の午前と午後に、首相が誰と会い、どこに行ったのかが詳しく掲載されています。

　首相としての本来業務以外にも、家族や友人との食事などプライベートな情報も掲載され、公人としての首相の動きが、国民にはっきり見える形になっています。

　それぞれの首相が、どんな交友関係を持っているか、一目瞭然の情報の宝庫でもあります。休日に、「終日公邸で資料整理などして過ごす」と書いてあると、「資料整理」とはなんぞや、という疑問も湧いてきます。

　連日高級料亭で会食していた首相もいれば、週末ともなると書店に足を運び、大量の書籍を購入していた首相もいます。麻生首相のように、ホテルの会員制バーに通っていることが批判された人もいます。

　この「首相動静」欄を外交に活かした外交官もいます。外務省アジア大洋州局長だった田中均氏です。北朝鮮の拉致問題を北朝鮮の担当者と水面下で交渉する際、自分がいかに小泉首相と太いパイプを持っているかを示すために、北朝鮮の担当者に、この欄を見るように求めたそうです。ここに、自分の名前が頻繁に登場し、小泉首相と会っている様子がわかるからです。

新聞の片隅に掲載されている小さなスペースですが、思わぬ使われ方をしているのですね。

さらに、日本の首相の仕事ぶり、人間像も見えてきます。この欄を分析することで、日本の政治の、もうひとつの側面があぶりだされるのではないか。そんなことを考えて、「首相動静」を分析することで日本の政治を考えたのが、この本です。

朝日新聞に「首相動静」が掲載されるようになったのは、1977年2月の福田赳夫内閣からです。それ以降、鳩山内閣までの32年間の首相の動向をピックアップしました。

1ページないし2ページを使い、上段に「首相動静」の新聞記事を載せ、下段に分析した私の原稿を掲載します。

「首相動静」はしばしば話題になるのに、こうしたタイプの本は、これまで存在しませんでした。画期的な企画だと自画自賛したいのですが、我が国の首相のレベルがわかってしまいそうで、怖い気もします。

さて、あなたは、歴代の首相のうち、誰を評価するのでしょうか。

2009年11月

池上　彰

今日の総理／目次

今日の総理

カバーデザイン／渡邊民人（TYPEFACE）
本文デザインDTP／相馬孝江（TYPEFACE）

第1章

首相の行動は見張られている

日本の首相が執務する首相官邸。その敷地内に、新聞社、放送局、通信社の記者たちが所属する「内閣記者会」があります。通称「官邸記者クラブ」です。

この中にいる各社の記者のうち若手が「総理番」と名づけられた仕事を担当します。朝から晩まで首相の動向に注目し、首相が外出する際は、追いかけていきます。毎晩のテレビニュースに、首相が記者のインタビューに答えるシーンが登場します。あの場面で、首相にマイクを向けたり、近くでメモをとっていたりする記者たちが、この「総理番」です。

かつては各社の記者が一斉に首相の自宅まで追いかけたため、深夜の住宅街が混乱する騒ぎも起きました。このため現在では、各社の記者が同行するのは首相の主要な行動だけになりました。それ以外については、共同通信と時事通信の2社の記者だけが張り付き、各社に首相の動向を知らせるという態勢になっています。

総理官邸が現在の建物に建て替えられるまでは、各社の記者たちは、総理執務室のすぐ近くまで立ち入ることができ、総理が誰と会っているか、つぶさに観察することができました。マスコミが一国の政治指導者にここまで近づくことができるのは、日本だけだと言われたものです。

しかし、近代的な総理官邸に建て替えられてからは、記者たちの目の届かないルートを通って総理執務室に入ることが可能になりました。このため、「首相動静」に報じられる会談以外にも、実は極秘の会談がありうるようになりました。

したがって、総理官邸に正面から入って首相に会う人たちは、「首相動静」に掲載されることを承知の上。つまり、明らかになっても構わない会談だけが掲載されているともいえます。

でも、裏のルートから入る人はごくわずか。そこに行くまでの間に記者に見つかる恐れもありますから、滅多なことでは利用されません。それよりは、正面から堂々と入り、本来の会談目的は隠して、別の名目で会ったことにする、という方法もとられています。

さらには、夜に外で人と会う場合も、表向きに発表された相手以外の人と、こっそり会っていることも少なくありません。

こうした密談は、かつては赤坂の高級料亭が舞台でした。首相がこっそり会いたい相手は、早めに料亭の別室に入ります。後から到着した首相は、いったんは、記者に事前に発表した相手と会食しますが、途中で部屋を抜け出し、別室で密談。話が終わると、再び元の部屋に戻って会食を続け、一緒に料亭を出ます。料亭の前で待っていた記者たちは、

首相の車を追いかけていきます。記者たちがいなくなったのを見計らって、密談の相手が料亭から出て行くという仕掛けでした。

細川連立内閣が発足すると、「古い料亭政治からは決別する」として、首相の料亭通いは姿を消し、代わってホテルのレストランの個室や会員制バーが利用されるようになりました。これは細川首相自身が、料亭を好きではなかったという事情もあったようですが。

料亭でもホテルでも、高い費用がかかり、密談が可能だという点では同じようなものなのですが、国民の受ける印象は異なるというわけです。舞台がホテルに移っても、記者たちに知られたくない密談は続いています。

首相がどこの理髪店（床屋）に通っているかということが話題になったこともあります。鳩山首相は、理髪店ではなく美容院に通います。休日は夫婦で手をつないでパンを買いに出ます。

首相のライフスタイルは大きく変わりました。それでも、マスコミに知られたくない行動はあるはずです。

首相の動静を逐一知って報道したい記者たちと、その監視の目を潜り抜けて密談をしたい首相。「首相動静」の背後には、そんな丁々発止《ちょうちょうはっし》の駆け引きもあるのです。

第2章

「宇宙人」が首相になった

——鳩山由紀夫

2009年8月30日に行われた衆議院総選挙で、民主党は308議席を獲得する大勝を収め、自民党を破り、政権交代を実現させました。9月16日の特別国会で、鳩山由紀夫代表が、首相に指名されました。

自民党の初代総裁だった鳩山一郎の孫が、自民党を打ち破るという歴史の皮肉です。

従来の自民党政権では、組閣後、新大臣が記者会見の前に役所のレクチャーを受け、想定問答集を持って記者会見に臨み、原稿を棒読みする光景がしばしば見られました。しかし鳩山内閣では、事前レクチャーを禁止。各大臣が、メモも持たずに自分の言葉で語る姿が新鮮でした。

各省では、大臣と副大臣、政務官のチームが方針を決めるという、政治主導で業務が始まりました。考えてみれば当たり前のことですが、これまで行われてこなかったことです。

長妻昭・厚生労働大臣は、後期高齢者医療制度の廃止を明言。前原誠司・国土交通大臣は、八ッ場《やんば》ダムの建設中止の方針を打ち出すなど、各大臣とも選挙のマニフェスト（政権公約）に従った行政を開始しました。

こうした内閣の姿勢を好感し、内閣発足直後の世論調査では、各社70％から75％という高い支持率を記録しました。これは、小泉内閣、細川内閣に次ぐ歴代3番目に高い数字です。

鳩山由紀夫首相は、旧来の政界の常識に染まることなく、常に理想を語る姿勢が浮世離れしていると して、「宇宙人」と呼ばれることもありました。

元衆議院議長だった鳩山和夫、首相になった鳩山一郎、参議院議員だった鳩山威一郎と政治家が続く鳩山家に生まれますが、最初のうちは、政治家に興味がなかったそうです。子どもの頃から政治家への野心をむき出しにしていた弟・邦夫とは、そこが違いました。

東大工学部を卒業後、アメリカのスタンフォード大学の大学院博士課程を経て、東京工業大学助手、

専修大学助教授と、理系の研究者の道を歩みました。

しかし、父親や弟の影響を受けたのか、39歳にして、突然政治家に転身します。実家は東京の文京区ですが、1986年の衆参同日選挙で、自民党公認で北海道から立候補して当選します。このときは、参議院議員の父、衆議院議員の弟と共に3人同時当選でした。

当選後は、弟と同じ田中派に所属しました。

1993年、宮沢内閣不信任案が可決されると、鳩山は武村正義などと共に自民党を飛び出して新党さきがけを結成。細川内閣では、武村官房長官の下で官房副長官を務めました。

1996年、菅直人らと民主党（旧）を結成。1998年、民政党と新党友愛、民主改革連合が合流します。

さらに2003年、小沢一郎率いる自由党と合併して、いまの民主党が完成しました。

母方の祖父・石橋正二郎がブリヂストンの創業者

だったことで、自身も同社の株を350万株保有する資産家です。2006年の本人名義の資産は16億5600万円。2008年の株式の配当だけで8400万円に達しています。

座右の銘は「友愛」。祖父が掲げた言葉でもあります。「友愛」では政治スローガンとして意味不明だという批判を受けますが、本人は、「個人の自立・尊厳を前提に互いに支え合う社会」が友愛社会だと説明します。

妻の幸《みゆき》さんは元タカラジェンヌ。スタンフォード在学中の鳩山由紀夫と出会ったときは既に結婚していましたが、夫と離婚して由紀夫と結ばれます。週刊誌は「略奪婚」と書いています。

プライベートでは、常に2人で行動し、首相動静では、夫婦でショッピングしたり、食事に行ったりする様子がしばしば登場するようになります。こうした行動をする首相は初めてのことです。

華やかな幸さんは、雑誌のインタビューで、「UFOに乗って金星に行った」「トム・クルーズは前世が日本人だった」などの突飛な発言をしていたことが、ファーストレディーになってから話題になりました。韓流ドラマのファンで韓国語を勉強中。日韓交流のイベントでは、流暢な韓国語で自己紹介して、出席者を驚かせています。

ファーストレディーの行動が逐一報道される。ここにも新時代の到来を感じます。

▼首相動静 17日

【午前】9時15分、官邸。31分、高木剛連合会長らと政労会見。長妻厚労相、平野官房長官同席。

【午後】0時4分、松野、松井両官房副長官らと昼食。1時8分、平野長官、民主党の細川律夫衆院議員。3時44分、三谷内閣情報官。5時、ロシアのメドベージェフ大統領と電話会談。藪中外務次官同席。26分、藤井財務相。28分、仙谷行政刷新担当相、平野長官加わる。33分、菅副総理加わる。50分、藤井、仙谷、菅氏残る。6時10分、仙谷氏残る。8時30分、東京・田園調布の自宅。9時6分、東京・自由が丘のすし店「鮨幸」。幸夫人と食事。10時31分、自宅。

2009年9月17日(木)

鳩山由紀夫内閣が発足した翌日です。選挙で民主党を全面支援した連合の会長らと会っています。

午後にはロシアのメドベージェフ大統領と電話会談。これは、メドベージェフ大統領の方からかけてきたお祝いの電話でした。

鳩山由紀夫の祖父の鳩山一郎は、日ソ国交正常化を実現した人物だけに、日露関係の改善に向けてロシア側の期待の高さを物語っています。

鳩山首相は、「この鳩山という家がロシアにおいて知名度が高いということもあって、期待感を表明をしていただきました」と記者団に述べています。

また、官邸の居心地について聞かれると、「ここにずっといると情報過疎になりそうで、窒息しそうな気もしているので、国民の皆さんの思いを知るために、できるだけ現場に赴く総理大臣になりたいなと、1日でそう思いましたね」と答えています。

分刻みの予定をこなした後は、いったん田園調布の自宅に戻った後、自由が丘のすし店で幸夫人と食事をしています。

常に幸夫人と行動を共にする鳩山首相の行動スタイルが、早くも現れています。

歴代の首相の行動半径が、銀座や赤坂だったのに比べて、鳩山首相の場合は、田園調布周辺です。政治スタイルばかりでなく、生活スタイルでも大きな違いがあります。

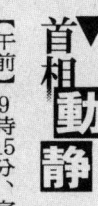

▼首相動静　20日

【午前】11時57分、幸夫人と徒歩で外出。

【午後】0時10分、東京・玉川田園調布のフランスパン・菓子店「エスプリ・ド・ビゴ」で買い物。20分、東京・田園調布の自宅。2時43分、官邸。3時31分、平野官房長官、岡田外相、外務省の薮中事務次官、佐々江外務審議官ら。5時32分、小沢環境相。6時18分、地球温暖化問題に関する閣僚委員会。7時44分、東京・神宮前のすし店「おけいすし」。幸夫人、松野官房副長官夫妻と食事。10時40分、自宅。

2009年9月20日(日)

日曜日とあって、幸夫人と徒歩で外出です。手をつないで、近所の行きつけの玉川田園調布のフランスパンの店を訪れ、パンを購入。この日は焼きたての「クロックムッシュ」などを買い込んだそうです。

首相になる前には、ごく通常の行動でしたが、首相になってしまうと、周囲は警視庁のSP(警護官)や記者団が囲んで、物々しい雰囲気になってしまいます。

午後0時20分には自宅に戻っていますから、わずか23分間の買い物でしたが、SPを煩わせたことに、鳩山首相は恐縮した様子で、「お騒がせしました」と声をかけました。

その後、総理官邸に入って、官房長官や外相、外務省幹部と会談。岡田外相と鳩山首相の訪米を控えた打ち合わせです。

そこに環境相も加わり、夕方からは「地球温暖化問題に関する閣僚委員会」が開かれ、鳩山首相が国連総会で演説する内容の検討が行われました。

麻生内閣は、温室効果ガスの削減について、「2005年に比べて15%削減」という方針を打ち出しましたが、これを1990年と比べると、8%の削減に過ぎません。これに対して鳩山内閣は、1990年と比較して25%削減するという野心的な計画を打ち出しています。これをどう世界にアピールするかが焦点になったはずです。

夜は再び幸夫人と、今度は神宮前のすし店で夕食です。

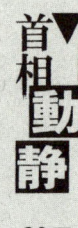

首相動静 21日

【午前】9時42分、官邸。10時7分、平野、松野正副官房長官、佐々江外務審議官ら。

【午後】0時14分、元プロ野球選手の桑田真澄氏。キャッチボール、食事。幸夫人同席。2時34分、藤井財務相、直嶋経産相、亀井金融担当相。3時40分、小沢環境相加わる。5時22分、東京・田園調布の自宅。40分、平野長官。6時50分、松野副長官加わる。6時56分、羽田空港。7時23分、G20（金融サミット）出席のため、幸夫人とともに政府専用機で羽田空港発。

2009年9月21日（月）

国連総会と金融サミットに出席のため日本を発つのを前にして、事前に外務省の外務審議官と打ち合わせをしています。脱官僚を掲げる鳩山政権でも、官僚との連携は必要。官僚の知恵を借りながら、国連総会や、それに伴う各国首脳との会談に向けての詰めの作業をしたのでしょう。

午後には元プロ野球選手の桑田真澄氏とキャッチボールをして食事も一緒です。忙中閑ありという感じですが、実は鳩山首相は、訪米中、金融サミットの会場となるピッツバーグで行われるパイレーツ対ドジャース戦の始球式に出ることになっていて、パイレーツの選手だった桑田氏に投球練習の相手になってもらったというわけです。

鳩山首相は、桑田氏からパイレーツ時代に着ていた背番号18のユニフォームを贈られ、早速着ての練習を披露しました。練習の後は、幸夫人も交えての食事というのが、いかにも鳩山首相らしいですね。

その後、藤井財務相、直嶋経済相、亀井金融相と打ち合わせ。これまでの首相でしたら、ここに官僚の名前も出てくるところですが、官僚抜きに会合が進められています。これも、鳩山内閣らしさが出ています。

いったん自宅に立ち寄ってから、羽田空港へ。政府専用機なので、成田空港ではなく羽田空港を利用できるのです。

もちろん幸夫人も同伴。幸夫人のファーストレディーとしてのデビューでもあります。

▼首相動静 27日

【午前】東京・田園調布の自宅で過ごす。

【午後】2時58分、官邸。3時、平野官房長官。4時、菅副総理加わる。15分、平野長官残る。51分、松野官房副長官加わる。53分、東京・横網の両国国技館。日本相撲協会の武蔵川理事長。5時2分、幸夫人と大相撲秋場所を観戦。松野副長官同席。6時、表彰式で優勝した朝青龍に表彰状と総理大臣杯を授与。7分、東京・両国のちゃんこ料理店「巴潟」。幸夫人、小沢環境相、松野副長官らと食事。9時、自宅。

2009年9月27日(日)

首相就任早々に国連総会や核軍縮を話し合う安保理首脳会合などに出席した鳩山首相は、前日に帰国。この日は午前中、久々の自宅で過ごした後、夕方からは両国国技館へ。大相撲秋場所の千秋楽を観戦しました。

結びの一番は、それまで全勝の朝青龍と1敗の白鵬の対戦で、白鵬が勝ち、1敗同士の優勝決定戦に。今度は朝青龍が勝って優勝を決めました。

鳩山首相は、表彰式で朝青龍に表彰状と総理大臣杯を手渡し、その際、「優勝おめでとう。今日は誕生日だそうで、合わせておめでとう」と声をかけました。

鳩山首相が登場すると、国技館の場内は大拍手で、鳩山コールすら起きました。民主党内閣、鳩山首相の人気の高さを物語ります。かつて貴乃花が優勝した際、当時の小泉首相が、「痛みに耐えて、よく頑張った。感動した」と言って、場内の大歓声を受けたことを思い出させる人気でした。

実はこの日、鳩山首相は腰を痛め、総理大臣杯を持ち上げるのもやっとの状態でした。鳩山首相も、「痛みに耐えて」、優勝杯授与というパフォーマンスを繰り広げたのです。

大相撲を観戦したら、やはり、ちゃんこ料理ですね。というわけで、幸夫人を伴い、松野頼久官房副長官、小沢鋭仁環境相と、ちゃんこ料理店で食事しています。松野、小沢は、官房長官の平野博文と並び、鳩山首相の一番の腹心です。

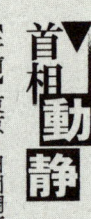

第3章

「ホテルのバーは安い」

――麻生太郎

2009年8月30日の衆議院総選挙の結果を受けての政権交代。遂に自民党が野に下りました。そこには、その直前の自民党の3人の首相の相次ぐ不甲斐なさが大きな理由になっています。

安倍晋三、福田康夫と2代続けて突然首相の座を放り出すという事態を受け、自民党総裁選挙は2008年9月に行われました。

総裁選挙には、麻生太郎の他、与謝野馨、小池百合子、石破茂、石原伸晃の5人が立候補しましたが、麻生が当選するのは明らかで、「総裁選挙を盛り上げて衆議院選挙に突入する出来レース」という批判を受けました。

麻生は、首相就任後、内閣支持率がまだ高いうちに衆議院を解散して総選挙を実施するという方針でしたが、アメリカの大手投資銀行リーマン・ブラザーズの経営破綻に伴う「リーマン・ショック」に見舞われ、経済は急降下。景気対策が急がれるようになり、解散総選挙のきっかけをつかめないまま、2009年に突入しました。

麻生首相の「首相動静」では、夜の日程が注目です。高級フレンチレストランやホテルのバーの名前が頻繁に登場するからです。まるで「ミシュラン・ガイド」のようだと評した人もいます。

会員制高級バーを利用することに対して批判が出ると、麻生首相は、「ホテルのバーは安いとこなんだ」と反論しました。麻生首相にしてみれば、外で誰かと会食すると、警備のSPがついてくるのはもちろんのこと、記者たちが大挙して押し寄せてくる。それでは、その店の営業妨害になる。その点、ホテル

ならロビーも広いし、警備もしやすくなる。だから
ホテルを利用するようにしている、というわけです。

「その費用は、国民の税金から出ているのではないか」という記者の質問に対して麻生首相は、「自分でお金出します」と答えています。

首相は、「内閣官房報償費」通称「内閣官房機密費」と呼ばれる、領収書の必要のないお金を使うことができます。この金で会食していた首相も多いのですが、麻生首相の場合は、「ポケットマネーで食事しているんだから、とやかく言われる筋合いはない」という思いがあるようです。「とてつもないお金持ち」だと、お金の使い方は綺麗になるのでしょうか。

「ホテルのバーは安い」という発言は世論の反発を呼びましたが、実はバーで、記者たちには知られたくない人物と会って、情報交換をしていることが、次第に明らかになりました。

記者が、たまたまホテルの地下駐車場で自民党の大物政治家に出くわし、「首相に会ったのか？」と訊ねたところ、これを認めたことから判明しました。

当日の首相の日程では、「秘書官と食事」となっていましたが、これは記者対策用の発表だったのです。ホテルの会員制バーは、簡単なことでは入れません。駆け出し記者にはとても無理。そこが狙い目だったのですね。

とりわけ、衆議院の解散総選挙の日程など機微に触れるテーマを話し合うときに、ホテルのバーが活用されたようです。「首相動静」で、「秘書官と食事」となっている部分が、実は違うかもしれないと思いながら読むと、味わい深い（!?）読み物になると思います。

▼首相動静 25日

【午前】1時15分、初閣議。31分、閣僚と記念撮影。34分、三谷内閣情報官らに辞令交付。2時6分、東京・神山町の自宅。7時52分、自宅周辺をウオーキング。10時23分、渋谷区東の常陸宮邸で就任の記帳。39分、元赤坂の赤坂御用地。高円宮邸、三笠宮邸、寛仁親王邸、秋篠宮邸で就任の記帳。東宮仮御所で皇太子さまに就任あいさつ。11時19分、三番町の桂宮邸で就任の記帳。36分、官邸。41分、漆間官房副長官。49分、河村官房長官加わる。52分、松本官房副長官加わる。55分、河村、松本正副長官残る。

【午後】0時40分、鴻池官房副長官加わる。58分、佐藤金融庁長官、篠原財務官。1時55分、羽田空港。2時21分、国連総会出席のため、政府専用機で米ニューヨークへ向け出発。

2008年9月25日(木)

麻生内閣誕生の翌日の行動です。内閣の組閣とそれに伴う行事が前夜の深夜までかかったため、初閣議が午前1時15分から始まっています。

首相就任後、しばらくは総理官邸に引っ越ししなかったため、この日は渋谷区神山町の自宅に戻っています。

この日は午前中に、皇族方を訪問して就任の記帳をしたり、東宮御所で皇太子に会って就任の挨拶をしたりしています。これは別に麻生首相に限ったことではありません。歴代の首相も、就任直後に皇族方に挨拶に回っています。

この日は、小泉純一郎元首相が、次の総選挙には立候補せず、政界を引退することを明らかにしています。

本来なら「麻生首相誕生」一色になるはずのニュースのかなりの部分が、「小泉元首相、政界引退へ」に割かれました。

麻生首相にしてみれば、「なんでこの日に発表なんだ」という思いがあったことでしょう。小泉元首相は、総裁選で自分が推した小池百合子を破った麻生首相を快くは思っていません。そんな思いが、この日の発表になったのかもしれません。

首相就任の翌日という忙しい日程の中で、麻生首相は、午後には羽田空港から政府専用機でニューヨークに向かいました。国連総会出席のためです。早速国際舞台へのデビューです。

首相動静 28日

【午前】6時44分、東京・神山町の自宅周辺をウオーキング。9時9分、官邸。17分、河村官房長官。32分、河村長官、中山国交相。36分、河村長官残る。10時1分、臨時閣議。11時24分、自民党の細田、公明党の北側両幹事長、河村長官。

【午後】0時39分、河村長官残る。58分、漆間官房副長官加わる。1時12分、河村長官残る。4時、報道各社の論説、解説委員らと懇談。河村、松本、漆間正副官房長官同席。35分、民放各社の解説委員らと懇談。5時2分、内閣記者会加盟報道各社キャップと懇談。6時10分、河村長官。19分、金子一義元行革担当相加わる。26分、河村長官残る。7時44分、東京・虎ノ門のホテルオークラ。中国料理店「桃花林」で秘書官と食事。9時58分、自宅。

2008年9月28日（日）

この日の午後の行動で目につくのは、報道各社との懇談です。午後4時から「報道各社の論説、解説委員らと懇談」となっています。その後、4時35分からは、「民放各社の解説委員らと懇談」しています。

新聞の社説を書くのが論説委員。社説を読む読者がどれほどいるのかという現実はともかく、政治家の多くは社説を読んでいますから、論説委員を大事にしなければなりません。

新聞社では論説委員ですが、NHKと民放の場合は解説委員となります。私企業の新聞社は、社としての独自の意見を述べる論説委員がいますが、放送局は公共の電波を使いますから、独自の意見を言うわけにはいかない、ニュースを解説するにとどめる、という意味で解説委員という名称なのです。

民放各社とは別に懇談を持っていることで、「報道各社」に民放が含まれていないことがわかります。報道各社とは、新聞社、通信社、NHKのこと。世論への影響力で新聞社、通信社、NHKには及ばない民放は、別扱いです。

各社の〝お偉方〟と会った後は、現場の記者たちと。午後5時2分から、内閣記者会加盟報道各社キャップと懇談しています。内閣記者会には、いわゆる全国紙ばかりでなく、北海道新聞や西日本新聞など地方の有力紙の記者も加盟しています。何人もの記者を束ねているのがキャップ。とりあえずキャップたちに会って、「お手柔らかに」と顔合わせをしたのです。

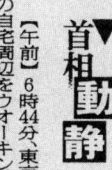

▼首相動静 29日

【午前】8時53分、官邸。9時3分、臨時閣議。16分、中山首相補佐官に辞令交付。河村官房長官ら同席。56分、皇居。金子新国交相の閣僚認証式。天皇に報告。10時34分、官邸。40分、金子国交相に補職辞令交付、河村長官同席。11時31分、松本官房副長官。55分、国会。【午後】0時2分、衆院本会議。13分、官邸。16分、事務次官会議であいさつ。25分、国会。58分、第170臨時国会開会式。2時2分、衆院本会議で所信表明演説。3時1分、参院本会議で所信表明演説。34分、官邸。4時26分、皇居。副大臣認証式。天皇に報告。6時37分、官邸。54分、副大臣と記念撮影。56分、内閣府副大臣に担当を指示。河村長官同席。58分、副大臣会議であいさつ。7時29分、政務官に辞令交付。41分、政務官と記念撮影。44分、河村長官。47分、政務官会合であいさつ。8時45分、東京・神山町の自宅。

2008年9月29日(月)

午前中、皇居で金子新国土交通大臣の認証式が行われています。前日に中山成彬大臣が、失言の責任をとって辞任したため、後任の大臣を任命したからです。

中山大臣は、大臣就任後早々、「日本は単一民族」「成田空港拡張工事の反対派はゴネ得」「私が(文部科学相時代に)全国学力テストを提唱したのは、日教組の強いところは学力が低いと思ったから」などと発言。野党が反発しました。結局、中山大臣が辞表を提出して結着しましたが、閣僚が失言や問題発言をすると、首相の任命責任が問われるのです。

認証式の直前に、「中山首相補佐官に辞令交付」とありますが、これは中山大臣の妻の恭子さんが、北朝鮮による拉致問題担当の首相補佐官に任命されたからです。夫は辞任、妻は就任です。

午後からは、衆議院と参議院で所信表明演説をしています。所信表明演説は、首相に就任後、首相として何を実現したいのか、その「所信」を「表明」する演説です。衆議院での演説はNHKが全国に生中継します。

ところが、衆議院で演説したのとまったく同じ内容を、参議院でも演説します。参議院議員は、衆議院での演説の様子をNHKで見て既に知っています。二度手間は必要ないという意見もありますが、慣例であること、参議院の独自性を強調したいことなどから、首相は同じ演説を繰り返すのです。

首相動静 4日

【午前】10時58分、東京・神山町の自宅周辺をウオーキング。

【午後】1時44分、横浜市保土ケ谷区のゴルフ練習場「ハンズゴルフクラブ」。ゴルフの練習。3時59分、自宅。4時23分、東京・北青山のウチイケ鍼灸整体院。マッサージ。6時39分、自宅。7時29分、東京・銀座のフランス料理店「ペリニィヨン」。千賀子夫人ら家族と食事。10時8分、自宅。

2008年10月4日(土)

健康管理には気を使っている麻生首相。この日も早朝から自宅周辺をウォーキングしています。さすが、「たらたら飲んで、食べて、何もしない人（が病気になったときの医療費の保険料）の分のお金を何で私が払うんだ」と発言したほどの人ですからね。

高級住宅街をウォーキングするのは、さぞかし快適なことでしょう。

しかし、「たらたら飲んで、食べて」いなくても、病気にかかる人はいます。

病気にかかっても多額の医療費を払えない人がいるので、全国民が保険料を払って支え合おうというのが健康保険制度の仕組み。その原点を忘れているかのような首相の発言には危惧を覚えた人も多いようです。

この日は土曜日とあって、公務はなし。午前中のウォーキングに続き、午後からは横浜でゴルフの練習。いったん帰宅してから、北青山でマッサージを受けています。首相就任前から通っていた鍼灸整体院ですが、首相になったことで、すっかり有名になってしまいました。

夜は夫人と銀座でフランス料理。このフレンチレストランは、24席のこじんまりとした隠れ家的存在でしたが、麻生首相が来たことで、「隠れ家」ではなくなってしまいました。

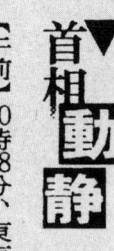

▼首相動静　7日

【午前】7時7分、官邸。9分、松本官房副長官。8時23分、国会。31分、閣議。9時、衆院予算委員会。【午後】0時7分、官邸。53分、国会。1時、衆院予算委。5時4分、二階経産相。15分、皇居。6日の夕食会のお礼の記帳。30分、官邸。55分、ブラジル日本移民百周年記念協会の上原幸啓会長ら。6時30分、白川方明日銀総裁、中川財務相兼金融担当相、与謝野経済財政担当相、河村官房長官、佐藤金融庁長官、杉本財務事務次官。7時、中川財務相、杉本次官ら。8時8分、ノーベル物理学賞受賞者に祝福の電話。39分、東京・紀尾井町の中国料理店「維新號」。自民党の大島、公明党の漆原両国対委員長、河村、松本正副官房長官らと会食。9時、同所のホテルニューオータニ。ホテル内の日本料理店「藍亭」で松本副長官と打ち合わせ。17分、ホテル内の日本料理店「カトーズダイニング&バー」で秘書官と食事。11時4分、東京・神山町の自宅。

2008年10月7日(火)

前日に皇居で天皇、皇后両陛下による夕食会に呼ばれましたので、そのお礼に皇居へ行き、記帳しています。

この日はノーベル物理学賞の発表。米国籍の南部陽一郎・シカゴ大学名誉教授（87）、日本学術振興会の小林誠理事（64）、京都産業大学の益川敏英教授（68）の3氏の受賞が発表になりました。

となると、首相としては、祝福の電話をかけなければなりません。忙しいことです。この日は、日本在住の小林氏、益川氏の両氏に電話をかけています。ということは、総理官邸のスタッフが、2人の連絡先電話番号を調べたということでもあります。

この日の夜のスケジュールも、なかなかのものです。午後8時39分から紀尾井町の中国料理「維新《いしん》號《ごう》」で自民党の大島、公明党の漆原国対委員長らと会食しています。国対委員長ですから、国会対策を話し合ったのでしょう。

その後、9時からはホテルニューオータニの日本料理店「藍亭」で松本純・官房副長官と打ち合わせとなっています。ここにいた時間はわずか17分弱。とても食事どころではありません。お茶でも出たのでしょうか。そしてホテル内の日本料理店「カトーズダイニング&バー」で秘書官と食事となっています。

中華料理を食べたはずなのに、わずか1時間後に「秘書官と食事」？　なんだか怪しいですね。誰かと会っていたのでしょうか。

▼首相動静 11日

【午前】10時23分、東京・神山町の自宅周辺をウオーキング。

【午後】5時3分、東京・有明の東京ビッグサイト。第21回全国消防操法大会激励交流会に出席、あいさつ。6時6分、JR東京駅。7時3分、ひかり385号で同駅発。8時33分、JR浜松駅。43分、浜松市中区のグランドホテル浜松。日本料理店「聴濤館」で日本青年会議所の歴代会頭らとの懇談会。鴻池官房副長官同席。10時17分、同ホテル内のラウンジ「サムデー」で2次会に出席。34分、塩谷文部科学相加わる。11時30分、ブッシュ米大統領と電話会談。40分、2次会に戻る。

▽12日午前0時3分、同ホテル泊。

2008年10月11日(土)

2008年10月、アメリカのブッシュ政権は、北朝鮮に対する「テロ支援国家」の指定を解除する方針であることを日本に伝えてきました。政権末期、政権の実績作りに焦ったブッシュ大統領は、「北朝鮮に対してテロ支援から手を引かせた」という「実績」を作るため、指定を解除したのです。

これがいかに日本にとって「寝耳に水」だったかは、当日の「首相動静」を見るとわかります。

この日の夜、麻生首相は、静岡県浜松市で開かれた日本青年会議所の歴代会頭らとの懇談会に出席しています。麻生首相は1978年に会頭を務めていたからです。翌日の全国会員大会で挨拶するため、前夜から浜松入りし、グランドホテルで懇談会に出席していました。懇談会が終了後、夜10時17分から同じホテル内での2次会に出席しています。

ところが、11時30分に「ブッシュ大統領と電話会談」とあります。事前に連絡のあることがわかっていれば、2次会に出席することはなかったでしょう。2次会を中座して、ブッシュ大統領からの通告の電話を受けたのです。

これが総理官邸なら、アメリカの大統領からの電話は、盗聴防止装置のついた秘話回線で、通訳が同席して受けますが、このホテルでは、どうだったのでしょうか。日本政府の慌てぶりが見えてしまいます。

▼首相動静 16日

【午前】7時27分、官邸。8時53分、国会。9時、参院予算委員会。11時30分、塚田一郎参院議員。34分、官邸。

【午後】0時36分、河村官房長官。54分、国会。1時2分、参院予算委員会。3時2分、官邸。5分、薮中外務事務次官。36分、ヘーゲル米上院議員。シーファー駐日米大使同席。4時1分、島田仁郎最高裁長官。10分、鈴木馨祐衆院議員。33分、三谷内閣情報官。5時24分、国会。31分、参院本会議。43分、官邸。45分、与謝野経済財政担当相。6時16分、新しい経済対策に関する政府・与党会議。41分、漆間官房副長官。7時43分、東京・赤坂のANAインターコンチネンタルホテル東京。同ホテル内の中国料理店「花梨」で中川財務・金融担当相、甘利行革担当相、菅義偉自民党選対副委員長らと食事。9時43分、東京・虎ノ門のホテルオークラ。同ホテル内のバー「バロンオークラ」で秘書官と食事。10時44分、東京・神山町の自宅。

2008年10月16日（木）

午後、外務省の藪中事務次官と会っていると思ったら、その直後にヘーゲル米上院議員が訪問しています。シーファー駐日大使も同席です。藪中次官が、会談直前に、麻生首相にヘーゲル上院議員についての事前情報を伝えていることがわかります。

実はヘーゲル上院議員は、翌月に行われる上院議員選挙には出ないで引退することが決まっていました。その人が、なぜ日本に来て、麻生首相と会談したのか。麻生首相との会談に相前後して、中川金融財政担当大臣（当時）、浜田防衛大臣とも会談しています。いったい何が話し合われたのか。新聞記事には解説がありません。

ヘーゲル上院議員は、シーファー駐日大使と同じく共和党。しかし、ブッシュ大統領のイラク政策を厳しく批判し、この時点で、もしオバマ大統領が当選したら、オバマ政権入りするのではないかと噂されていた人物です。シーファー駐日大使の後任にも擬せられていました。そんな人物の首相訪問です。

日本政府は、これまでアメリカの共和党とばかり太いパイプを築き、民主党とのパイプがほとんどないことに焦っていました。ひょっとして、民主党との架け橋になってくれると期待したのか。

わずか2行の記事から、いろんな想像ができるのです。

▼首相動静 17日

【午前】7時52分、官邸。54分、松本官房副長官。9時24分、国会。32分、閣議。49分、金子国交相。52分、漆間官房副長官。10時、衆院テロ対策特別委員会。

【午後】0時11分、官邸。13分、浜中茂足・麻生太郎八区後援会長。21分、与謝野経済財政担当相、保利自民党政調会長。53分、国会。1時、衆院テロ対策特別委員会。5時5分、官邸。20分、張富士夫トヨタ自動車会長らに経済財政諮問会議議員の辞令交付。与謝野担当相同席。45分、経済財政諮問会議。7時6分、二階経産相。32分、自民党本部。8時22分、東京・有楽町のフランス料理店「アピシウス」で千賀子夫人と食事。11時38分、東京・神山町の自宅。

2008年10月17日(金)

午前中に閣議が開かれています。原則として、閣議は毎週火曜日と金曜日に開かれます。というのも、その前日の月曜日と木曜日に、霞ケ関の中央省庁の事務次官が集まる事務次官会議があり、ここで、翌日の閣議の内容が決まっているからです。

各省の事務次官が一堂に会し、全員で了承した方針だけが、翌日の閣議で決まるという現実があります。

この日、閣議開始は9時32分で、終了は49分。わずか17分の会議です。直後に国会の委員会が控えていたとはいえ、閣議が形骸化していることをうかがわせます。

この日は、夕方に経済財政諮問会議に出席しています。経済財政諮問会議は、森内閣のときに設置されましたが、小泉内閣時代、「官邸主導」で政策を決定していく場所として活用されました。小泉内閣の方針からの脱却をめざす麻生首相も、この会議は有効活用しようとしていることがわかります。

この日、会議に出席した麻生首相は、景気対策に多額の財政支出をした後について、「3年後に消費税の増税は避けて通れない」と発言しました。将来の増税という、政治家ができれば避けて通りたいテーマに真正面から取り組む姿勢を明確にしたのです。

麻生首相は、経済財政諮問会議で何を言ったのか。それを探ると、麻生内閣の路線が見えてくるのです。

▼首相動静 19日

【午前】7時27分、東京・神山町の自宅周辺をウオーキング。9時54分、東京・市谷本村町の防衛省。10時2分、陸上自衛隊ヘリで防衛省発。30分、茨城県小美玉市の航空自衛隊百里基地。33分、浜田防衛相、田母神航空幕僚長ら。11時、航空観閲式に出席、訓示。
【午後】0時59分、浜田防衛相、北村誠吾防衛副大臣、増田防衛事務次官、斎藤統合幕僚長らと会食。1時53分、陸自ヘリで同基地発。増田次官が同行。2時18分、防衛省。47分、浜田防衛相、増田次官。3時19分、東京・西早稲田のスーパー「三徳西早稲田店」。店内を視察。46分、東京・高田馬場のJR高田馬場駅。駅前のタクシー乗り場でタクシー運転手と会話。4時16分、東京・永田町の個人事務所。6時14分、東京・内幸町の帝国ホテル。秘書官と食事。8時50分、同ホテル内のバー「インペリアルラウンジアクア」。秘書官と懇談。10時46分、自宅。

2008年10月19日(日)

この頃、衆議院の解散・総選挙が近いのではないかという観測が流れていました。その一方で、麻生内閣の支持率は低迷。そこで、麻生内閣の支持率向上作戦が開始されます。

とかく「金持ちのボンボン」と見られがちな麻生首相だけに、庶民の中に飛び込んで、気さくな姿勢を見せる必要があると、誰かが考えたのでしょう。午前中、茨城県の航空自衛隊百里基地での航空観閲式に出席するというハードスケジュールをこなしながら、午後は都内で「庶民の暮らし拝見」です。

西早稲田のスーパーを視察し、高田馬場駅前のタクシー乗り場でタクシー運転手と会話を交わします。

こういうパフォーマンスが、いかに見え透いたものであるか、庶民はすぐに見破るのですが、わからないのでしょうかねえ。

いつもスーパーに顔を出し、タクシーに乗る（庶民は滅多に乗れないけれど）という生活をしてきていれば、わざわざこんな視察は必要ないのですが。

こうして「庶民の暮らし」を見ても、やっぱり最後は帝国ホテルで食事をし、バーに立ち寄ってしまうのが、麻生首相らしいところです。

どうせ人気取りをするなら、この日くらいさっさと帰宅して自宅で食事する姿勢を見せればいいのにと、思うのですが。

▼首相動静 22日

【午前】8時6分、官邸。32分、原子力総合防災訓練。10時30分、小川内閣広報官。11時6分、自民党地域活性化特命委員会の野田毅委員長、石田真敏事務局長、山口首相補佐官。

【午後】0時6分、自民党本部。8分、栃木県知事選立候補予定者に推薦証渡し。自民党の細田幹事長、古賀選対委員長ら同席。11分、現職議員以外の自民党衆院選挙区支部長と写真撮影。24分、自民党の広報用の写真、ビデオの撮影。古屋圭司党広報本部長同席。44分、自民党総裁室で広報用の写真、ビデオの撮影。古屋本部長、世耕弘成広報本部長代理同席。1時35分、官邸。54分、イスラエルのシトリート内相、パレスチナ解放機構（PLO）のエレカット交渉局長ら和平信頼醸成会議参加者の表敬。2時29分、谷口智彦外務省参与。3時8分、望月経産事務次官、石田資源エネルギー庁長官。36分、竹内行夫、津野修新旧最高裁判事。58分、藤井孝男元運輸相。4時13分、三谷内閣情報官、防衛省の高見沢防衛政策局長、外務情報本部長。25分、三谷氏残る。5時32分、インドのシン首相と首脳会談。6時55分、共同声明署名式。7時10分、共同記者会見。48分、千賀子夫人とともにシン首相夫妻との夕食会。9時17分、官邸玄関前で同首相を見送り。19分、森元首相。39分、東京・神山町の自宅。

2008年10月22日（水）

自民党の議員たちは、一斉に総選挙の準備に向けて走り出しました。肝心の麻生首相は、解散総選挙について何のコメントもしていないのですが、議員たちの選挙準備の応援を始めています。立候補予定者との写真撮影です。

この日は、自民党本部で、「現職議員以外の自民党衆院選挙区支部長」つまり、現職以外の立候補予定者との写真撮影に臨んでいます。

また、自民党の広報用の写真やビデオの撮影も実施。いつでも総選挙に入れる態勢を作りつつあります。

官邸に戻ると、イスラエルのシトリート内相、パレスチナ解放機構（ＰＬＯ）のエレカット交渉局長らが表敬訪問に来ています。麻生首相は外務大臣時代、パレスチナ和平に向けて積極的に行動しました。その実績に関係者が敬意を払ってくれたようです。

夕方からは、インドのシン首相との首脳会談に臨みました。麻生首相就任から1か月。最初に迎えた海外の首脳はインドの首相でした。

首脳会談自体は、福田前首相時代から準備されていたものですが、麻生首相は外務大臣時代の２００６年11月、「自由と繁栄の弧」という概念を打ち出しています。日本から韓国やインドを通って中東までの地域に自由と繁栄をもたらそうという構想ですが、中国を南側から押さえ込む形にもなっています。中国を牽制する上でも、インドとの連携を重視しているのです。

▼首相動静　26日

【午前】東京・神山町の自宅で過ごす。
【午後】0時35分、自宅周辺をウオーキング。3時39分、皇居。帰国の記帳。4時2分、東京・外神田の万世橋警察署。警視庁の舟本馨刑事部長、勝田慎一同署長らによる秋葉原の無差別殺傷事件の説明。31分、外神田のJR秋葉原駅前。自民党青年局・女性局共催の街頭演説会。5時8分、外神田の秋葉原UDX。25分、ビル内のイベントスペースAKIBA_SQUARE。「秋葉原エンタまつり2008」で漫画家のさいとう・たかをさん、弘兼憲史さんと対談。56分、ビル内のUDXギャラリーでコミックキャラクター展を視察。二階経産相、弘兼氏同行。6時24分、東京・隼町のホテル「グランドアーク半蔵門」。自民党全国青年部長・青年局長・女性部（局）長合同会議懇親会。8時10分、東京・紀尾井町のグランドプリンスホテル赤坂。中国料理店「李芳」で秘書官と食事。10時6分、中川財務・金融担当相。11時14分、ホテル内のラウンジ「トップオブアカサカ」で秘書官と懇談。
▽27日
【午前】0時30分、自宅。

2008年10月26日（日）

麻生首相は、マンガ・アニメ好きで知られ、「秋葉原では人気者」と自称しています。内閣支持率がぱっとしないのなら、せめて秋葉原での人気を確固たるものにしようと……したのかどうかはわかりませんが、日曜日の午後は秋葉原で過ごしました。

秋葉原といえば、無差別殺傷事件が記憶に新しいところ。秋葉原に行くなら、この事件は避けて通れません。秋葉原を管轄する万世橋警察署で警視庁の刑事部長や署長の説明を受けています。

その後は、秋葉原駅前で街頭演説。ここなら麻生ファンもいるようですから、首相はいい気分に浸ったことでしょう。

麻生首相は、日本のアニメ文化をもっと世界に広めようとしています。「秋葉原エンタまつり2008」に参加して漫画家と対談したのも、その構想の一環なのでしょう。

この日、秋葉原での街頭演説を仕切ったのは、自民党の青年局と女性局。イベントが終われば、この人たちを慰労します。

でも、この懇親会で終わらないのが、麻生首相らしさ。その後、グランドプリンスホテル赤坂で食事をして、さらに最上階のラウンジで懇談。

帝国ホテルにホテルオークラ、プリンスホテル。外資系ホテルの攻勢が激しい中、麻生首相は、国内大手のホテルを愛用しているようです。

▼首相動静 30日

【午前】7時28分、東京・神山町の自宅周辺をウオーキング。9時57分、官邸。10時27分、島田仁郎最高裁長官。41分、林幹雄自民党幹事長代理。46分、松本官房副長官加わる。11時、自民党の山谷えり子女性局長、井上信治青年局長。18分、竹崎博允東京高裁長官。

【午後】0時58分、東京・隼町のホテル「グランドアーク半蔵門」。全国殉職警察職員・警察協力殉難者慰霊祭で追悼の辞、献花。1時38分、官邸。3時49分、国会。50分、自民党臨時役員会。4時、官邸。7分、政府与党、経済対策閣僚の合同会議。46分、太田公明党代表。自公両党の細田、北側両幹事長同席。5時14分、細田幹事長。6時、記者会見。27分、河村官房長官。7時31分、東京・芝公園のホテル「ザ・プリンスパークタワー東京」。32分、河野洋平衆院議長、相沢英之元衆院議員。41分、相沢氏の三男宏光氏とタレント相田翔子さんの結婚披露宴に出席。9時、東京・虎ノ門のホテルオークラ別館。バー「ハイランダー」で鴻池官房副長官、「いけばな小原流」の小原稚子家元代行と懇談。11時13分、自宅。

2008年10月30日(木)

この頃、麻生首相と公明党との仲が険悪になっていました。公明党は、2009年7月の東京都議会議員選挙に全力を注ぎ込みたいため、2008年中の早期の総選挙を望んでいました。しかし、麻生首相は、言質を与えないまま、解散総選挙はズルズルと先送りしました。公明党は「11月総選挙」を前提に全国の組織が走り出していましたから、先送りに腹を立てたのです。

こうした両者の関係を改善しようと、この日の午後、公明党の太田昭宏代表と北側一雄幹事長、自民党の細田博之幹事長の計4人が会談しました。会談の後、記者団の取材に対して太田代表は、「今日、明日の解散がないということは了解したということです」と答えました。

つまり、公明党としては、これまで解散総選挙をしないできたことは仕方がないが、早く選挙を実施してくれ、と改めて麻生首相に詰め寄った、ということのようです。

緊張した会談の後は、ガラリと雰囲気が変わります。この夜、ホテル「ザ・プリンスパークタワー東京」で開かれた相沢英之元衆議院議員の三男とタレントの相田翔子さんの結婚披露宴に出席したのです。

結婚披露宴が終わると、ホテルオークラ別館に移動。行きつけのバー「ハイランダー」で、「いけばな小原流」の小原稚子家元代行と懇談しています。首相の交友関係が次第に明らかになっていきます。

首相動静

▼9日

【午前】6時34分、東京・神山町の自宅周辺をウオーキング。10時22分、茨城県ひたちなか市の那珂湊漁協。25分、自民党の林幹雄幹事長代理、梶山弘志副幹事長ら。32分、地元漁協関係者と懇談。11時9分、同市の「おさかな市場」を視察。58分、水戸市の水戸京成ホテル。宴会場「オーキッド」で自民党関東ブロック幹事長・政調会長と昼食。

【午後】1時9分、水戸市のJR水戸駅前で演説。2時38分、茨城県つくば市の「つくばカピオ」で「つくば科学フェスティバル」を視察。59分、小林誠高エネルギー加速器研究機構名誉教授。3時14分、同市の筑波宇宙センターを視察。5時39分、東京・高輪のホテルパシフィック東京。「理髪佐藤」で散髪。7時9分、東京・宇田川町の居酒屋「北の家族渋谷本店」で自民党学生部の大学生らと懇談。自民党の林幹事長代理、井上信治青年局長、義家弘介同局学生部長ら同席。8時26分、東京・虎ノ門のホテルオークラ。バー「ハイランダー」で秘書官と懇談。10時37分、自宅。

2008年11月9日（日）

衆議院選挙をいつにするか、自分で決めかねたまま、麻生首相は地方遊説を開始しました。最初は保守王国・茨城です。ひたちなか市、水戸市、つくば市と回りました。

ひたちなか市では漁協で懇談。水戸市では、関東地方各県の自民党の幹事長、政調会長と昼食会。午後からはつくば市の「つくば科学フェスティバル」を視察。漁業問題も、高度な科学技術も、みんな担当するのが首相の仕事。大変なことです。

衆議院選挙では、自民党が苦手とする若者への浸透も重要課題。この日の夜は、自民党学生部所属の大学生たちと食事です。自民党も幅が広いですね。青年局の中に学生部があり、ここに所属する大学生たちがいるのです。

会場は、東京渋谷・宇田川町の居酒屋「北の家族渋谷本店」です。学生の居酒屋コンパにおじさんが乱入の構図でした。これをテレビ各局が取材。「若者の声を聞くきさくな首相」と受け止めるのか、「無理して似合わないことをしている情けない首相」ととらえるか。ちなみに、参加した大学生たちも割勘で飲食費を負担したそうです。

ここで麻生さん、ゆっくり大学生たちと政治について議論するならいいのですが、1時間後には退席。「口直し」（?）のためでしょうか、いつものホテルオークラのバー「ハイランダー」へ寄っています。大学生たちとの会食を楽しんだわけではないことが、これでわかってしまいます。

▼首相動静 30日

【午前】10時31分、東京・神山町の自宅周辺をウオーキング。

【午後】1時10分、東京・高輪のホテルパシフィック東京。「理髪佐藤」で散髪。2時37分、東京・内幸町の帝国ホテル。ホテル内の一室で書類整理。5時41分、東京・八重洲の八重洲ブックセンター本店で「強い日本への発想」（日下公人、竹村健一、渡部昇一著）、「大暴落1929」（ガルブレイス著）、「人物で読む現代日本外交史」（佐道明広、小宮一夫、服部龍二編）、「日本はどれほどいい国か」（日下公人、高山正之著）の4冊を購入。6時18分、東京・虎ノ門のホテルオークラ。すし店「久兵衛」で千賀子夫人ら家族と食事。8時23分、自宅。40分、インドのシン首相と電話会談。

2008年11月30日（日）

麻生首相の散髪は、東京・高輪のホテルパシフィック東京の「理髪佐藤」と決まっているようで、たびたび行っています。それにしても、麻生首相は、何でもホテルの中で済ますのですね。

ここで不思議な行動を発見。午後2時37分から3時間近くにわたって、帝国ホテルに立ち寄り、「ホテル内の一室で書類整理」と書いてあります。いったい何をしていたのか。

書類整理のためにわざわざ帝国ホテルの一室を借りるなんてことがあるのでしょうか。仮眠したと書かれると恥ずかしいとでも思ったのでしょうか。それとも、ここで誰かと密会したのでしょうか。

新聞各紙、この疑問に答える記事は出ていませんでした。何を取材しているのか。

さて、その後は、東京駅前の書店・八重洲ブックセンター本店へ。麻生首相は、いつもこの書店で本を購入しています。この日は4冊購入。何を買ったかまで新聞に出てしまうのですから、恥ずかしいですね。

その人がどんな本を読んでいるかで、その人がどんな人かわかるとも言われます。麻生首相は、金融危機にどう立ち向かうか、ヒントになる本を買い求めたようです。

しかし、連日のホテルのバー通いで、帰宅はいつも深夜。翌朝は早朝からウォーキング。いつ読書の時間がとれるのでしょう。

▼首相動静 1日

【午前】7時33分、東京・神山町の自宅周辺をウオーキング。10時13分、東京・西新宿の京王プラザホテル。「デジタル放送の日記念の集い」に出席、あいさつ。11時2分、東京・宇田川町の雑貨専門店「渋谷ロフト」。遠藤良治社長、社員らと意見交換、店内視察。

【午後】0時5分、官邸。20分、首相番記者との昼食会。1時35分、ダニエル・イノウエ米上院議員ら。2時39分、松浦晃一郎国連教育科学文化機関（ユネスコ）事務局長ら。3時18分、松永経産省経済産業政策局長。41分、行政支出総点検会議の茂木友三郎座長から提言の受け取り。4時5分、長谷川俊輔北海道根室市長ら北方領土返還要求運動団体メンバー。39分、東京・内幸町の帝国ホテル。40分、二階経産相、御手洗冨士夫日本経団連会長ら。46分、近代製鉄発祥150周年記念式典に出席、あいさつ。5時7分、国会。9分、島村宜伸元農水相。15分、自民党役員会。56分、官邸。6時1分、産業界の雇用等に関する懇談会。7時12分、公邸。自民党幹事長室のメンバーらと会食。

2008年12月1日(月)

首相にとって「総理番」、通称「番記者」と呼ばれる若手記者たちとの距離のとり方はむずかしいものです。

全国紙やNHKの政治部の場合、地方で5～6年の取材経験を積んだ記者が担当します。民放の場合は、もっと若く20代前半の記者もいます。

首相が総理官邸内で記者に囲まれて応答することを「ぶら下がり取材」といいます。首相に「ぶら下がってインタビューする」という意味です。

このとき、若手記者から、首相にとっては「トンチンカン」と思えるような質問を受けたときに、カッとなって受け答えをすると、その様子がそのままテレビに流れてしまいます。首相にすれば、目の前の若い記者に怒ったのに、テレビを見ている視聴者は、自分たちが首相から罵《ののし》られているような気がしてしまうのです。

安倍晋三元首相の場合、「国民に語りかけたい」と言って、終始カメラ視線で話したため、目の前の記者たちは、「自分たちが無視された」と不愉快な気持ちになり、首相と番記者たちの関係が悪化していきました。

この日は、首相番の記者たちとの昼食会となっています。昼食会といってもカレーライスだったのですが、これ以降、麻生首相の番記者への対応はソフトになりました。一緒に食事をするというのは、大事なことなのですね。

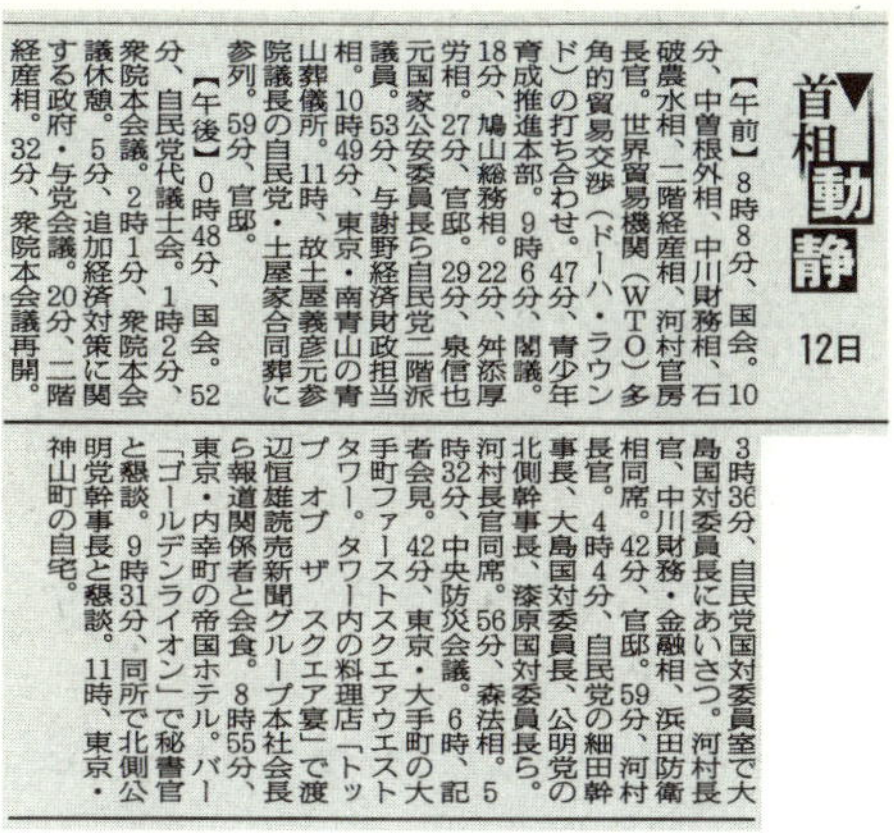

▼首相動静 12日

【午前】8時8分、国会。10分、中曽根外相、中川財務相、石破農水相、二階経産相、河村官房長官。世界貿易機関（WTO）多角的貿易交渉（ドーハ・ラウンド）の打ち合わせ。47分、青少年育成推進本部。9時6分、閣議。18分、鳩山総務相。22分、舛添厚労相。27分、官邸。29分、泉信也元国家公安委員長ら自民党二階派議員。53分、与謝野経済財政担当相。10時49分、東京・南青山の青山葬儀所。11時、故土屋義彦元参院議長の自民党・土屋家合同葬に参列。59分、官邸。

【午後】0時48分、国会。52分、自民党代議士会。1時2分、衆院本会議。2時1分、衆院本会議休憩。5分、追加経済対策に関する政府・与党会議。20分、二階経産相。32分、衆院本会議再開。3時36分、自民党国対委員室で大島国対委員長にあいさつ。河村長官、中川財務・金融相、浜田防衛相同席。42分、官邸。59分、河村長官。4時4分、自民党の細田幹事長、大島国対委員長、公明党の北側幹事長、漆原国対委員長ら。河村長官同席。56分、森法相。5時32分、中央防災会議。6時、記者会見。42分、東京・大手町の大手町ファーストスクエアウエストタワー。タワー内の料理店「トップ　オブ　ザ　スクエア宴」で渡辺恒雄読売新聞グループ本社会長ら報道関係者と会食。8時55分、東京・内幸町の帝国ホテル。バー「ゴールデンライオン」で秘書官と懇談。9時31分、同所で北側公明党幹事長と懇談。11時、東京・神山町の自宅。

2008年12月12日（金）

「首相動静」を見ていると、首相が時折り報道関係者と会っていることがわかります。田原総一朗氏は、よく首相官邸を訪れ、歴代の首相と会談しています。首相としても、世論に大きな影響力を持つジャーナリストと会って、自分の考えを伝えたいのでしょう。

と同時に、そのジャーナリストの政治への見方を知って学ぶことも多いはずです。

その点で異彩を放つのが、この日、麻生首相が会食した渡辺恒雄・読売新聞グループ本社会長です。「ナベツネ」と呼ばれる彼は、読売新聞グループのトップであると同時に、読売新聞の「主筆」。つまり読売新聞の社論を率いる立場です。

新聞社の主筆である以上、現役のジャーナリストであるはずですが、政治の世界にしばしば積極的に介入します。麻生首相の前任者の福田康夫元首相が首相就任後、民主党の小沢一郎代表と会い、「大連立構想」が動き出したのも、渡辺会長の仕掛けでした。

このことを、読売新聞以外のメディアは報じましたが、肝心の読売新聞は記事にしませんでした。読売新聞の読者だけは知らないという、奇妙なことになったのです。

ジャーナリストは、政治に対して外部から発言すべきもの。自分が政治の世界に入り込んで政治を動かそうとするなら、政治家になればいいのです。

彼の行動を見ると、報道人と権力者との距離の置き方を考えさせられます。

▼首相動静　24日

【午前】7時37分、国会。45分、安全保障会議。8時15分、行政改革推進本部。32分、閣議。9時4分、緊急雇用・経済対策実施本部。27分、官邸。29分、藤井孝男元運輸相。10時18分、河村官房長官。11時、内閣記者会との記者会見。43分、自民党本部。45分、同党の生活防衛緊急対策本部であいさつ。

【午後】0時15分、国会。21分、自民党代議士会であいさつ。33分、衆院本会議。1時35分、松本官房副長官。39分、官邸。2時23分、羽田空港。50分、航空自衛隊のU4多用途支援機で同空港発。3時28分、愛知県小牧市の航空自衛隊小牧基地。イラクでの空輸活動を終えた航空自衛隊派遣部隊の帰国行事で訓示。小泉元首相、浜田防衛相、中曽根外相ら同席。4時26分、U4多用途支援機で同基地発。5時2分、羽田空港着。50分、官邸。6時10分、知的財産戦略本部であいさつ。46分、韓国で開かれる2012年麗水世界博覧会の張丞玗組織委員長、権哲賢駐日韓国大使らが表敬。河村長官、二階経産相同席。7時40分、東京・神山町の自宅。9時53分、東京・関口のカトリック教会「東京カテドラル聖マリア大聖堂」。家族とともにクリスマスイブのミサに参列。11時38分、自宅。

2008年12月24日(水)

翌年度の予算案は、年末ギリギリになってまとまります。この日、麻生首相は午前11時から内閣記者会との記者会見に臨み、来年度予算案について説明しました。会見場には、予算案の内訳を記したパネルを持ち込み、指し棒を使いながらの解説でした。

この日は、予算案の確定と共に、消費税の増税を2011年度より実施すると明記した中期プログラムも閣議決定しています。消費税増税への並々ならぬ意気込みを感じさせます。

さて、この日はクリスマス・イブでした。夜の9時53分から「東京カテドラル聖マリア大聖堂」でのクリスマス・イブのミサに家族と共に参列していま す。ここはカトリック教会です。

麻生首相は、実はカトリック教徒なのです。日本ではまったく報道されませんでしたが、首相就任の際、ドイツの新聞は、「日本にカトリック教徒の首相誕生」と報じています。

自らキリスト教徒であることを認めた首相といえば、大平正芳元首相以来ですが、日本でそうした分析記事を読んだことはありません。

とかく宗教には無関心な人が多い日本のこと。政治家の宗教が問題になることはありません。アメリカの場合、プロテスタントでないと大統領になるのは困難で、カトリック教徒はケネディ元大統領だけでした。オバマ大統領も本当にイスラム教徒ではなくキリスト教徒（プロテスタント）なのか詮索されました。どんな宗教を信じるかは大きな問題なのです。

▼首相動静 19日

【午前】8時3分、国会。16分、臨時閣議。35分、河村官房長官。47分、参院予算委員会。11時56分、岩永浩美自民党参院予算委筆頭理事。

【午後】0時3分、官邸。55分、国会。1時、参院予算委員会。5時6分、自民党役員会。49分、官邸。6時22分、公邸。37分、東京・紀尾井町のグランドプリンスホテル赤坂。自民党の細田幹事長、大島国対委員長、河村長官らと会食。8時3分、東京・永田町の個人事務所。9時35分、公邸。10時35分、ブッシュ米大統領と電話で会談。林官房副長官補、梅本外務省北米局長同席。

2009年1月19日(月)

この日、麻生首相は、渋谷区神山町の自宅から総理公邸に引っ越しました。

自宅に住んでいると、毎朝毎晩、パトカー先導で総理専用車が通るたびに周囲に交通渋滞を引き起こします。自宅の警備も大変ですし、危機管理の上からも、緊急事態時に直ちに指揮がとれるように、総理官邸に接した総理公邸にいる方がいいからです。

ちなみに、首相の仕事場は「総理官邸」、首相の住居部分が「総理公邸」です。

かつての総理公邸は、五・一五事件で犬養毅首相が暗殺された場所。「夜中に出る」という噂があり(「見た」という人から私も話を聞いたことがありますが)、住み込むことを敬遠する首相や家族がいました。引っ越しのときにはお祓《はら》いを受けた人もいます。その一方で、「総理公邸に住むと政権が長く続く」というゲンかつぎもあります。

公邸に引っ越して住む首相は1993年の細川護煕内閣以来10代連続です。

現在の総理公邸は、旧総理官邸を移転させて改造したもの。「出る」と言われた旧公邸とは別のものです。こちらになってからは、「出る」という話は出なくなりました。

麻生首相は、自宅から通っているときには毎朝、神山町の自宅周辺でウォーキングをしていましたが、総理公邸に移ってからは、公邸周辺を歩いています。早朝の永田町界隈は、意外に空気も澄んでいるのです。

▼首相動静　31日

（現地時間30日）午後、スイス・チューリヒ国際空港着。チューリヒ市内のホテル泊。
（同31日）午前、チューリヒ国際空港からヘリでダボス着。ダボス市内のホテルでスイスのメルツ大統領、英国のブラウン首相と会談。世界経済フォーラム年次総会（ダボス会議）特別セッションで講演。カルロス・ゴーン日産自動車社長、宮内義彦オリックス会長、竹中平蔵慶大教授らビジネスリーダーとの昼食会。デンマークのラスムセン首相と会談。ダボス発。

2009年1月31日（土）

麻生首相は、スイスのスキーリゾート・ダボスで開かれた「世界経済フォーラム年次総会」に出席し、講演しています。この総会は、通称「ダボス会議」。世界の政治家、経済界の要人、知識人、ジャーナリストが一堂に会し、世界経済の見通しについて話し合う場です。「世界経済フォーラム」は、1971年にスイスの実業家クラウス・シュワブが設立しました。

年次総会は、人里離れた小さなスキーリゾートで、スキーやスパなどを楽しみながら、世界の経営者たちが情報を交換したり、勉強したりしようと始まりました。

しかし、世界の錚々たるメンバーが集まることから、いわば「もうひとつのサミット」の様相を呈してきて、この会議に呼ばれない政治家は一流ではないというイメージが生まれ、参加者が激増。静かなスキーリゾートは、この期間、喧騒に包まれます。

日本の首相としては、2001年の森元首相、2008年の福田元首相に次いで3人目です。

麻生首相はこの席で、世界経済復活の年にするべく、日本の景気回復に取り組む姿勢をアピールしました。「悲観主義は気分によるものであり、楽観主義は意志によるものである」というフランスの哲学者アランの言葉を引用しました。日本の首相が世界に日本をアピールするのはいいのですが、肝心の聴衆の数は減少傾向にあります。

▼首相動静 17日

【午前】8時25分、国会。32分、閣議。47分、河村官房長官。9時2分、官邸。3分、与党・ソマリア沖海賊被害対策に関するプロジェクトチームの中谷元、佐藤茂樹両共同座長ら。河村長官同席。30分、三谷内閣情報官。41分、松本官房副長官。

【午後】0時2分、河村長官。55分、国会。1時1分、衆院予算委員会。すぐに休憩に。3時39分、再開。47分、同委員会の鈴木恒夫筆頭理事。5時16分、河村長官。6時10分、官邸。19分、中川財務・金融相。7時23分、クリントン米国務長官と会談。ズムワルト臨時代理大使、ヒル国務次官補ら同席。52分、クリントン長官、太田公明党代表。56分、クリントン長官との夕食会。9時1分、官邸玄関前で同長官を見送り。6分、与謝野経済財政相に新財務・金融相の辞令交付。河村、松本正副長官同席。12分、河村、松本正副長官。21分、公邸。22分、松本副長官。11時29分、松本氏出る。

2009年2月17日(火)

アメリカのクリントン国務長官が来日し、この日、麻生首相と会談しています。

オバマ政権が誕生した後、各国を歴訪するクリントン国務長官が選んだ最初の訪問国が日本。「日本重視」の姿勢をアピールしました。「共和党政権と違って民主党政権は日本に冷淡なのではないか」という日本側の懸念が、アメリカに伝わったようです。

とはいえ、これは建前の世界。オバマ大統領にとってもクリントン国務長官にしても、アジア外交の要は対中国です。

ただ、中国と向き合う上で、アメリカにとって頼りになるアジアの同盟国は日本。中国との交渉を進め、ときには牽制するためにも、オバマ政権としては、日本との関係を重視する必要があります。

会談の席に、当時は北朝鮮担当だったヒル国務次官補が同席しているのを見ても、会談の主要なテーマのひとつが北朝鮮への対応だったことは明らかです。

このとき民主党の小沢一郎代表は、アメリカ側から会談を持ちかけられながら、いったんは「多忙」を理由に拒否。この姿勢が党内から批判されて、渋々とクリントン長官との会談に出ています。

アメリカの国務長官が、日本の野党の党首と会おうとするのは異例のこと。アメリカとしても、次の衆議院総選挙で民主党が政権をとる可能性を考え、パイプづくりをしようとしているのです。

▼首相動静　1日

【午前】10時2分、公邸周辺をウオーキング。
【午後】0時18分、東京・内幸町の帝国ホテル。客室で書類整理。3時10分、東京・八重洲の書店・八重洲ブックセンター。「危機を超えて―すべてがわかる『世界大不況』講義」(伊藤元重著)、「読まない力」(養老孟司著)、「ジャーナリズムの可能性」(原寿雄著)、「2009年の日本はこうなる」(日下公人著)、「強い日本への発想――時事の見方を鍛えると未来が見える」(日下公人、竹村健一、渡部昇一著)など本10冊を購入。40分、公邸。7時23分、東京・三宿のすし店「金多楼寿司」。千賀子夫人ら家族と食事。9時14分、公邸。

2009年3月1日(日)

私は朝日新聞（大阪本社発行分を除く）月曜日夕刊に連載しているコラムで、安倍晋三首相当時、「首相動静」に首相が書店に立ち寄るという行動がない、本を読んでいないのだろうか、と嘆いたことがあります。

これに対して、少なくとも麻生首相は、定期的に書店に立ち寄っています。東京駅前の八重洲ブックセンター本店です。

「漫画ばかり読んでいる」「漢字が読めない」といった批判を打ち消すためなのでしょうか。総理番の記者たちを引き連れて書店の中を歩きました。首相就任以来、書店に立ち寄ったのは、11月1日、11月30日、12月27日に続き就任5か月で4回目です。実はなかなかの読書家だというのが、周囲の評判です。

読書家の首相というと、大平正芳、中曽根康弘、宮沢喜一、橋本龍太郎の各氏の名前が上がります。ただ、当時は首相が書店で本を買っても、「購入した本」の内訳が報道されることはありませんでした。麻生首相の場合、この日購入した10冊の本がすべて報道されています。こうなると、どの本を買うか、首相も気を使います。結果的に、見栄を張った購入になっていないか、どうか。

ちなみに、購入した本は次の通りです。

伊藤元重『危機を超えて　すべてがわかる「世界大不況」講義』（講談社）

ジョン・ジェラルド・ラギー著、小野塚佳光、前

田幸男訳『平和を勝ち取る　アメリカはどのように戦後秩序を築いたか』（岩波書店）
養老孟司『読まない力』（PHP新書）
原寿雄『ジャーナリズムの可能性』（岩波新書）
林望『かくもみごとな日本人』（光文社）
半藤一利『幕末史』（新潮社）
塩野七生『わが友マキアヴェッリ　フィレンツェ存亡』（新潮社）
同『マキアヴェッリ語録』（同）
日下公人『2009年の日本はこうなる』（ワック）
日下公人、竹村健一、渡部昇一『強い日本への発想　時事の見方を鍛えると未来が見える』（致知出版社）

一般には権謀術数の政治家として知られるマキアヴェッリの本を買って、麻生首相は、彼から何を学ぶのでしょうか。

日下公人さんらの『強い日本への発想』は、実はこれ11月30日にも買っていました。前に買った本を忘れてまた買ってしまうというのは、私もやることなので、とやかく言えませんが、少なくとも前著を読んでいれば、こんなことにはならなかったでしょう。

麻生首相は書店の店頭で、佐高信『小泉純一郎と竹中平蔵の罪』（毎日新聞社）に目をとめ、同行の記者たちに、「買ったら面白いんじゃない。『麻生首相熟読』とか」と話しかけて笑ったそうですが、結局は買いませんでした。竹中氏を嫌っていた麻生首相らしい発言でした。

▼首相動静 14日

【午前】9時47分、羽田空港。10時、航空自衛隊のU4多用途支援機で空港発。11時45分、山口県岩国市の海上自衛隊岩国基地。

【午後】0時1分、陸上自衛隊ヘリコプターで同基地発。23分、広島県呉市の海自呉教育隊。29分、同市の海自呉基地。46分、儀仗(ぎじょう)隊栄誉礼。51分、海自護衛艦「さざなみ」に乗艦。五島浩司第8護衛隊司令らが出航報告。浜田防衛相同席。1時29分、ソマリア沖派遣の護衛艦の出航行事で訓示。2時6分、出航見送り。48分、同市のクレイトンベイホテル。宴会場「クリスタル」で寺田稔自民党衆院議員ら。3時48分、宴会場「天の間」。自民党広島県連主催の演説会で講演。4時52分、宴会場「クリスタル」。奥原征一郎県商工会議所会頭ら地元財界人との懇談会。寺田氏、奥原信也党県連幹事長同席。7時18分、広島空港。43分、日本航空1620便で同空港発。8時46分、羽田空港。9時15分、公邸。

2009年3月14日(土)

アフリカのソマリア沖で海賊による被害が相次いでいることから、海上自衛隊の護衛艦2隻が、日本関係の船を護衛するために出航しました。呉を母港とする海上自衛隊の護衛艦「さみだれ」と「さざなみ」です。

麻生首相は、この護衛艦の見送りのために、この日広島県の呉市を訪問しています。

今回の海上自衛隊の派遣は、海賊対策の新法成立を待たずに、「海上警備行動」としてのものです。「海上警備行動」には活動海域の指定がないため、本来は日本周辺海域を想定していたはずの「海上」を拡大解釈。遠くアフリカ沖まで自衛隊を派遣したのです。

現地では、日本船籍の船や、日本関係の貨物を運ぶ関係船について、荷主や船主からの要望に応えて護衛します。護衛対象の船舶に船団を組んでもらい、その前後を2隻が護衛する形です。

日本の自衛隊は専守防衛。自分の方から発砲などはできませんが、ソマリアの海賊にしてみれば、日本の自衛隊と海外の軍隊との違いはわかりませんから、「武装した戦艦」がいれば、船団を攻撃してくることはないだろうというわけです。

現地に着いた護衛艦は、近くを航行中の他国の貨物船から助けを求められ、大音響を発して海賊を追い払うなどの行動をとっています。本来、日本関係の船を守るはずが、結果として他国の船も守っています。

▼首相動静 1日

【午前】8時52分、官邸。9時1分、閣議。17分、河村官房長官。19分、新型インフルエンザ対策本部。42分、二階経産相。53分、皇居。帰国の記帳。10時6分、官邸。8分、保利耕輔自民党スポーツ立国調査会長ら。

【午後】1時4分、河村、松本、鴻池、漆間正副官房長官。29分、河村、松本、鴻池各氏残る。33分、鴻池氏残る。45分、二階経産相。2時19分、三谷内閣情報官。51分、小津法務事務次官。4時31分、御手洗冨士夫日本経団連会長。5時10分、村上農水審議官、石毛経産審議官、寺田環境省地球環境局長、外務省の佐々江外務審議官、谷崎欧州局長、鈴木経済局長。7時25分、東京・内幸町の帝国ホテル。同ホテル内の会員制バー「ゴールデンライオン」で秘書官と食事。11時9分、公邸。

2009年5月1日（金）

いつもは総理公邸の周辺で朝のウォーキングをする麻生首相も、この日は運動をせずに閣議に臨んでいます。前日に中国から帰国したばかりですから、疲れが残っていたのかもしれません。

内閣の最高意思決定機関である閣議は、毎週火曜日と金曜日に開かれています。この日の閣議はわずか16分で終了していますが、閣議後、「新型インフルエンザ対策本部」に立ち寄っています。メキシコで発生し、世界各地に波及している新型インフルエンザを、水際で阻止するにはどうしたら、いいか。ここでも首相が最高指揮官なのです。

午後5時過ぎになりますと、農林水産省の審議官、経済産業省の審議官、環境省の地球環境局長、外務省の外務審議官と欧州局長、経済局長と会っています。

「審議官」というのは、霞ヶ関の中央省庁の事務次官と局長の間のポスト。次に事務次官になる人がつくことが多いポストです。

この顔ぶれを見ると、ヨーロッパで経済と環境について交渉する準備ではないか、という予測がつきますね。

その通り。麻生首相は、5月3日からチェコとドイツを訪問したからです。チェコは、この時点でEU（欧州連合）の議長国。日本EU定期首脳会議に臨むためでした。会議の顔ぶれを見ることで、環境問題がテーマになることがわかります。

▼首相動静　7日

【午前】8時3分、公邸周辺をウォーキング。10時7分、官邸。10分、河村官房長官。

【午後】1時14分、東京・芝大門の日本自動車会館。15分、青木哲日本自動車工業会長。32分、川嶋温日本自動車販売協会連合会副会長。43分、小谷忠幸全国軽自動車協会連合会長。56分、同所の全国たばこビル。小林繁一全国たばこ耕作組合中央会副会長。山田俊男参院議員同席。2時8分、東京・新橋の新橋五光ビル。川嶋康宏日本港湾空港建設協会連合会長。26分、同所のニュー新橋ビル。石沢義文全国商工会連合会長。55分、東京・丸の内の東京商工会議所ビル。岡村正日本商工会議所会頭。3時23分、東京・一番町の電機工業会館。西田厚聡日本電機工業会長。59分、東京・西新宿の新宿エルタワー。中西英一郎全日本トラック協会長。4時24分、東京・代々木のあいおい損保新宿ビル。沢田稔日本中古自動車販売協会連合会長。52分、東京・永田町の個人事務所。6時3分、官邸。44分、公邸。

2009年9月7日(月)

8月30日に行われた衆議院総選挙で、自民党は大敗。鳩山由紀夫代表率いる民主党が308議席を獲得して大勝したのに対して、自民党の獲得議席はわずか119でした。

本格的な政権交代が起きたのです。

これを受けて、新聞各紙は、首相の動静以外に、鳩山代表の動静を合わせて掲載するようになりました。

政権交代が確実になってから、麻生首相の1日の行動に特記すべきものが、ほとんどなくなりました。官邸や公邸への人の出入りは激減。権力を失うことが確実になると、周囲の人の行動は、これほどまでに変わるものなのか。人生の無情すら感じさせます。

麻生首相自身も、首相という重圧から解放される日が近づいているせいでしょうか、外出することがめっきり減りました。

しかし、この日だけは違いました。早朝は、いつものように公邸周辺をウォーキングしていますが、午後からは、分刻みの行動ぶりです。これまでの自民党の支援団体めぐりだったのです。

たとえ自民党が与党の座を失っても、これまで通りの支持をいただきたい、という麻生首相のお願い行脚です。

実は麻生首相、選挙開始直後にも支持団体を挨拶回りしています。そのお礼を兼ねて、ということでしょうか。

権力を失うのだから、後はどうでもいい、という

鳩山代表動静 7日

【午前】9時36分、東京・永田町の個人事務所。11時6分、民主党本部。

【午後】0時13分、東京・虎ノ門のホテルオークラ東京。15分、朝日新聞社の船橋洋一主筆、吉田慎一編集・国際担当、若宮啓文コラムニスト。18分、国連気候変動枠組み条約のデブア事務局長、気候変動に関する政府間パネルのパチャウリ議長、持続可能な発展のための世界経済人会議のスティグソン事務総長、経済同友会の桜井正光代表幹事、国際エネルギー機関の田中伸男事務局長ら。45分、朝日地球環境フォーラム2009で講演。1時9分、党本部。10分、長崎良夫洞爺湖町長ら衆院北海道9区内の6町長。15分、秋葉忠利広島市長、神近宣博長崎市東京事務所長。40分、平松邦夫大阪市長。46分、民主党の岡田幹事長、直嶋政調会長、平野博文役員室長。2時36分、岡田、平野両氏。3時3分、東京・永田町の個人事務所。4時53分、党本部。5時1分、小沢、輿石、菅の各代表代行、岡田氏と党三役懇。25分、小沢、菅両氏。42分、菅氏。6時21分、報道各社のインタビュー。46分、東京・六本木の中華料理店「御膳房」。植松恵美子、川崎稔両参院議員と食事。10時32分、東京・田園調布の自宅。

無責任な態度はとらないという点では、なかなかの態度だと思うのですが。

麻生首相の訪問先を見ると、自民党がどういう団体から支持されてきたか、あるいは、どんな組織を頼ってきたかが、よくわかります。

日本自動車工業会。日本自動車販売協会連合会。全国軽自動車協会連合会といった、自動車産業の団体。

全国たばこ耕作組合中央会に代表される農業団体。日本港湾空港建設協会連合会。これはゼネコン、建設業界です。

全国商工会連合会。日本商工会議所という地方の経済団体。

日本電機工業会。全日本トラック協会。日本中古自動車販売協会連合会。

こうした団体本部の多くが、同じビルの中に位置していることが、首相の訪問先のビル名でわかります。訪問できる場所が時間の都合で限られるので、同じビルに入居している団体をまとめて回った、という気配もうかがえます。

麻生首相としては、礼を尽くしての挨拶回りでしょうが、こうした団体の多くは、自民党を支持していたというよりは、政権与党を支持していたのです。自民党が野党に転落しては、支持しても意味がないと感じている人もいることでしょう。

今後、こうした団体が、自民党と民主党に、どのような態度で接することになるかも、見ものです。

第4章

「天の声も変なのがある」

――福田赳夫

福田赳夫は、言わずと知れた、福田康夫の父親です。福田赳夫が首相に就任したのは1976年12月24日でしたが、朝日新聞の「動静」の連載が始まったのは1977年2月1日の朝刊から。このときは「首相動静」ではなく、首相以外の野党の党首の動静も掲載されていました。

1976年7月に田中角栄がロッキード事件で逮捕されると、自民党内は大混乱に陥ります。田中の後任の三木武夫は、反田中の立場からロッキード事件の徹底捜査と政治浄化を進めようとしたため、自民党内で不満が出て、1976年夏から「三木おろし」が活発になりました。

三木はこれに耐え、同年12月、任期満了で衆議院選挙を迎えました。が、この年の6月に自民党政治を批判して自民党から分裂した新自由クラブが躍進する一方、自民党は過半数を割る敗北。三木は選挙敗北の責任をとって退陣を余儀なくされました。

後任の福田は、党内のライバルだった大平正芳の支援を受けて、自民党総裁に就任。首相にも指名されました。このとき、首相の座を2年で大平に譲るという密約を交わしていたといわれます。

首相になった福田は、自分の内閣を「さあ働こう内閣」と名づけます。このネーミングは、前任の三木内閣が、自民党内の「三木おろし」によって機能不全に陥っていたことに対する批判でもありました。

当時は、田中角栄内閣の「列島改造論」によって引き起こされた猛烈なインフレに加えて、不況が深刻化。福田内閣は、組閣早々、景気対策とインフレ対策に取り組むことになります。

福田内閣が発足して9か月後の1977年9月、

パリ発東京行きの日本航空機が、インドのボンベイ（現在のムンバイ）空港を離陸後、日本赤軍に乗っ取られ、バングラデシュの首都ダッカ空港に着陸するという事件が発生しました。

ハイジャック犯は、日本国内に拘置されている仲間の釈放と６００万ドルの身代金の支払いを要求しました。

政府は苦渋の選択を迫られました。このとき福田首相は、「人間の生命は地球より重い」と発言し、身代金の支払いと仲間の釈放を決断しました。

この判断は、日本国内では好意的に受け止められましたが、国際社会からは、「テロリストの要求に屈するものだ」という厳しい批判を浴びました。

ロッキード事件で金権政治が世論の厳しい批判を浴びたことを受け、福田は、自民党の総裁選挙で札束が乱れ飛ぶ現状を改革しようと考え、党改革に乗り出します。

党の総裁は、それまでのような派閥の幹部が密談で決めるのではなく、全国の自民党員による予備選挙を実施することにしたのです。

予備選挙で1位、2位になった候補について、本選挙で全国会議員が投票で選ぶ形式にしました。

しかし、これが彼の命運を絶ったのです。

1978年11月の総裁選挙では、「2年後に総裁の座を大平に譲る」と「密約」したはずの福田が総裁選挙に出馬しました。

これに怒った大平は、盟友の田中角栄の力を借ります。田中派の議員秘書たちが全国を回り、自民党員たちに、大平への投票を呼びかけたのです。

予備選挙での勝利を疑わなかった福田は、「予備選挙で2位になった候補は本選挙を辞退すべきだ」と語っていました。暗に大平に辞退を呼びかけたのですが、結果は大平が1位、福田が2位でした。

本選挙で逆転する目もありましたが、福田は自らの言葉に縛られ、本選挙を辞退しました。現職の首相が、党内の総裁選挙で敗れたために退陣するという、初めての事態になったのです。

それまで「天の声にしたがう」と話していた福田は、このとき、「天の声もたまには変な声もある」という名言（迷言？）を吐いています。

動静 31日

首相【午前】私邸に中川福井県知事ら五人の来客。八時五十分官邸着、九時から政府四演説を正式に決める臨時閣議。終了後、坊蔵相と会う。このあと、参院本会議場で開かれた国会開会式に出席、終わると、ただちに官邸へ。

【午後】正午から衆院の自民党控室で開かれた両院議員総会に出席、短いあいさつ。院内総理大臣室で昼食のあと一時過ぎから衆院、三時すぎから参院本会議でそれぞれ施政方針演説。

五時前、首相官邸に戻り、羽生田代議士、田辺山梨県知事らと面談。五時二十五分、モンデール米副大統領を出迎え、写真撮影のあと同三十二分執務室で、双方の通訳をまじえただけの対談。六時十五分、対談終了。小食堂に会場を移し、鳩山外相、園田官房長官らも同席して会談。七時十一分に終わり、さらに十五分余り鳩山、園田の二閣僚と打ち合わせ。八時、玄関に再びモ副大統領を出迎えて、ともに官邸内大ホールの首相主催歓迎夕食会へ。十時過ぎ、夕食会を終え、私邸に帰る。

1977年1月31日(月)

前年暮れに首相に就任したばかりの福田赳夫はこの日、就任後初の施政方針演説に臨みました。首相に就任してすぐに行うのが所信表明演説。これに対して、通常国会で今後の方針について述べるのが施政方針演説です。

この日は、アメリカのモンデール副大統領が来日していて、夜には総理官邸の大ホールで首相主催の歓迎夕食会が開かれています。当時のアメリカは、民主党のカーター大統領でした。

モンデール副大統領との会談に同席している「鳩山外相」とは、鳩山威一郎。鳩山一郎元首相の息子で、民主党の鳩山由紀夫、自民党の鳩山邦夫の兄弟の父です。「園田官房長官」とは園田直。自民党の園田博之の父です。ちなみに福田内閣の厚生大臣は渡辺美智雄。自民党を離党した渡辺喜美の父。農林大臣は鈴木善幸。自民党の鈴木俊一の父で、善幸の三女は、麻生首相の妻です。

郵政大臣の小宮山重四郎は、民主党の小宮山泰子の父。防衛庁長官の三原朝雄は、自民党の朝彦の父。環境庁長官の石原慎太郎はその後、東京都知事に。長男の伸晃と三男の宏高は、いずれも自民党の衆議院議員（宏高は2009年8月の選挙で落選）。総務庁長官の藤田正明の長男・雄山は広島県知事。科学技術庁長官の宇野宗佑の娘婿・治は自民党衆議院議員（09年8月の選挙で落選）。

政治家の世襲がいかに進んでいるか、その一端がわかります。

〈動静〉 1日

首相【午前】私邸に地元の婦人後援会員ら七人の来客。八時四十五分官邸着。坊蔵相と会い、九時から定例閣議。終了後、鳩山外相、東郷駐米大使らと打ち合わせ。九時三十分から十時五十分まで小食堂でモンデール米副大統領と二回目の会談。鳩山、園田の二閣僚と打ち合わせ。十一時すぎから、ハリー・カーン元ニューズウイーク誌編集長、元岸首相秘書の川部美智雄氏と会う。続いて、渡海自民党副幹事長、原マレーシア大使。

【午後】正午すぎ、議員会館地下の理容室で散髪。官邸へ戻り、安倍自民党国対委員長と国会運営で意見交換。園田官房長官、塩川副長官、竹下党全国組織委員長、中川党国民運動本部長が途中から参加。続いて清宮龍氏（政治評論家）、高木年金福祉事業団理事長があいさつ。砂田党副幹事長が党務連絡。二時四十五分から鳩山外相以下外務省幹部と国会答弁の打ち合わせなど。三時四十五分から三十分、大客間でエネルギー関係の閣僚会議。羽生田代議士と地元の参院選問題で話した後、真田内閣法制局長官、園田官房長官らと憲法の勉強会。通産省の増田審議官が欧米視察の結果報告。経済評論家田中宏氏と会った後、官邸を出て六時五十分、私邸着。

1977年2月1日(火)

福田首相は、議員会館地下の理容室で散髪していたことが、これでわかります。当時の政治家は、ホテルの理容室で散髪ということがなかったのか、それとも福田首相が地味な生活をしていたのか。

福田首相は、一高、東大、大蔵省とエリートコースを歩んで政治家の道に入りましたが、酒をほとんど飲まず、ソバが大好物という庶民的な生活で知られました。

世田谷区野沢の自宅は広い敷地ながら古い建物で、「別荘を買ったら」との誘いには、「住まいでも女性でも二とつくものには関心がない」と言ったというエピソードがあります。ちなみに若い人向けに解説すれば、女性の二とは「二号さん」のことを指し、愛人のことです。愛人のエピソードには事欠かない他の政治家とは違っていました。

ちなみに、名前が出てくる「渡海」とは渡海元三郎のこと。長男の紀三朗は自民党の衆議院議員で、福田首相の息子の福田康夫内閣のときに文部科学大臣になっています。

「安倍」は安倍晋太郎。息子の晋三が後の首相です。「塩川」は塩川正十郎。小泉内閣の「塩爺」です。「竹下」は後の首相の竹下登。「中川」は、中川一郎。息子は、「朦朧会見」で有名になり、2009年10月に自殺した中川昭一です。「砂田」は砂田重民。防衛庁長官を務めた砂田重政の長男です。「羽生田」は羽生田進。福田と同じ群馬県選出です。

動静　6日

首相【午前】私邸に加藤六月代議士、伊藤大孝自民党岡山県連幹事長らが政経文化パーティーの出席要請。群馬県の後援会関係者二組四人。八時五十五分官邸に着き、小食堂で独禁法改正問題関係閣僚会議。ハーテム・エジプト国民評議会統括官、ファンファーニ・イタリア上院議長が相次いで表敬訪問。サンケイ新聞の鹿内信隆社長と会う。

【午後】零時すぎから小食堂で政府・与党連絡会議。執務室に戻り、江崎自民党総務会長とかんんな打ち合わせのあと、入れ替わりで藤田官房長官代理。参院選全国区から自民党公認で出馬する女優扇千景さんがあいさつ。塩川官房副長官、森自民党国対副委員長と今後の国会日程で打ち合わせ。宇野科技庁長官、山野原子力局長、大永資源エネルギー庁次長らと核燃料再処理問題の対米交渉について協議。

島根県漁連の米津真義会長らが竹島の領土権早期確立などを陳情。桜内義雄代議士、亀井久興参院議員同席。鈴木農相と日ソ漁業交渉について二十分ほど会談。四時半すぎから外務省の佐藤事務次官と先進国首脳会議に備えて勉強。途中から鳩山外相、吉野外務審議官らが加わる。

六時十五分官邸を出る。サンケイ国際ホールでの「三村勲君を励ます会」、赤坂プリンスホテルでの「谷川寛三君（自民党代議士）を励ます会」に顔を出したあと、七時半すぎから都内四谷の料亭「福田家」で開かれた大蔵省OBの集まり「一水会」に出席。

1977年4月6日（水）

このころの紙面の「動静」は、単に首相が誰と会っただけではなく、何の目的で会ったか、どんな話をしたかが、短いながらも掲載されていて、首相の仕事ぶりの一端がうかがえ、資料的価値も高いものになっています。

参議院選挙が近づいていることが、この日の「動静」でわかりますね。「参議院全国区から自民党公認で出馬する女優扇千景さんがあいさつ」とあります。扇さんは、いわゆるタレント候補として立候補して当選。その後、自民党を離党して新生党、新進党、自由党、保守党、保守新党を経て自民党に復帰。2004年7月から参議院議長を務め、2007年に政界を引退しました。あの扇さんが、このときに立候補していたのですね。

この日、島根県漁連の会長が「竹島の領土権早期確立」を陳情しています。いわゆる「竹島問題」が、このときにも政治課題になっていたことがわかります。

竹島は島根県の領土ですが、韓国が自国の領土・「独島」（トクト）だと主張して支配。周辺は好漁場ですが、日本の漁船や巡視船が近づくと、韓国側は実弾射撃で威嚇。近づけない状態が続いていました。

夜は四谷の料亭「福田家」で開かれた大蔵省のOB会に出席しています。ここでは四谷となっていますが、福田首相がよく行く紀尾井町の高級料亭のことでしょう。当時は、政治家の会合といえば、この料亭が頻繁に使われていました。

動静　15日

首相【午前】私邸を出て八時前、国会に入り、坊蔵相、鳩山外相、長谷川農相臨時代理、園田官房長官らと日ソ漁業交渉中断の善後策を協議。途中から大平自民党幹事長も参加。引き続き閣議。十時、参院予算委員会へ。

【午後】零時半ごろ、予算委休憩、国会内大臣室で北海道根室地方海洋法対策協議会の二十人が日ソ漁業交渉で陳情。外相、官房長官らと昼食。福井県繊維協会の前田栄雄会長らが不況対策を陳情。再開の参院予算委へ。

七時すぎ、参院予算委散会。官邸でサッチャー英保守党党首を首相が招待しての晩さん会。

十一時すぎ、私邸着。

1977年4月15日（金）

福田首相の1日は、私邸出発から始まります。時々、出発前に私邸に客が来ることもあります。特に地元からの陳情が多いようです。福田首相は、総理公邸に移らなかったのですね。

国会に入ると、「坊蔵相、鳩山外相、長谷川農相臨時代理、園田官房長官らと日ソ漁業交渉中断の善後策を協議。途中から大平自民党幹事長も参加」とあります。当時のソ連が、沿岸12カイリの領海より外側の200カイリまでを「漁業専管水域」に指定し、日本の漁船を締め出そうとしたため、これを阻止しようと日ソ協議が続いていましたが、交渉が決裂。その善後策に追われていたのです。

日ソ間には、北方領土問題が存在しています。自民党側からは、魚でも領土でもソ連に譲るな、という圧力がかかっています。政府としてどういう対策をとるべきか検討している場所に、自民党の大平幹事長が顔を出しています。

自民党の幹事長は、総裁である福田首相に次いで党内ナンバー2の実力者。政府だけで勝手に決めるなという強い意向がうかがえます。

夜になると、サッチャー英保守党党首を招待しての晩餐会が開かれています。サッチャーといえば、その後、1979年の総選挙で保守党を勝利に導き、英国首相に就任しています。その人物とのパイプを、すでにこの時点で作っていたことがわかります。

動静　3日

首相【午前】私邸で七時半起床。主要先進国首脳会議を控え、映放記者クラブの写真撮影と記者団の質問に応じた。笹川尭氏が参院選群馬地方区の二人目の自民党公認立候補応諾のため来訪。
【午後】藤尾正行代議士が参院選の情勢報告。小泉純一郎代議士があいさつに。

1977年5月3日(火)

5月7日と8日にロンドンで開かれる先進国首脳会議に向けた勉強会の様子が連日「動静」に掲載されていましたが、ようやく準備が整ったようです。この日は「映放記者クラブの写真撮影」とあります。「映放記者クラブ」とは、国会や内閣を取材するカメラマンの記者クラブのこと。先進国首脳会議に出発する前の福田首相という写真を撮影したのです。

このころは「先進国首脳会議」と呼ばれていましたが、やがてソ連が崩壊してロシアになり、会議に正式に参加するようになると、ロシアは「先進国」ではないため、会議の名称が「主要国首脳会議」と変わりました。

現在は、わざわざ主要国首脳会議などと呼ばず、「サミット」と呼んでいますが、この頃の新聞記事にサミットの言葉はありません。律儀に「主要先進国首脳会議」と表示しています。

午後、「小泉純一郎代議士があいさつに」とあります。「動静」欄、初登場です。小泉は、1969年の衆議院選挙に初めて立候補しますが、落選。その後、福田赳夫の元で書生を務め、1972年に初当選を果たしています。

この日、何の挨拶に来たか不明ですが、翌年1月に福田赳夫夫妻を媒酌人にして結婚式を挙げていますから（その後、離婚）、ひょっとすると、その依頼だったのかもしれませんね。

〈動静〉 14日

首相【午前】私邸に大塚雄司代議士、若山繁・近畿電気工事専務。十一時前、千鳥ケ淵戦没者墓苑に到着、厚生省主催の拝礼式で献花。官邸に入り、鳩山外相、田中通産相と生糸・絹織物輸入制限で協議。

【午後】安倍自民党国対委員長と昼食を取りながら参院の情勢などを話し合う。ハリー・カーン氏（フォーリン・リポート社長）と会う。青山葬儀所で故賀屋興宣元代議士の告別式に出席。二時すぎ、官邸に戻り、日ソ漁業交渉関係閣僚会議。四十分ほどで終わり私邸へ。

四時半すぎ静養のため、オーストラリアから帰国したばかりの三枝夫人とともに車で箱根へ出発。六時すぎ、宿泊先の奈良屋旅館に到着。

1977年5月14日（土）

千鳥ケ淵戦没者墓苑で、厚生省主催の拝礼式に出席しています。この墓苑は、国が管理する「無名戦没者の墓」です。第2次世界大戦での海外の戦没者のうち、身元不明の34万8000人以上の遺骨が安置されています。

厚生省は、毎年この時期に拝礼式を無宗教で実施しています。

夕方からは、珍しく夫婦で箱根の旅館に向かっています。福田首相は別荘を持ちません。側近が「たまには休養を」と説得し、大蔵省の官僚時代に使っていた旅館で土日を過ごすことになったのです。

箱根・宮ノ下の奈良屋旅館は、300年の歴史を持つ高級旅館で、離れがあるため、そこに宿泊してもらえば警備も楽、というわけです。

三枝夫人は、直前までオーストラリアに行って留守だったため、福田首相は、「我が家のコンピューターが不在だと、不便で困る」とこぼしていました。11日には、来日した世界各国の新聞関係者を前に、「私はワイフが一番こわいが、その次はマスコミ」と挨拶しています。

この老舗旅館は、2001年5月に惜しまれながら閉館しました。相続税の支払いと財産分与のためです。跡地には、「株式会社リゾートトラスト」が運営する会員制リゾート「エクシブ箱根離宮」が建っています。

動静 31日

首相【午前】九時、国会に入り閣議。終了後、鳩山外相、鈴木農相、石田労相、園田官房長官と労相の訪ソで協議。官邸で、旧福田派議員から備前焼のつぼを贈られる。日比谷公会堂での全国市議会議長会定期総会であいさつ。官邸に戻り、新関欽哉原子力委員と会う。長谷川建設相、久保田円次代議士と参院選群馬地方区の候補者問題で相談。

【午後】正午すぎ、シンガポールのリー・クアンユー首相歓迎午さん会に出席のため皇居へ。二時半、官邸に戻り、官房長官らと党首会談問題で協議。三時半、国会に入る。

社会党の成田委員長らと一時間、共産党の宮本委員長らと四十分間、それぞれ会談。外相、農相らが同席。公邸に移り、村松剛氏ら学者、文化人十人と勉強会。七時前、都内の料亭でリー・クアンユー首相歓迎夕食会。九時すぎ私邸着。

1977年5月31日（火）

この頃、国会の会期延長をめぐって自民党と野党が対立していました。自民党総裁として野党各党との党首会談が予定されていましたが、民主党、公明党、新自由クラブが会談をボイコット。この3党よりはずっと自民党と立場が離れた社会党、共産党の党首だけが会談に臨むという〝ねじれ現象〟が起きました。その結果、この日は社会党と共産党のそれぞれ委員長との会談が行われたのです。

ここに登場する「社会党の成田委員長」とは、成田知巳です。まだ社会党（現在の社会民主党）が野党第一党として大きな影響力を持っていた時代でした。当時の社会党は左右の対立が激しく、成田は左派寄りの立場ながら左右の融和に努めていました。

「共産党の宮本委員長」とは、故・宮本顕治です。戦前から共産党員として活動し、治安維持法違反などに問われ、網走刑務所で服役。戦後、釈放され、長く日本共産党のトップの座にありました。

福田首相は、勉強家としての一面を持っています。「動静」には、学者との懇談や、学者からレクチャーを受けていることがしばしば登場します。この日は、シンガポールのリー・クアンユー首相が来日していて歓迎夕食会などもあるという多忙なスケジュールを縫って、公邸つまり首相の住居部分（本人は住んでいないが）で「村松剛氏ら学者、文化人十人と勉強会」に出席しています。

当時の公邸には大会議室がありましたので、恐らくそこで勉強会を開いたのでしょう。故・村松剛氏は、立教大学や筑波大学の教授を務めたフランス文学者で、三島由紀夫とも交遊のあった保守の論客でした。

この2日後には、国学者の安岡正篤氏と会った他、同日に「若泉敬京都産業大学教授から一時間十分にわたって国際情勢の話を聞く」とあります。

故・安岡正篤氏は陽明学者で、戦前戦後と保守知識層に大きな影響力を持ちました。戦後の首相でも、吉田茂、池田勇人、佐藤栄作、福田赳夫、大平正芳の各氏が折りに触れて安岡氏のアドバイスを受けていました。

故・若泉敬氏は、国際政治学者で、佐藤内閣時代、沖縄返還交渉をめぐって首相密使としてアメリカとの交渉に当たりました。福田赳夫は自民党幹事長として、若泉氏とのパイプ役でした。

この他、経済学者としては、立教大学の西山千明教授としばしば会っています。西山氏は、アメリカのミルトン・フリードマンなど「新自由主義」の経済学者の理論を日本に紹介した学者として知られています。

新自由主義は、経済活動への政府の関与を極力避けるべきだという思想で、「小さな政府」を目指します。小泉内閣の「官から民へ」の方針は、この思想にもとづいていました。

その後の小泉内閣につながる新自由主義の理論を、福田首相が吸収しようとしていたことがわかります。小泉内閣の新自由主義のルーツは、ここにあったのです。

1977年6月1日(水)

駐日ソ連大使と会談しています。北方領土周辺の日本とソ連の漁業をどれだけ認めるかという漁業交渉がまもなく始まるので、その下準備のようです。

この日も紀尾井町の「福田家」です。大蔵省OBの集まり「一水会」は、「毎月第一水曜日」に集まるので、この名称になったようです。それにしても、毎月律儀に出席しています。大蔵省OBは、各界に天下りしていますから、それぞれの分野からの情報も入ってくるのでしょう。

途中で席を移り、同じ料亭内で、ウシオ電機の牛尾治朗社長、演出家の浅利慶太氏らとの会合に出席しています。宴席のハシゴです。

料亭では、この「中抜け」ができるのが、政治家には魅力です。表向きの会合を途中で抜け出し、別の席に移っても、外で待っている報道陣にはわかりませんから。

ただし、この夜は別に秘密の会合ではなかったので、公表されたようです。

財界人や文化人の中には、政治家とりわけ歴代の首相との交遊が続く人がいます。ここで出てくる2人は、その代表的な人物です。

牛尾氏は、現在はウシオ電機会長です。長女は安倍晋三の兄と結婚しています。経済同友会代表幹事を経て現在は特別顧問です。政治家との交友は広く、財界人ながら政治に強い発言権を持っています。

浅利慶太氏は、劇団四季創設者のひとりで芸術総監督です。

動静 1日

首相【午前】十時前官邸に入り、ポリャンスキー駐日ソ連大使と約一時間会談。園田官房長官同席。中村禎二参院議員が公邸のあいさつ。中村太郎参院議員が日本青年会議所の総会出席要請に。両角良彦電源開発会社総裁が再任のあいさつ。二松学舎大の浦野匡彦学長と会う。塩川官房副長官が報告に。

【午後】正午すぎから藤田総理府総務長官らと昼食。金丸衆院議運委員長が国会再開の見通しなど報告。二時すぎ田中通産相、竹内大蔵次官、青木経企次官、岸田中小企業庁長官らと構造不況産業対策で協議。木村武雄代議士が参院選の東北地方の情勢を説明。中地熊造・船員弘済協会長があいさつに。四時すぎから衆院第一議員会館地下の理髪店で散髪。

五時前官邸に戻り、中山自民党遊説局長と遊説日程の打ち合わせ。参院選自民党公認候補予定者のために「祈必勝」の書をしたためる。官房長官、塩川副長官が入る。六時二十分官邸を出て、都内・紀尾井町の料亭福田家での大蔵省OBの集まり「一水会」に出席。途中で席を移り、同じ料亭内でウシオ電機の牛尾治朗社長、演出家の浅利慶太氏らとの会合に。九時十五分私邸に帰る。

〈動静〉 29日

首相【午前】日航ハイジャック対策協議のため、三時官邸着。園田官房長官、田村運輸相、福田法相、小川国家公安委員長、浅沼警察庁長官、下稲葉内閣調査室長、伊藤法務省刑事局長らと朝まで断続的に話し合い。四時すぎに、いったん全員閣僚懇談会。仮眠。十一時から国会内で自民党両院議員総会に出席。

【午後】官邸に戻る。仮眠。臨時国会の開会式に出席。続いて国会内大臣室で日航機ハイジャック対策の全員閣僚懇談会。官邸に戻り、執務室で福田一法相と協議のあと、三時から都内のホテルで日中協会主催の「日中国交正常化五周年記念祝賀会」に出席。官邸へ戻り、園田官房長官らと所信表明演説の検討。五時半すぎ私邸へ。十時前再び官邸へ。日航ハイジャック対策本部会議に出席。十一時半すぎ、私邸着。

1977年9月29日（木）

「日航ハイジャック対策協議のため、三時官邸着」とあります。午前3時に官邸に出ているのですね。

この前日の9月28日、日本航空のパリ発東京行きの日本航空機が、インドのボンベイ（現在のムンバイ）を離陸直後、「日本赤軍」の5人にハイジャックされました。乗員14人、乗客137人が乗っていました。

当時はソ連上空を飛ぶことができず、パリと東京を無着陸で飛べる旅客機がないため、給油のために途中立ち寄りがありました。乗っ取られた日航機は、バングラデシュのダッカ空港に着陸しました。

日本赤軍は、1960年代の学園闘争の中から生まれた共産同赤軍派のうち、パレスチナ闘争に活路を見出そうと中東に渡ったグループです。彼らは、日本国内に拘留中の仲間9人の釈放と身代金600万ドルを要求しました。

福田内閣は対策に苦慮します。その様子が、この日の「動静」でもわかります。結局、福田内閣は要求を受け入れました。このとき福田首相は、「人間の生命は地球より重い」と発言しています。

犯人たちは仲間9人の釈放を要求しましたが、このうち3人は本人たちが釈放を拒否。6人が「超法規的措置」により釈放されました。

福田一法相は、釈放に反対し、「法を守れなかった責任」をとって辞任しました。国際テロに巻き込まれた日本政府の右往左往ぶりが内外に明らかになった事件でした。

動静 6日

首相【午前】私邸に群馬県の後援会員二組。九時四十五分官邸に入り、園田外相、宮沢経企庁長官と協議。閣議後、加藤自治相が地方財政で報告。桧垣自民党総合農政調査会長ら八議員が農水産物の輸入ワク拡大などに反対の陳情。中川農相、経企庁長官と農産物自由化などで協議。仮谷和歌山県知事らが同和対策で陳情。荒船行管庁長官と行政改革について。自民党畜産議員連盟の山中貞則代議士らが牛肉の自由化反対などを申し入れ。

【午後】沼賀群馬県高崎市長があいさつ。都内のホテルで「林大幹代議士激励の集い」に出席、官邸に戻る。渡海幹事長代理が国会情勢を報告。三時から加藤自治相、次いで服部郵政相と第二次補正予算編成などで協議。経企庁長官が経済対策閣僚会議の報告。牛場対外経済相と訪米などで協議。中尾栄一代議士が中東問題で進言。都内の料理屋で財界人との会合「一火会」。八時二十分すぎ帰宅。村山蔵相、長岡主計局長らが「十五カ月予算」の編成状況を報告。

1977年12月6日(火)

「桧垣自民党総合農政調査会長ら八議員が農水産物の輸入ワク拡大などに反対の陳情」とあります。農産物の輸入自由化が大きな国際問題、政治問題になりつつありました。

この年の9月の貿易収支は17億ドル、経常収支は11億4000万ドルの黒字で、1977年度上半期の黒字は過去最高を記録し、黒字減らしが政治課題になっていました。

黒字減らしのひとつの方策が、農産物の輸入枠拡大。候補として上がったのが、牛肉とオレンジ、果汁の輸入自由化でした。アメリカ政府が輸入自由化を強く求めていました。

現在では、いずれも輸入が自由に行われていますが、当時は、国産農家の保護を理由に自由な輸入が認められていなかったのです。このため牛肉の価格は高く、庶民には高嶺の花。いまのような牛丼チェーンなど考えられませんでした。オレンジや果汁の輸入も自由にできず、アメリカから輸入したオレンジジュースには国産のみかん果汁を混ぜることが義務付けられ、「オレンジジュースは酸っぱい」というのが、当時の日本国民の常識でした。

安い牛肉や甘いオレンジが輸入されるようになったら、日本の農家は立ち行かないと、農村を地盤にする政治家たちが、自由化反対の旗を振ったのです。

いまになってみれば、政治家が自分の支持団体の方ばかりに目を向け、国民の利益を考えていなかったことがわかります。

動静 15日

首相【午前】私邸に安倍官房長官が伊豆大島近海の地震対策協議に。原文兵衛、岩動道行、安孫子藤吉の三参院議員が台湾からの帰国報告。玄関先で、モチつきに来た地元後援会員約三十人と記念撮影。

【午後】国土庁の下河辺事務次官らが地震対策の協議に。

1978年1月15日(日)

首相の自宅に官房長官が「伊豆大島近海の地震対策協議に」訪れています。

この前日に、伊豆大島近海地震が発生していました。伊豆半島を中心に土砂崩れ、生き埋めが相次ぎ、鉱山から出たシアン化合物を貯留していた池が決壊し、猛毒のシアン化合物が狩野川に流出。狩野川の魚が全滅し、上水道の取水もできなくなっていました。

死者25人、負傷者211人を出す大災害でした。いまなら地震発生と共に官邸に対策本部を設置して、首相が陣頭指揮をとるなど大騒ぎになるところです。

にもかかわらず、首相は私邸に帰宅。翌日も、日曜日ということもありますが、自宅で報告を受けるだけでした。

「玄関先で、モチつきに来た地元後援会員約三十人の記念撮影」とあります。この日は小正月。福田首相も杵を振るうのが恒例行事でしたが、前日の地震で死傷者が出たことから自粛。記念撮影だけになったそうです。

総理官邸の危機管理のあり方が大きな問題にならなかった牧歌的な時代であることがわかります。

しかし、これでよかったのでしょうか。首相が陣頭指揮をとらなくても、対策が進んでいたということは、喜ばしいことなのかもしれませんが、当時は首相のリーダーシップがいまほど求められていなかったということでもあるのです。

動静 16日

首相【午前】八時四十分、私邸に群馬選出の山本富雄参院議員、十時すぎ宇田国栄前代議士、十一時、都内のホテルで小泉純一郎代議士の結婚式に出席、媒酌。

【午後】三時前、小泉代議士の結婚披露宴を終わり、明治神宮会館の「生長の家栄える会第二回全国大会」に出席、あいさつ。四時すぎ私邸に帰る。塩川正十郎衆院議運理事が来訪。稲村総務長官夫妻が「あいさつ」に。

1978年1月16日(月)

小泉純一郎の結婚式の媒酌人を務めています。小泉はエスエス製薬の創始者・泰道照山の孫と結婚し、3人の子どもが生まれましたが、1982年に離婚。以来、独身を通しています。

小泉は、1969年に衆議院選挙に初挑戦しますが、落選。次の選挙で当選するまで、福田の書生を務めていました。自らが所属する福田派の派閥のトップでしかも現職の首相に媒酌人を務めてもらうことで、小泉は福田派内で力をつけていきます。

この日、福田首相は、小泉の結婚式に出席した後、「生長の家栄える会」に出席して挨拶しています。まことに忙しいことです。

生長の家は、自民党を支持する保守系の宗教団体で、日本国内の信者数は公称74万人。自民党総裁としては、支持団体への挨拶が欠かせません。

宗教団体といえば、前年の11月には、立正佼成会の庭野会長の誕生会にも出席しています。立正佼成会は日蓮宗系の新興宗教団体で、会員は公称153万世帯。創価学会に次ぐ規模です。

自民党にとって選挙で世話になる宗教団体のひとつ。こちらもないがしろにはできないというわけです。

複数の宗教団体に顔を出すところに、日本の保守政治家の融通無碍《むげ》ぶりがわかります。

動静　15日

首相【午前】私邸に藤尾正行代議士、永山忠則、松本十郎両前代議士。亀井静香前警察庁官房調査官あいさつ。中谷武世日本アラブ協会会長。

【午後】零時から千代田区内幸町の日本記者クラブで講演。三時すぎ官邸にシェフェール・ユーゴスラビア副首相表敬。三時半すぎに朴東鎮・韓国外相。通産省の増田審議官、西山貿易局長。稲村総理府総務長官が、次期総選挙立候補予定の池田淳千葉県出納長を伴いあいさつ。伊東正義代議士と佐川幸一自民党福島県連幹事長、午後六時半から築地の料理屋「吉兆」でマンスフィールド駐日米大使夫妻と会談、九時すぎ帰宅。

1978年2月15日(水)

「亀井静香前警察庁官房調査官あいさつ」とあります。いまの国民新党代表です。当時、警察庁のキャリア官僚を退職し、地元広島から自民党公認候補として立候補する準備を進めていました。その挨拶に訪れたのでしょう。

「中谷武世日本アラブ協会会長」も訪問しています。福田内閣時代の「動静」欄を見ると、この人の名前がしばしば登場します。日本アラブ協会は、アラブ諸国との友好を推進するために組織された団体ですが、会員企業には石油業界が多く、アラブの石油確保が大きな目的であることがわかります。

1973年の第1次オイルショック以来、日本の政治家たちは、日本経済が中東からの石油の輸入に頼っていることに気づき、中東諸国とりわけアラブ諸国との関係改善に力を入れるようになりました。「アラブ寄りというよりはアブラ寄り」と揶揄されたものです。

福田赳夫ばかりでなく、息子の康夫も、アラブ諸国とのパイプづくりに力を入れています。

この年の9月には、中東のイランで、イスラム原理主義グループによる反政府活動が激化。「イラン革命」へと発展します。イランから大量の原油を輸入していた日本は、原油の購入先の多様化と、アラブ諸国からの原油輸入量の増大が課題となり、福田首相は9月5日から中東諸国を歴訪しています。

動静 18日

首相【午前】十時、離日するジフコフ・ブルガリア国家評議会議長の歓送行事のため迎賓館へ。官邸で安倍官房長官、森官房副長官と打ち合わせ。稲村総務長官が萩山教厳富山県議とあいさつに。十一時すぎ、静養のため三枝夫人らと車で静岡県伊東市の川奈へ出発。

【午後】車内で弁当を食べ、一時半川奈ホテル着。福田康夫秘書官が「何もないと（首相が）退屈するから」と、数十冊の本と相当数の書類を持ち込む。部屋から見える桜の花に「きれいだなあ」。

1978年3月18日（土）

前年5月に箱根の旅館に2泊の静養に出かけた福田首相。その後8月にも箱根に1泊しましたが、今回は静岡県伊東市の川奈ホテルに出かけました。3泊4日の日程です。

福田首相は、この年、3月中旬だというのにすでに4度目の風邪をひいたため、周りのスタッフが無理やり休ませたようです。首相としては異例の長期休暇です。

71歳で首相に就任しただけに、就任当初から周囲は健康を心配していました。しかし本人は、明治38年生まれであることから、「明治38歳」と自称し、しきりに健康であることを強調していました。

政治家は、健康不安が浮上すると、支持基盤が揺らぐだけに、健康であることを常にアピールしなければなりません。それだけに4回もの風邪には周囲も相当心配したようで、夜の会合への出席を見合わせたりして、静養させようと腐心していました。

秘書官として名前が出てくるのが、息子の福田康夫。やがて首相になる人物です。このときは「数十冊の本と相当数の書類を持ち込む」とあります。「貧乏性」を自認する首相らしく、何もしないで静養するということはできないようです。

静養中にどんな本を読んだのか。20日の「動静」には、ガルブレイスの『不確実性の時代』などを読んだという記事がでています。この頃、アメリカの経済学者ガルブレイスの同書はベストセラーになっていました。

動静　27日

首相【午前】成田事件に「残念だな」と感想をもらしながら国会内での新東京国際空港関係閣僚会議へ。衆院第一議員会館内で散髪。官邸にミス・ユニバース日本代表の万田久子さんらが表敬。渡海幹事長代理。

【午後】政府・党会議。「かんかんがくがくやったのですか」という記者団の問いに「そんなにがくがくしません」。安倍官房長官が報告。三時から民社党の佐々木委員長。続いて玉置和郎参院議員と田中忠雄生長の家政治連合会長が「先日のかぜのお見舞い」に。四時半から社会党の飛鳥田委員長ら。桜内国土庁長官が大地震対策法案の報告。都内のホテルで田中竜夫代議士の二十五年勤続表彰祝賀会に出席し、帰宅。

1978年3月27日(月)

「成田事件に『残念だな』と感想をもらしながら国会内での新東京国際空港関係閣僚会議へ」とあります。この前日、開港直前の成田空港の管制塔に建設反対派が乱入。管制塔の機器を破壊し、開港の見通しが立たなくなってしまったからです。

首都圏に羽田に代わる国際空港を建設する方針が決まったのは、池田勇人内閣時代の１９６２年。建設場所が千葉県成田市に決まったのは佐藤栄作内閣時代の１９６６年。ところが、農地を失う農民が反対し、それを過激派学生が支援して、成田空港建設は進みませんでした。

建設場所が決まってから実に12年経って、ようやく空港は完成。福田内閣は、この年の3月30日を開港日と定めていました。

ところが、前日に反対派は開港阻止を掲げた大規模な反対集会を開き、警備の裏をかいたグループが、新設されたばかりの管制塔に乱入し、航空機の管制機器を破壊してしまったのです。

この事件を受けて、開港を翌年以降に延期すべきだという声も出ましたが、福田首相は、5月20日開港、21日運航開始のスケジュールを決め、これを実現させました。

成田空港周辺の厳重な警備は、このときから続いているのです。

ちなみに、女優の萬田久子さんが、この年のミス・ユニバース日本代表だったことが、この欄でわかります。

動静 13日

首相【午前】十時すぎから新宿御苑で「桜を見る会」。あいにくの雨だったが「雨もまたよし」。十一時半、官邸着。

【午後】大石武一参院議員が先月死去した高橋文五郎前参院議員の遺族を連れてあいさつ。昼食後、衆院本会議に出席。官邸に戻り、安倍官房長官、外務省の中江アジア局長と尖閣列島問題で協議。続いて藤尾正行代議士が尖閣列島問題で申し入れ。福永運輸相が同問題で報告。広岡日本新聞協会会長が内外ジャーナリスト交流について陳情。中谷武世日本アラブ協会会長が中東訪問出発のあいさつ。園田外相が尖閣列島問題で報告。青少年問題審議会委員の末次一郎氏が報告。玉置和郎参院議員。四元義隆三幸建設工業社長。後藤田正晴代議士。安倍官房長官と打ち合わせたあと六時、尖閣列島問題の日中条約交渉への影響について「わからんなあ、もう少し様子を見ないと」といいながら官邸を出る。都内の料理屋で関西財界人との定期会合「吉兆会」。八時すぎ帰宅。

1978年4月13日（木）

「尖閣列島問題の日中条約交渉への影響について『わからんなあ、もう少し様子を見ないと』」と言っていることが出ています。

１９７２年に当時の田中角栄首相が中国を訪問し、日中の国交正常化が実現しましたが、日中平和友好条約を締結してこそ、日中間の関係は完全に正常化します。この条約の締結は福田内閣の課題になっていました。

ところが、この交渉の途中で突如発生したのが、中国漁船による尖閣列島の領海侵犯問題でした。

尖閣列島（諸島）は日本の領土で、中国もかつては特に異議を唱えていませんでしたが、１９６８年に国連のアジア極東経済委員会が、海底調査を実施し、周辺の海底には石油資源が埋蔵されていると発表すると、台湾と中国が相次いで「自国の領土だ」という主張を始めました。

日中平和友好条約を締結する上で、尖閣諸島の領有権問題もテーマに浮上していましたが、前日に中国の漁船が大挙して尖閣諸島の日本の領海に侵入し、海上保安庁の退去勧告に従わなかったのです。日本が中国に抗議した結果、漁船は16日になって退去しました。中国側は「偶発的な事件」だったと弁明して決着しました。

しかし実際には中国の漁船は中国各地から動員されていました。日中平和友好条約を締結することに反対していた中国軍部による嫌がらせだったというのが、現在は定説になっています。

動静 12日

首相【午前】六時五十分、私邸に泉山三六元蔵相。九時五十分、官邸へ。日中条約調印について「長い長い六年間だった。感慨ひとしおだなあ」。十一時二十分、田中竜夫代議士ら五人が中東報告。

【午後】一時十分すぎ、自民党の大平幹事長、中曽根総務会長、江崎政調会長。一時半から約五十分日中条約調印についての臨時閣議。三時すぎ、安倍官房長官。四時二十分、私邸へ。「一件落着だ」と三回繰り返し、これからの日中関係について「つり橋から鉄橋になった」。七時五十分、官邸で自民党三役らと北京での日中条約調印式のテレビ生中継を見る。「感無量だ」を繰り返す。シャンパンで乾杯。八時四十分私邸へ。

1978年8月12日（土）

締結まで紆余曲折のあった日中平和友好条約が、この日北京で調印されました。

もともと福田赳夫は親台湾派。中国との平和条約には消極的な立場でしたが、首相になってからは、条約締結に積極的になっていました。

自民党内には、この時点でも平和条約締結に反対する勢力があり、この日開かれた自民党総務会では、藤尾正行・アジア問題研究会幹事長が「共産主義国家は信用できない。福田首相も信用できない」と発言して退席しています。

北京で行われた調印式には園田直外相が出席しました。福田内閣発足のときには官房長官だった園田は、その後の内閣改造で外相に横滑りしていました。

調印式の様子をテレビ中継で見ていた福田首相は、「共同声明で吊り橋ができ、その吊り橋が鉄橋になった。この鉄橋の上を重い荷物を運んで日中間の交流を積極化してゆきたい」と話しています。

10月には鄧小平が来日。条約の批准書交換式が行われています。

中国では前年に過激な路線を推し進めた江青ら「四人組」が追放され、現実派の鄧小平が副主席として復活し、平和条約締結を中国側で推進しました。調印式に、中国側は華国鋒主席、鄧小平副主席が出席しましたが、その後まもなく華国鋒は失脚しています。

動静 13日

首相【午前】八時十五分国会着。廊下で大平幹事長とバッタリ。同氏について書いた新刊書の話で二言三言。事実上の政治休戦破棄について「新聞だけがにぎやかなんだ。ネコがネズミをころしてるようなもんだ」とひっかき回すマネ。宮沢経企庁長官。月例経済報告。閣議。九時半から長野国体へご出発の天皇を原宿駅でお見送り。いったん官邸に立ち寄り、十時二十分から元赤坂の迎賓館でシュミット西独首相と約一時間会談。原文兵衛参院議員らが「清潔・明朗・公正な総裁公選実施」を申し入れ。

【午後】塩川正十郎代議士、森、道正両官房副長官、越智総務副長官らと昼食。「派内の話か」との問いに「派内の話は眼中にない。福田派は解消した」。秋田大助前代議士。衆院第一議員会館で散髪。「(十四日の徳島の政経文化パーティーは)行かない。マスコミが口をあけているところへ飛び込むようなもんだ」。経団連の土光敏夫会長がメキシコ訪問の報告。日本鉱業協会の庭野正之助会長、秋田県の小畑勇二郎知事が金属鉱業緊急融資事業実施のお礼に。根本竜太郎代議士。土屋義彦参院議員が参院選全国区の候補者問題で。群馬県議会の中村栄一議員らがヨーロッパ訪問出発のあいさつ。四時半ごろ私邸着。渡海幹事長代理。

1978年10月13日(金)

「廊下で大平幹事長とバッタリ。同氏について書いた新刊書の話で二言三言」とあります。これだけでは何のことかわかりません。この欄が掲載されている紙面の別の場所に、このやりとりの詳細が出ていました。

それによると、大平正芳幹事長の首相就任を期待するという評論家が書いた『鈍牛待望論』という本が出版社から福田首相の自宅に送られてきたというのです。福田首相は、大平幹事長が首相を目指して活動を活発化させたと考え、大平幹事長に嫌味を言ったということのようです。

大平幹事長は、その容貌から「鈍牛」というあだ名がついていました。

実は福田内閣が成立したとき、「大福密約」説が流れました。両氏の姓から「大福」と呼ばれた2人は、「福田内閣実現に大平は協力するが、2年後には福田が大平に首相の座を譲る」という密約を結んでいたというのです。

福田首相は密約説を否定。大平幹事長は曖昧な答えを繰り返し、判然としませんでしたが、現在では、暗黙の密約があったというのが定説になっています。

翌月の自民党総裁選挙を目前にしたこの段階で、大平は総裁選挙に向けて準備を整えていましたが、福田は態度を明らかにせず、大平派は、「福田は密約を破って大平に首相の座を禅譲しないのではないか」という見方が広がっていました。世にいう「大福戦争」が始まっていました。

動静　10日

首相【午前】私邸に田中竜夫代議士。九時前、官邸へ。「新聞の調査ではリードのようだが」と記者団から聞かれ「福田赳夫さんを望む婦人の声が多いね」。福永運輸相が「金華山沖にソ連船」と報告。大客間で月例経済報告。「非常に（経済が）明るくなった」。閣議。瀬戸山法相　安倍官房長官と朝鮮統一世界会議の入国問題を協議。中山太郎参議院議員。十一時すぎ富山遊説のため官邸を出て、全日空特別機で石川県小松市の小松空港へ。中川農林水産相、森官房副長官らが同行。

1978年11月10日（金）

「『新聞の調査ではリードのようだが』と記者団から聞かれ『福田赳夫さんを望む婦人の声が多いね』」と自分で答えていますが、自民党の総裁選挙が11月1日に告示され、26日に予備選挙の投票が締め切られることになっていました。

派閥のボスによる密室での総裁選びをやめ、開かれた総裁選びをしようと、このときから全国の自民党員と党友による予備選挙が実施されました。予備選挙で1位と2位になった候補について、自民党国会議員の投票で総裁を選出するルールになっていました。

選挙には、福田、大平の他、中曽根康弘、河本敏夫の4氏が立候補。全国を遊説するなど熾烈な選挙戦に突入していました。

「動静」を読むと、この日福田首相は、富山に日帰りという強行軍で票固めをしています。

新聞各社は、自民党地方組織への取材で、「福田有利」という感触を掴み、報道していました。「新聞の調査ではリードのようだが」というのは、このことを指します。

この報道に福田陣営には安心感が広がり、選挙運動に熱が入りませんでしたが、危機感を抱いた大平陣営は、激しく追い上げます。

大平と福田の個人的関係は決して悪くありませんでした。むしろ大平は、大蔵省での先輩だった福田を立てることが多かったのですが、「密約」を破った福田には怒っていました。

【午後】一時四十分富山市の富山県民会館着。記者会見。地元財界人ら約二十人と懇談し、北陸新幹線早期建設などの陳情を受ける。福田赳夫を励ます総決起大会で決意表明。三時五十分すぎ、高岡市の高岡商工ビル着。地元の商工会議所幹部ら十数人と懇談。福田赳夫を励ます総決起大会で決意表明。「子孫のために世界中から尊敬される日本をつくる」。小松空港で見送りの地元代議士後援会員に向かって右手の人差し指を上げ「これ、これですよ」。七時十五分羽田着。七時四十八分私邸着。

また、かつて自分と首相の座を争った福田を憎む田中角栄は、反福田の立場から大平を全力で支援。田中派議員の秘書たちが、全国の自民党員たちに大平への投票を依頼していました。秘書たちの一致結束ぶりは、「田中派軍団」と呼ばれました。

また、田中派の竹下登が、自民党全国組織委員長として、党員名簿を独占。他の候補者が、自民党員が誰だかわからない中で、名簿をもとに戸別訪問を徹底し、効率的に票集めをしました。

自分が予備選挙で1位になると確信していた福田首相は、「予備選挙で2位になった候補は本選挙を辞退すべきだ」と主張しました。

しかし結果は、1位が大平、2位が福田、3位中曽根、4位河本でした。

国会議員による本選挙に出れば、反大平・反田中の票を集めて勝機があると考えた陣営は、福田に立候補を進めましたが、「2位になった候補は辞退すべきだ」という自分の発言に縛られ、福田は本選挙への出馬を辞退しました。

このとき福田は、「天の声もたまには変な声もある」と発言しています。この日の朝、福田は、記者団から「勝算は」と尋ねられ、「天命を待つだけ。天が決めてくれるよ」と答えていました。記者団が、「首相がけさ言った、天の声をどう聞いたか」という質問に、こう答えたのです。いまなら「流行語大賞」を獲得しそうなセリフでした。

現職の首相が、党内の選挙で敗れるという前代未聞の事態により、福田赳夫は首相を辞任。大平政権が誕生することになりました。しかし、大平政権が誕生しても、「大福戦争」は続きます。

第5章 アーウーだが論理的答弁

——大平正芳

大平正芳は、歴代の首相の中では、飛び抜けて知性がありました。発言は常に慎重に考え抜かれ、失言はありませんでした。

考えながら慎重に発言したため、言葉の切れ目ごとにアーとかウーとかいう間投詞が入り、「アーウー首相」などと揶揄されることもありましたが、発言を文字に起こすと、そのまま論理的で首尾一貫した文章になっていました。

読書家としても知られ、「動静」には、たびたび書店に足を運んでいる様子が出てきます。

1978年12月7日に誕生した大平内閣は、最初から福田派議員の反発を受け、自民党内がまとまらないままの多難のスタートを切りました。

内閣発足に当たり、大平首相は、「政治ができることとできないこと、政治のなすべきこととなすべからざることを率直に国民に訴え、国民の自由な創意工夫を最大限に尊重しながら」進んでいきたいという談話を発表しています。

国民世論に迎合して、国民のためなら何でもやりますという類の発言をする政治家が多い中で、政治には「できないこと」「なすべからざること」があるという彼の発言は、ポピュリストではないことを示しています。

事実、大平首相は、財政赤字が続く中で、増税の必要があると考え、一般消費税（現在の消費税の原型）の導入を訴えました。「国民は賢明なので、たとえ増税であっても説明すれば理解が得られる」と大平は信じていましたが、翌年10月の衆議院総選挙では自民党が敗北してしまいます。国民の嫌がる増税を政策に掲げたからだと考えられています。国民は、大平が考えるほど「賢明」ではなかったのでしょうか。

選挙での敗北の責任を問う声が自民党内で高まり、選挙後に首相を新たに選ぶ特別国会での総理指名選挙には、大平正芳、福田赳夫の両氏が立候補。同じ政党から候補者が2人出るという前代未聞の事態になりました。

投票の結果、1回目の投票では大平が1位、福田が2位でしたが、過半数を獲得した候補がなく、上位2人による決選投票の結果、大平がかろうじて首相に再選されました。

その後も自民党内では「大福戦争」が続き、大平首相は思ったような政策運営ができません。大平はクリスチャン。争いごとを好みませんでしたが、本人の意向とは裏腹に争いが続きました。1980年5月には、野党が提出した大平内閣不信任案の採決に当たって、福田派を中心とした反主流派は国会を欠席。結果として不信任が成立してしまいました。

このため大平は衆議院を解散。前回の選挙から半年もたたないうちに、再び衆議院総選挙が実施されたのです。選挙の投票日は6月22日。この日はもともと3年に一度の参議院選挙の投票日だったので、史上初の衆参同時選挙となりました。

選挙の真最中に大平は狭心症の発作を起こして入院。そのまま死去します。

この結果、自民党にとっては〝弔い合戦〟となって主流、反主流の反目は棚上げ。国民の同情票もあって、選挙は自民党の大勝でした。

大平は首相在任中の1979年2月、日本の将来について考える政策研究会を首相の諮問機関として発足させています。

大平は、1971年、派閥の研修会での講演で、「戦後の総決算」という表現を使っています。この言葉は中曽根元首相が使って有名になりましたが、実はそれよりも前に大平が使っていたのです。戦後を総決算し、新しい日本の道筋を明らかにしたい。そんな思いが、政策研究会の発足につながりました。

研究会のメンバーは、浅利慶太（演出家）、飯田経夫（名古屋大学教授）、石井威望（東京大学教授）、公文俊平（東京大学教授）、高坂正堯（京都大学教授）、香山健一（学習院大学教授）、佐藤誠三郎（東京大学教授）、山崎正和（大阪大学教授）らが中心となっていました。顔ぶれを見ると、当時の保守系学者を総動員した形です。

研究会には各省の官僚も参加。「田園都市構想研究」「多元化社会の生活関心研究」「環太平洋連帯研究」「家庭基盤充実研究」など9つのグループに分かれて議論し、報告書をまとめました。

報告書の多くは、大平首相の死後に発表されましたが、後の中曽根首相は、この報告書を政策に活かしています。

動静 18日

首相【午前】私邸に七時すぎ株木正郎株木建設社長。地元の香川県豊浜町の合田増太郎町長と町議ら二十人が就任祝いに。花岡弥六花岡電気化学社長。登坂重次郎代議士。鶴丸俊行宅地建物取引業協会専務理事ら。十時すぎ官邸へ。▽松本重治国際文化会館理事長。大久保武雄海上保安協会会長。平山博三全国市長会会長（浜松市長）▽有田外務次官が「情勢報告」▽

【午後】正午すぎ記者団から年頭の伊勢参りのことを聞かれ「信教（首相はキリスト教徒）との関係をどう割り切るか、だ」と苦笑い▽二時前、天野光晴自民党土地問題委員長が土地税制の改革で要望。▽高橋幹夫日本自動車連盟会長（元

1978年12月18日(月)

「記者団から年頭の伊勢参りのことを聞かれ、『信教（首相はキリスト教徒）との関係をどう割り切るか、だ』と苦笑い」とあります。

大平首相は、高松高商（現在の香川大学経済学部）時代の1929年、地元のプロテスタントの教会で洗礼を受けています。貧困と病気に苦しみ、人間の弱さを知ったことが入信の動機になったようです。

その一方で、首相は毎年1月に伊勢参りに行くのが恒例です。首相の仕事始めは伊勢神宮への初詣から、ということのようです。伊勢神宮は天照大神が祭神。皇室の氏神であると共に、日本国民の総氏神という位置づけだからです。

首相の靖国神社参拝は大きな問題になりますが、伊勢神宮への参拝は問題になっていません。

歴代の首相の多くは自分の宗教について深く考えることなく年頭の伊勢参りをしてきましたが、大平首相は、キリスト教信者を公言する首相としての態度が問われたのです。首相としては、首相としての立場で「割り切る」ことにしたようで、年明けに参拝しています。

同じくキリスト教徒の麻生首相も伊勢神宮に年頭に参拝していますが、記者団からは自身の信仰との関係についての質問は出なかったようです。

大平首相は、新年会の会場になる首相公邸を下見し、公邸を出て玄関先で自動車に乗ろうとしたところで暴漢に襲われました。大平首相は無事でしたが、就任直後の首相が、首相公邸の玄関先で襲撃された

警察庁長官）・米沢滋・元電信電話公社総裁。佐藤守良代議士。金子科学技術庁長官が地元長崎県の被爆者団体代表とともに「被爆者手帳の交付範囲を広げるよう陳情に」。金井行管庁長官が行政改革の方針を説明に。午後五時すぎ、公邸に移り、部屋の間どりなどを見てまわる。午後五時十三分、公邸玄関先で車に乗ろうとして暴漢に襲われる。が、無事。
六時前私邸着。七時前、山本警察庁長官が事件を陳謝するため訪問。間もなく斎藤自民党幹事長。「びっくりして飛んで来たが、元気だった」。九時前金子科技庁長官が襲撃事件の見舞いに。田中官房長官、鈴木善幸代議士。十一時前、加藤官房、住総務両副長官と瓦労働政務次官。

のですから、大変なことです。

首相を襲った男は、右翼団体に所属。自民党政治に不満を持ち、「為政者をして国体顕現の覚醒を促す」ことを目的としていました。隠し持っていた登山ナイフで首相を刺そうとしましたが、その場で取り押さえられました。

首相公邸は首相官邸と同じ敷地内にあり、一般の人は入れません。男はこの日の未明、塀を乗り越えて侵入。記者を装って記者の待機場所（通称「番小屋」）に入り、機会をうかがっていました。警戒が厳重な現在では考えられないことです。

現在は、首相官邸に入ることのできる記者の場合、事前に登録して顔写真つきの証明書をクビから下げ、さらに記者バッジをつけることが義務付けられています。当時がいかに牧歌的だったかということでしょう。

首相襲撃といえば、１９７５年にも、当時の三木武夫首相が、右翼団体の男に殴られて転倒するという事件が起きました。それまで首相警護は、目立たない警備をモットーにしていましたが、この事件をきっかけに、ＳＰ（セキュリティ・ポリス）が誕生し、周囲を威圧する「見せる警備」に転換します。

大平首相の襲撃事件は、ＳＰ養成中の出来事でしたが、そもそも首相官邸・公邸の敷地内に襲撃犯が簡単に入れたのが問題でした。

この日の夜には、警察庁長官が事件を防げなかったことについて陳謝するために首相の私邸を訪問しています。

動静 19日

首相【午前】私邸に国島警視総監。「おわびしてきた」。首相は、「いまの官邸は空気が明るいから、といっていた」。田中官房長官・渋谷国家公安委員長。九時四十分過ぎ官邸着。園田外相、小坂善太郎代議士。閣議。小坂経企庁長官、渡辺農林水産相、金子科学技術庁長官が「原子力関係予算に特別ワクを」と陳情。清成迪原子力委員長代理が同席。真田法制局長官が内閣交代の慣例の「憲法解釈」について説明。加藤、翁両官房副長官同席。

【午後】植木光教参院議員が衆院京都二区補選の情勢報告。小食堂で田中官房長官らと昼食。塩崎自民党総務局長が「京都補選で応援依頼に」。細貝大興神道政治連盟会長、岩本常次北海道経済連合会長、阿部文男代議士が北海道の景気対策を陳情。川井還日立クレジット社長が「同郷なので首相就任のお祝いに」。福田篤泰代議士、原文兵衛参院議員ら自民党国会議員十人が「農地の宅地並み課税反対」を申し入れ。磯村尚徳NHKヨーロッパ総局長。古川丈吉元代議士。染谷誠代議士。大石武一参院議員。浜野清吾、粕谷茂両代議士。二階堂進代議士。田中官房長官。都内築地の料理屋へ。財界人との集まり「春芳会」の夕食会で、桜田武日経連会長、永野重雄日商会頭、江戸英雄三井不動産会長、今里広記日本精工会長らが出席。八時過ぎ私邸に帰る。戸沢政方代議士。田中官房長官。

1978年12月19日(火)

前日の首相襲撃事件の余韻が残っています。前夜は警察庁長官が陳謝に私邸を訪ねましたが、この日は朝から警視総監がお詫びに訪ねています。

ちなみに、前夜訪問の警察庁長官は、全国47都道府県の警察と皇宮警察を統括する警察庁のトップの官僚です。一方、この日訪ねた警視総監は、東京都内を管轄する警視庁(いわば東京都警察本部)のトップです。

首相が襲撃されると、どちらにも責任があるということになるようです。

この日、首相番の記者たちは、朝から「驚いたでしょう」と話しかけますが、首相はこわばった表情で「別に」と答えるだけ。ところが午後になると軽口も出てきて、記者が、「いままで一番びっくりしたことは」と訊ねると、「総理大臣になったことだよ」と答えています。

夜になると、築地の料理屋へ。財界人との集まり「春芳会」の夕食会です。日経連、日商(日本商工会議所)のトップなど財界の有力者との定期的な会合です。

早くから首相の座をめざす自民党の有力政治家に対しては、財界人が「囲む会」をつくり、情報交換をしたり、政策を陳情したりしています。

中には、こうした「囲む会」を持たないまま首相に就任する政治家もいますが、すると、すぐに財界人による「囲む会」が作られます。政治と財界の関係をうかがわせる夕食会です。

動静　28日

首相【午前】私邸に水野清前代議士が千葉県議をつれて。大西彰一出光石油開発専務、森誓夫石油資源開発社長、松原寛鹿島石油会長ら香川県出身の石油関係者の集まり「讃油会」メンバー。戸崎誠喜伊藤忠社長。鈴木英二北海道新聞東京支社長。武元忠義平和生命保険社長。小林日本電気社長。原田昇左右代議士。十時前官邸へ。日本輸出入銀行の竹内道雄新総裁に辞令交付、澄田智前総裁あいさつ。福島譲二代議士。西沢権一郎長野県知事。経企庁の青木事務次官らが中期経済計画の説明。

【午後】安井参院議長が訪中のあいさつ。田沢吉郎代議士。鳩山威一郎参院議員。地元香川県の新聞、テレビのインタビュー。内閣記者会と新年用の記者会見。浜野清吾代議士。野呂恭一代議士。栗原労相。臨時閣議。六時すぎから料理屋「吉兆」で福田、三木、岸各元首相らと懇談。九時前私邸着。古井法相が約一時間懇談。加藤官房副長官、塩崎自民党総務局長。

1978年12月28日（木）

この日は仕事納め。さまざまな人たちが挨拶に訪れています。

大平首相は香川県出身。香川県出身の石油関係者の集まりの会があるのですね。伝手《つて》をたどって有力者との関係を築こうする人たちの様子が見えてきます。

地元香川県の新聞、テレビのインタビューがありました。おそらく新年用のインタビューでしょう。1月1日の新聞朝刊と地元テレビで、「地元出身の首相、新年にあたって、こう語る」という趣旨のインタビューが出るのでしょう。

「内閣記者会と新年用の記者会見」ともあります。これも同じこと。新聞各紙の元日の紙面に掲載される首相インタビューが、この日に行われているのです。

夜は料亭の「吉兆」です。大平首相がよく顔を出している店です。いわゆる「料亭政治」が盛んだったことがわかります。

この日は、「福田、三木、岸各元首相らと懇談」とあります。首相に就任すると、首相経験者を招いて、経験談やアドバイスなどを聞くという催しが必ずといっていいほど行われます。先輩への敬意を表すという、日本独特の方法です。大平首相の場合、福田元首相と総理の座を争ったという事情がありますから、争いの過去は水に流して、という意味もあったのかもしれませんが、俗に言う「大福戦争」は、簡単には終わりませんでした。

動静 26日

首相【午前】私邸に伊東正義代議士。百瀬結日本ビクター相談役。佐々木義武自民党副幹事長。九時過ぎ私邸を出て官邸へ。金子科学技術庁長官。閣議。金子蔵相。木野晴夫代議士が大阪市議五人を連れてあいさつ。小林進代議士。防衛庁の亘理事務次官、原防衛局長が予算委を控えて説明。田中官房長官同席。外務省の有田事務次官、宮崎審議官が東京サミットの準備状況を報告。

【午後】小食堂で昼食。田中官房長官、加藤、翁両副長官、内閣調査室、広報室、審議室の各室長ら同席。宇野宗佑自民党広報委員長が統一地方選用ポスターの打ち合わせ、共同通信の田島、笠原新旧政治部長あいさつ。宮川隆義政治広報センター社長が都知事選などの情勢報告。逸沢英雄代議士。自衛艦隊司令官を退職する斎藤国二朗、同司令官就任の矢田次夫、佐世保地方総監就任の前田優の三海将があいさつ。市川房枝参院議員ら「国際婦人年日本大会の決議を実現するための連絡会」の世話人が婦人地位向上を要望。アラビア石油の水野惣平会長、大慈弥嘉久社長。大蔵省の長岡主計局長が財政収支対策の説明。金永善駐日韓国大使が離任あいさつ。外務省の中島アメリカ局長。小食堂で国会記者クラブ所属の報道機関各社の社会部長と懇談。東京丸の内のビルで開かれた国策研究会の新年会であいさつ。都内築地の料亭「[illegible]」で開かれた日本青年会議所OBらの集まり「青藍会」の夕食会に出席。八時半前、私邸に帰る。

1979年1月26日（金）

共同通信社の新旧政治部長が挨拶に訪れています。新聞社、通信社、放送局とも、政治部長が異動すると、首相に挨拶に行くのが慣例です。

共同通信社は、一般の新聞読者にはあまりなじみがありませんが、全国の地方新聞に記事や写真を配信する会社です。

多くの地方紙は、東京での政治や経済の動き、世界各地の動きを独自に取材するだけの余裕がありません。そこで共同通信や時事通信といった通信社から配信を受けています。

地方では、全国紙よりも地元の地方紙を読む読者の方が圧倒的に多いので、結果的に全国紙より共同通信の記事を読む人の方が多くなります。政治家としては、共同通信社を大事にしようとするのです。

一方、この日は「国会記者クラブ所属の報道機関各社の社会部長と懇談」とあります。首相をはじめ政治家を取材するのは、通常は政治部です。ところが、ロッキード事件をきっかけに、新聞社、放送局は事件取材を担当する社会部の記者も国会に常駐させるようになりました。

大平首相としては、政治部記者ばかりでなく、社会部記者も大事にしようという姿勢を見せていることが、これでわかります。社会部長と懇談したところで、ふだん取材にあたるのは現場の社会部記者なのですが。

動静 20日

首相【午前】私邸で安岡正篤著「経世瑣言」を読む。九時前、国会へ。閣議、閣議後、古井法相と中越国境紛争などで意見交換。官邸に移る。西独のカール・カールステンス連邦議会議長と連邦議会議員七人が表敬。井川駐仏大使が赴任あいさつ。

【午後】小食堂で昼食。国会へ移り衆院本会議。官邸に戻り、J・ハモンド米アラスカ州知事の表敬。玉置和郎参院議員。竹内茨城県知事・真鍋賢二参院議員が前田敬二香川県議らと地元の地方選の情勢報告。藤田正明参院議員。細田吉蔵衆院議運委員長が保利前議長の健康回復を報告、田中官房長官同席。原田憲代議士。築地の料亭で開かれた芦原義重関西電力会長ら関西財界人との会合吉兆会に出席。八時半私邸へ。（福田前首相が「大平政権が派閥解消を言わないのはおかしい」と発言したが、どうかとの問いに）「まあ承っておきましょう」（派閥は党の活力という考えか、との重ねての問いに）「いや派閥がいいと言ったことはない。派閥の害毒は解消せねばいかん。しかし、やれないことを言ってもしょうがない。実をあげないとね」。加藤官房副長官。

1979年2月20日(火)

私邸での朝の読書の書名まで出ていますね。読書好きなことが、これでもわかりますが、保守政治家は、安岡正篤が好きな人が多いようです。

この日は夜になって、記者団との間で、派閥解消に関するやりとりをしています。大平首相と対立を深めている福田前首相が、派閥解消に熱心ではないと大平首相を批判したからです。

自民党の派閥とは、仲良しグループであると共に、自分たちが慕う有力者をボスに戴き、有力者を首相にしようとする運命共同体。ボスが派閥所属議員の政治活動の資金の面倒を見る関係にもあります。

しかし、自民党の議員たちが、党よりも派閥を重視することから、派閥間の対立が激しく、党分裂の危機に陥ることがしばしばありました。このため歴代の首相は、「派閥解消」を謳っていましたが、実際には掛声倒れになっていました。

福田前首相としては、大平首相が「派閥解消」すら言わないで「派閥是認」になっているとして批判したのです。「大福戦争」の激化の様子を物語っています。

ただし、福田前首相が「大平首相は派閥解消に取り組んでいない」と批判したのは、福田派の会合でのこと。どっちもどっちという気もしますが。

現実主義者の大平首相は、「やれないことを言ってもしょうがない」と突っぱねています。

動静 22日

首相【午前】私邸に香川県三豊郡三野町の町長、町議ら十六人、庭で記念撮影。「あったかい。春だなあ」と言いながら私邸を出て十一時前、官邸着。

【午後】都内有楽町の日本電気ビルで開かれた外国特派員協会の昼食会に出席。「どんな質問が出されるか小心翼々としている」と前置きして講演、質疑応答。二時、官邸に戻る。斎藤自民党幹事長。西沢長野県知事。国会へ移り衆院科学技術振興対策特別委員会に出席、官邸に藤田正明参院議員、近藤鉄雄代議士がメキシコの与党立憲革命党の創立五十周年記念式典出席のあいさつ。池田行彦代議士。田中官房長官。大鷹淑子参院議員。長野・岡山県知事。坂田道太代議士、源田実参院議員。西田信一元参院議員。六時すぎ、東京・銀座のレストランで開かれた香川県出身者の集まり「雄心会」に出席。七時すぎ、赤坂の料亭「大野」で自民党の宇野宗佑、安倍晋太郎、海部俊樹各代議士と懇談。田中官房長官が同席。九時前、私邸へ。

1979年2月22日（木）

外国特派員協会の昼食会に出席して講演し、外国人記者たちの質問に答えています。大平首相は、「どんな質問が出されるか小心翼々としている」と前置きして講演し、質疑応答があったと記されています。

「小心翼々《しょうしんよくよく》」という時代がかった言葉が出てくるところに教養を感じさせますが、さて、この言葉を、通訳は何と訳したのでしょうか。

大平首相が、外国特派員協会での質問に脅えていたのには訳があります。大平の盟友である田中角栄が首相時代、やはりこの会合に呼ばれ、自らの金権体質についての厳しい質問を浴び、それが田中退陣のきっかけになったからです。

当時の田中角栄首相が、公共事業の予定地を事前に関連会社に買収させるなどの手口で多額の資金を稼いでいることを、評論家の立花隆氏が月刊誌『文藝春秋』で詳細に暴きました。ところが、日本のマスコミは、これを報じようとはしませんでした。外国特派員協会の記者たちは、遠慮会釈なく田中を追及。田中首相は立ち往生してしまいます。

この時点で新聞各社はようやく金権問題を報道。これが田中退陣を求める世論の盛り上がりにつながっていきました。

大平首相の場合、そうした問題を抱えていなかったこともあって、日米貿易摩擦の解消に努力することなど、経済問題に関する発言が中心となりました。

動静 10日

首相【午前】私邸に新井俊三・新井経済研究所長。八時半から国会内大臣室で月例経済報告を聞く。続いて閣議。終了後、栗原労相が残り、春闘情勢などについて報告。九時半官邸へ。イノゼムツェフ・ソ連科学アカデミー幹部会員が表敬訪問。原田憲代議士（自民党大阪府連会長）が同府知事選勝利のお礼に。

【午後】正午すぎ、東京都知事に当選した鈴木俊一氏があいさつ。原文兵衛参院議員が立ち会う。服部安司代議士が「地方選で助けてもらったお礼に」。一時前国会に移り、衆院第十四控室で待機。山中貞則代議士と雑談。一時すぎ衆院本会議。故成田知巳氏（前社会党委員長）への追悼演説。終了後、廊下で矢野公明党書記長と握手。「いつも優しいとは限らんよ」といわれ「君はいつも一言多い」と切り返す。大臣室で故成田氏の俊子夫人が追悼演説へのお礼。社会党の飛鳥田委員長、多賀谷書記長らが同席。自民党幹事長室で斎藤幹事長、二階堂進代議士らと雑談。二時すぎ官邸に戻る。ベネズエラのルイス・マチャード能力開発相が表敬訪問。真鍋賢二参院議員。田中官房長官。今井勇代議士（自民党遊説局長）が統一地方選挙について報告。松下幸之助・松下電器相談役が岸後援会名誉会長として大阪府知事選勝利のお礼に。四時半、梅棹忠夫・国立民族学博物館長、香山健一・学習院大教授、山崎正和・阪大教授が「田園都市構想研究グループ」の中間報告。小沢一郎代議士（自民党岩手県連会長）が同県知事選について。続いて、再び服部代議士。六時前官邸を出て、東京・紀尾井町のホテルニューオータニで若手財界人との集まり「YPO」。八時すぎ帰宅。

1979年4月10日（火）

衆議院本会議で、3月に亡くなった故・成田知巳氏（前社会党委員長）への追悼演説をしています。

現職の国会議員が死去すると、同僚議員による追悼演説が行われますが、首相自らが追悼演説をするのは極めて珍しいこと。現職首相による追悼演説は、1960年、右翼の少年によって刺殺された社会党の浅沼稲次郎元委員長に対して池田勇人首相が行って以来のことです。

いまは国会議員の数も少ない社会民主党ですが、この当時は野党第一党。政界に大きな影響力を持っていました。

当時の社会党は、党内で左右の対立が激しく、「日本社会党ではなく二本社会党」などと揶揄されました。成田氏は、その中にあって左右の融和に努めていました。

成田氏は、大平首相と同じ香川県選出。選挙区は異なりますが、同県人として、対立する政党人への追悼演説をしたのです。

この中で大平首相は、「君は終始戦後政治の主役を演じてきた」と称える一方、「君が選択された路線は社会党内でさえ激しい論議を生んだばかりでなく、党勢の消長にも大きい影響を与えた」と述べ、成田氏のもとで社会党の長期低落傾向が進んだことを暗に批判しました。

「動静」の最後に「小沢一郎代議士」が顔を出しています。もちろんいまは民主党の小沢幹事長のことです。

動静 11日

首相【午前】私邸に若林彊東北電力社長。八時半前、千代田区内幸町の帝国ホテル着。日本貿易会常任理事会であいさつ。十時前、国会に入り参院本会議。国会内の廊下で栗原労相と立ち話。十一時前、官邸に移る。毛利松平代議士。小川前駐中国大使。サラス国連人口活動基金事務局長。

【午後】官邸小食堂で政府与党連絡会議。港区南青山の青山葬儀所で行われた故亀山孝一前代議士の葬儀に参列。官邸に戻り、大食堂で開かれた「文化の時代の経済運営」政策研究グループの初会合に出席、あいさつ。浜野清吾、粕谷茂両代議士。盛田昭夫ソニー会長が米国事情を説明。志村愛子参院議員。長谷川周重住友化学会長、川口勲三井アルミ社長。四時前、国会に移り衆院商工委員会。五時半、国会を出て港区虎ノ門の書店に立ち寄る。六時十分、築地の料亭「吉兆」へ。佐伯勇近鉄会長、永田敬生日立造船社長、松下幸之助松下電器相談役、磯田一郎住友銀行頭取ら関西財界人との夕食会。八時半前、私邸着。九時すぎ、田中官房長官。

1979年4月11日(水)

当時の首相官邸には、大食堂と小食堂がありました。「食堂」という名前になっていましたが、会議室としても使われていました。この日、大食堂で「文化の時代の経済運営」政策研究グループの初会合が開かれました。

大平首相が設置した政策研究グループは9つ。そのうちの8番目に発足したグループの最初の会合です。単に「経済運営」を考えるのではなく、「文化の時代」という言葉が頭についているのが、大平首相らしいところです。

戦後の総決算を考える大平首相は、経済のことを考える上でも、「文化」を重視していることがわかります。

このグループの議長は館龍一郎東京大学教授ですが、メンバーには経済学者以外も入っています。デザイナーの石井幹子、システム工学の茅陽一、心理学者の河合隼雄、歴史学者の木村尚三郎、作家の小松左京の各氏など。やがて日銀総裁になる福井俊彦氏も日銀の総務部企画課長として参加しています。

諮問機関が発足すると、首相は初回だけ出席し、後は結論を受けるだけということが多いのですが、大平首相の場合、政策研究グループの会議にはほとんど出席し、メンバーの議論を聞いていました。

夜は、この日も築地の料亭「吉兆」です。大平首相のごひいきです。財界人との夕食会が多いのですが、関西財界人というジャンルの人たちもいるのですね。松下幸之助氏も健在でした。

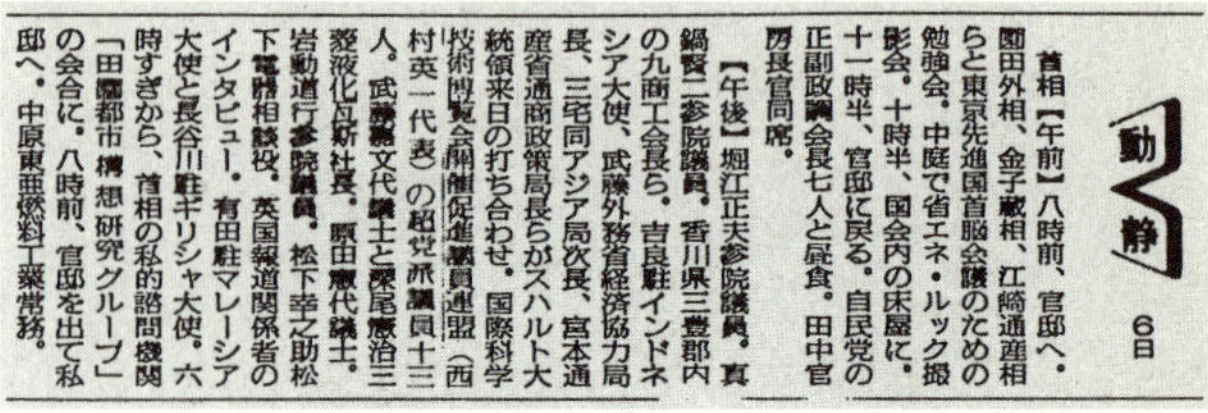
動静　6日

首相【午前】八時前、官邸へ。園田外相、金子蔵相、江崎通産相らと東京先進国首脳会議のための勉強会。中庭で省エネ・ルック撮影会。十時半、国会内の床屋に。十一時半、官邸に戻る。自民党の正副政調会長七人と昼食。田中官房長官同席。

【午後】堀江正夫参院議員。真鍋賢二参院議員、香川県三豊郡内の九商工会長ら。吉良駐インドネシア大使、武藤外務省経済協力局長、三宅同アジア局次長、宮本通産省通商政策局長らがスハルト大統領来日の打ち合わせ。国際科学技術博覧会開催促進議員連盟（西村英一代表）の超党派議員十三人。武藤嘉文代議士と深尾憲治三菱液化瓦斯社長。原田憲代議士。岩動道行参院議員。松下幸之助松下電器相談役。英国報道関係者のインタビュー。有田駐マレーシア大使と長谷川駐ギリシャ大使。六時すぎから、首相の私的諮問機関「田園都市構想研究グループ」の会合に。八時前、官邸を出て私邸へ。中原東亜燃料工業常務。

1979年6月6日(水)

「中庭で省エネ・ルック撮影会」とあります。オイルショック以降、省エネへの取り組みが始まりました。省エネ・ルックも、そのひとつ。スーツの上着を半袖にして風通しをよくし、夏の冷房温度を上げて省エネを、という発想です。現在の「クール・ビズ」に通じるものがありますが、当時はネクタイ着用でした。一着上下のお値段は3万円でした。

大平首相がモデルを務めたせいか、このファッションは不評で、一般には普及しませんでした。このファッションをいまでも守っている政治家は、その後に首相になる羽田孜氏くらいのものです。

省エネ・ルックの撮影会で、大平首相は、「元号と同じで強制するわけにはいかない」と語っています。この日、「元号法」が国会で成立したことに触れているのです。

昭和や平成という元号は、それまでも役所が公的文書などで使っていましたが、法的根拠がなかったため、法律を定めました。政府は明言しませんでしたが、昭和天皇が高齢になったため、元号を改める法的根拠も必要になってきていたからです。

この法律により、元号は政令で定めること、元号は皇位の継承があったときのみ改めることが定められました。この法案審議の過程で、政府は「元号の使用を国民に押し付けるものではない」と答弁していました。元号の使用は国民に定着していますが、省エネ・ルックは定着しませんでした。

動静 28日

首相【午前】七時前、私邸に手島外務省経済局長。石油輸出国機構（OPEC）総会の報告。田中官房長官同席。記者団と懇談した後、七時半官邸着。八時過ぎ官邸に主要先進国首脳会議（東京サミット）に出席する各国首脳を招き、大食堂で首相主催の朝食会。九時すぎ、元赤坂の迎賓館へ。迎賓館正面玄関で各国首脳を出迎え、九時四十五分、本会議場「羽衣の間」で第一回首脳会議。

【午後】正午すぎ第一回首脳会議を終え、各国首脳とともに迎賓館の庭を散策。一時すぎ、大食堂で首相主催の昼食会。四時十分、本会議場で第二回首脳会議。六時前、首脳会談を終え、ホテルニューオータニへ。芙蓉の間で内外合同記者会見。七時過ぎから皇居で晩さん会。十時過ぎ、晩さん会を終え私邸着。田中官房長官。

1979年6月28日（木）

東京サミットが、この日から2日間の日程で、東京・元赤坂の迎賓館を会場に開かれました。

1975年に始まったサミットは、オイルショックで混乱した世界経済を立て直すため、当時の先進国の首脳が一堂に会し、経済面での国際協力を進めていこうというものです。

第1回会議には、アメリカ、イギリス、フランス、西ドイツ、イタリア、そして日本の6か国が参加。翌年からカナダも加わり、先進7か国の会議が持ち回りで開かれていました。この年、第5回の会議で、遂に日本が会場になったのです。

その後、ソ連が崩壊してロシアになり、ロシアが資本主義経済を採用するようになると、ロシアもメンバーに参加しました。

ロシアは「先進国」ではなかったので、1998年に正式なメンバーになって以降、サミットは「主要国首脳会議」と呼ばれるようになりました。

世界の首脳(トップ)を山の山頂にたとえてサミットと称されます。初日の会議の後の記者会見で、大平首相は、「この1年間、われわれも1つの登山パーティーとして、峰々を踏破してきた」と語り、サミットという言葉を意識して発言しています。

東京サミットの最大の議題は石油消費の節約でした。当時、OPEC（石油輸出国機構）は、石油価格の引き上げを決め、これが世界経済に悪影響を及ぼすことが懸念されていました。

石油を消費する立場の先進国としては、協調して石油の輸入量を削減し、石油価格引き下げ圧力を強める必要に迫られていました。

会議冒頭でフランスのジスカールデスタン大統領は、「先進7か国は、１９８５年（つまり6年後）の石油輸入量を１９７８年の実績以下に抑えるべきである」と提案しました。

この提案に、日本以外の各国は賛成しますが、急速に経済発展を遂げ、石油消費量が急増している日本にとっては不利になります。この基準では１９８５年の日本の石油輸入量は１日あたり５４０万バレルになりますが、日本は７００万バレルを想定していました。

サミット議長国として参加国の意見はまとめたいが、日本が一方的に不利になる案を認めるわけにはいかない。議長として大平は苦悩します。

結局、日本は「１９８５年の輸入量が６３０万バレルから６９０万バレルの範囲を超えないようにする」という妥協案を各国に承認してもらいました。

世界の首脳が東京に集まり、日本の首相が議長として采配を振るう。これは、福田赳夫元首相の夢でもありました。本来なら「密約」に従い、首相の座を大平に譲るはずが、福田が首相の座に固執したのは、サミットの議長を務めたかったからです。しかし、大平に総裁選挙で敗れ、希望は叶いませんでした。

サミットの議長を務めたい。福田赳夫のこの夢は、やがて息子の福田康夫が、洞爺湖サミットで実現することになります。

動静 17日

首相【午前】六時過ぎ起床、浴衣姿で、英字新聞に載ったカーター米大統領エネルギー演説原文を何回も音読。米国民の協力を訴えたくだりなどについて、秘書官に向かって「いいこといってるねぇ」。

【午後】零時十五分帝国ホテルに着き、四国新聞創刊九十周年記念昼食会で地方の時代における地方マスメディアの重要性を説き同紙を激励。一時前同ホテルを出て神田神保町の本屋にまわり「維新的人間像」（奈良本辰也著）、「新エネルギー論」（太田時男著）、「イギリスと日本」（森嶋通夫著）、「仏教教典散策」（中村元編著）、「幸田露伴全集」二冊を買う。二時前帰宅。加藤官房副長官。斎藤自民党幹事長。福井順一元代議士。広島市の飲食店「酔心」の原田曜誠会長。

1979年7月17日（火）

朝から英字新聞に載ったカーター米大統領の演説原文を何回も音読しているようです。秘書官に向かって「いいこといってるねぇ」という発言があったと記述されていますから、この部分は、総理秘書官が記者に説明したのでしょう。総理秘書官としては、大平首相の素晴らしさをアピールしたいところですから、実際の行動が脚色されている可能性もありますが、大平首相が英字新聞を読んでいたことが、これでわかります。

午後は四国新聞の創刊90周年記念昼食会が帝国ホテルで開かれています。「地方の時代における地方マスメディアの重要性を説き」とあります。これだけ読めば、大平首相が地方メディアに理解があると読めますが、四国新聞は香川県の地方紙。つまり大平首相の出身地・選挙区の地元紙だと考えると、なあーんだ、という気もします。国会議員としては、選挙区の地元紙は大切にしなければなりませんからね。

ホテルを出てからは、神田神保町の本屋に立ち寄っています。奈良本辰也や森嶋通夫などの硬い本を買っています。『仏教経典散策』や『幸田露伴全集』を購入しているのには驚きます。麻生首相と違って、実用書ではないのですね。大平首相が、いかに読書好きだったか、この選択を見てもわかります。

火曜日の午後早い時間から書店へ。本物の読書家でした。

動静 31日

首相【午前】零時三十五分東京都港区の虎の門病院に入院。志げ子夫人、次男裕氏らが付き添う。八時すぎから正示経企庁長官、伊東官房長官、大西郵政相、佐藤一郎自民党前代議士が見舞い。十時すぎ精密検査始まる。引き続き下条進一郎参院議員、細川護熙参院議員、鈴木東京都知事、渡辺美智雄自民党政調会長代理。

【午後】零時半まえから江崎真澄、金子一平、小坂徳三郎の各自民党前代議士、相撲の佐渡ケ嶽親方、官房長官が見舞い。七時安井参院議長。七時半まえ桜内自民党幹事長、奥野党国民運動本部長が見舞いと選挙遊説日程調整に、官房長官同席。

1980年5月31日(土)

この年の5月19日、大平首相は衆議院を解散しました。16日に内閣不信任案が可決されたからです。

前年9月に行われた衆議院選挙で自民党は敗北。公認候補だけでは過半数を確保できず、無所属で当選した議員を追加公認して、なんとか過半数に達しました。

この選挙結果を受けて、福田、三木、中曽根などの反主流派は、大平首相が責任をとって退陣すべきだと迫ります。

これに対して大平派と田中派は反発。両陣営の泥沼の抗争が続きます。結局、11月の特別国会での首班指名(首相を選ぶ)選挙に大平、福田の2人の候補が出るという前代未聞の事態になりました。

その結果、大平首相が再選され、自民党内の抗争はいったん収まります。抗争が40日も続いたので、「四十日抗争」と呼ばれました。

この抗争の火種は翌年になっても残っていました。5月16日に野党が内閣不信任案を提出すると、採決の際、福田派の議員が大量に欠席。大平首相不信任が可決されてしまったのです。これを受けて、大平首相は衆議院を解散しました。

このとき大平首相は衆議院本会議を開きませんでした。衆議院の灘尾弘吉議長が議長サロンに各党の代表を集め、衆議院解散の天皇の詔書を伝えるという異例の対応をとったのです。

衆議院が解散されたことで、もともと予定されていた参議院選挙と合わせて、戦後初めての衆参同日選挙となりました。

衆議院選挙は、前回から1年も経たないうちに再び始まったのです。自民党は、主流派と反主流派が、勝手に選挙運動するという分裂選挙に突入しました。このままでは、自民党の大敗は必至の情勢でした。

5月30日、まず参議院選挙が公示されます。東京都内で街頭演説に立った大平首相の意気込みは鬼気迫るものがありました。新宿で第一声を上げた後、横浜市内4か所を回って演説しました。その迫力は、まるで別人のようでした。

異様なまでの熱意が引き金になったのか、演説を終えて帰宅後、胸の痛みを訴え、翌31日の午前0時過ぎ、ひそかに虎の門病院に緊急入院しました。

報道機関に対しては、当初、「過労のため数日間、休養」と発表されましたが、まもなく病院は、「過労による狭心症」と発表しました。

大平首相は5月11日まで世界各国を訪問して帰国したばかりでした。そこに内閣不信任とあって、心労・過労が重なっていたことは事実です。

このとき私はＮＨＫ社会部の記者として、東京都内の選挙区（中選挙区時代の世田谷区と目黒区）の票読み取材に追われていました。前年にも票読みを担当していましたから、各陣営の参謀とはすっかり顔なじみ。「自民党は分裂選挙になって、どうするのかねえ」などと話していたのですが、突然の首相入院に驚いた記憶があります。

動静 12日

首相　入院中の東京・虎の門病院で午前二時二十五分、容体が急変。五時五十四分、死去。

伊東首相臨時代理【午前】首相容体急変と同時に首相臨時代理の職務につく。三時五十分虎の門病院へ。七時半首相官邸で記者会見。九時すぎ小坂徳三郎前自民党代議士、鈴木都知事が弔問。九時半すぎ、小渕総理府総務長官。十時、自民党本部で緊急役員会に出席。十時二十分すぎ官邸へ。十時半、中曽根元自民党幹事長、竹下蔵相が弔問。十一時まえ皇居で首相死去について内奏。正午まえ東京・瀬田の首相私邸へ。

【午後】一時すぎ官邸着。二時まえ五島昇東急電鉄社長が弔問。四時まえ大来外相、高島外務事務次官。四時半すぎ小坂善太郎前自民党代議士が弔問。五時臨時閣議。八時すぎ官邸を出て東京・瀬田の大平邸へ。九時半まえ大平邸を出て私邸へ。

1980年6月12日（木）

入院後、6月2日には衆議院総選挙も公示されました。大平首相の症状は、この頃から改善の兆しを見せ、8日には病室で内閣記者会の代表取材に応じました。写真撮影に当たっては、顔色をよく見せるために、事前に化粧をしていました。

政治家は、健康を害したことを知られると、政治生命に関わります。入院が大したことではないとアピールしたかったのです。

ただし、6月22日から始まるベネチアサミットへの出席は不可能だと医師団が発表しました。このため、首相退陣は必至かと各メディアが伝える中、大平首相は12日未明に容態が急変。午前5時54分に死去しました。70歳でした。

首相の容態が急変した段階で、伊東正義官房長官が、首相臨時代理の職に就きます。これ以降、次の鈴木善幸首相誕生までの36日間、伊東臨時代理が続きます。過去にない長期間でした。

それまで分裂選挙をしていた自民党は、これをきっかけにまとまります。各候補者の選挙事務所には、黒いリボンを結んだ大平氏の遺影が掲げられ、「弔い合戦」の様相を呈します。野党も、死者に鞭打つことができないため、大平内閣批判ができなくなってしまいました。

選挙結果は、衆議院、参議院ともに自民党の圧勝でした。大平首相の死と引き換えに、自民党は安定多数を確保したのです。

第6章 人は良かったが

——鈴木善幸

大平首相の突然の死去により、自民党内部では、これ以上の抗争はやめようという厭戦気分が高まります。話し合いで自民党の次期総裁つまり首相を選ぼうという機運が高まり、大平氏の派閥「宏池会」を引き継いだ鈴木善幸が、次の首相に選ばれます。

本人は、首相への野心は持っていなかったため、同じ派閥の田中六助が、「党内の大勢は鈴木で決まりです」と本人に告げたところ、「鈴木とは誰のことか」と尋ねたというエピソードがあります。

自民党総裁に選ばれたときの挨拶で、「もとより私は総裁としての力量に欠けることを十分自覚している」と語ったほどです。謙虚というか、野心がないというか。これまで首相候補に名前の上がったことのない、知名度に欠ける首相の誕生に、「ゼンコー・フー？」という見出しを掲げた海外のメディアもあったほどです。

本人は争いごとを嫌い、裏方として調整役に徹してきました。好んだ言葉は「和」。総裁就任に当たっても、「和の政治」を推進すると語っています。

鈴木首相誕生には、田中角栄元首相の意向も大きく働いていました。ロッキード事件の被告に問われ、裁判を戦う立場からは、検察庁を管轄する法務大臣に側近を配することを至上課題にしていましたから、自分の意向を反映させてくれる首相が必要でした。同期当選で日頃から親しい鈴木善幸は、ぴったりだったのです。このため、鈴木内閣は、「直角内閣」という批判を野党から浴びることになります。

鈴木善幸は、他の自民党議員とは異質の経歴を持っています。最初に衆議院議員に当選したのは、社会党からだったからです。

岩手県に生まれた鈴木は、父親が網元だったこともあり、水産学校を経て水産講習所（いまの東京海洋大学）に入学します。

卒業後は漁協の仕事を通じて職員組合の支持も得るようになり、１９４７年、社会党から立候補して初当選を果たします。

その後、社会党を離れ、自民党の宏池会に所属し、いわば保守本流を歩みます。自民党の総務会長を10期も務めるなど、ひたすら裏方に位置してきました。

内閣発足後の記者会見で、「足らざるを憂うるより、等しからざるを憂う政治」を強調しました。元社会党員の面目躍如の発言でした。

故・大平首相が消費税を導入しようとして失敗した経緯から、鈴木内閣は増税なしで財政再建を目指します。そのためには行政改革が必要になります。

１９８１年、第２次臨時行政調査会（臨調）を発足させました。第１次臨調は池田内閣当時に答申を出していますが、今回は、低成長下、公務員の削減も視野に入れた答申を出してもらうことになっていました。会長には、財界長老の土光敏夫（当時84歳）に就任してもらいました。

土光は目刺しが大好きという質素な生活ぶりが国民の好感を得ていました。実はこの目刺し、普通のものとは異なり、大変高価なものだったのですが、見た目には、ただの目刺し。とても財界長老とは思えない暮らしぶりというイメージが定着し、行政改革案に支持が集まります。

しかし、鈴木首相は、首相になる野心がなかったこともあって、外交には疎く、日米関係をめぐって大失態を演じてしまいます。

1981年5月、日米首脳会談でレーガン大統領との間で日米共同声明を発表します。この中に、初めて「日米同盟」という言葉が盛り込まれました。この意味を記者会見で問われた鈴木首相は、「同盟に軍事的意味はない」と発言します。

これには外務省の事務次官が、「同盟関係に軍事的関係を含まないというのはありえない」と発言。首相の発言を官僚が真っ向から批判した形になります。また、鈴木首相の発言に反発した伊東正義外相が外相を辞任するという騒ぎに発展しました。

軍事同盟という言葉を嫌った鈴木善幸には、「社会党の尾てい骨が残っている」という批判も出ました。人は良かったのですが、外交オンチだったのです。

サミットで居眠りすることもあり、週刊誌に「暗愚の帝王」と書かれたこともありました。

それでも自民党内での評判は決して悪化しませんでした。このため、1982年11月に自民党総裁の任期が切れる段階で立候補すれば、再選は間違いないと見られていました。

しかし10月、再選不出馬を明らかにします。鮮やかな退陣でした。2年前には、無投票、全員一致で選ばれたけれど､今回立候補すればそうはいかない。他人と争ってまで首相を続ける気はなかったというのが、本音だったようです。最後まで「和」を大切にし、権力への野心を持たなかったのです。

ちなみに､鈴木善幸の三女が麻生前首相の妻です。

動静 16日

首相【午前】九時すぎ官邸着。河本経企庁長官。月例経済報告関係閣僚会議のあと十時閣議。中川科学技術庁長官、中山総務長官が残る。コスタリカのモンヘ国民解放党党首（次期大統領選指名候補）が表敬、二階堂党総務会長同席。江崎真澄代議士が中東訪問のあいさつ。

【午後】正午から帝国ホテルで内外情勢調査会年次大会に出席、講演。二時すぎ官邸に。フリードマン・米スタンフォード大教授夫妻が表敬、宮沢官房長官同席。ザンビア大統領来日で外務省の村田・中近東アフリカ局長が説明。日米欧委員会のロックフェラー北米委員長（チェース・マンハッタン銀行会長）、シャープ北米副委員長（元カナダ外相）、ベルトワン欧州委員長、渡辺武日本委員長（元アジア開発銀行総裁）があいさつ。五時すぎ伊東外相、牛場信彦日米賢人会議日本側座長。伊東外相が残って報告。宮沢長官同席。斎藤征士郎参院議員。六時半私邸へ。

1980年9月16日（火）

アメリカ・スタンフォード大学のミルトン・フリードマン教授夫妻が表敬訪問しています。「宮沢官房長官同席」と書かれているところに注目です。

鈴木首相は、経済に弱いと見られていました。本人もそれを自覚あるいは気にしていたのでしょう。首相就任以来、宮沢官房長官から経済についてレクチャーを受けて勉強していました。宮沢官房長官としては、そこで訪日中のフリードマン教授を引き合わせたのでしょう。

フリードマン教授は、ノーベル経済学賞受賞者のシカゴ学派。経済対策に当たっては、財政政策よりは通貨政策を重視していました。つまり景気対策では、公共事業などの政府支出をするのではなく、中央銀行による貨幣の流通量のコントロールに重きを置くべきだという考え方です。

これは必然的に、政府の役割を小さくすべきだという「小さな政府」論になります。

鈴木首相はフリードマン教授に対して、「私はあなたの学説の支持者です」と語りかけています。

この日、日米賢人会議の牛場信彦日本側座長と会っています。「日米賢人会議」とは、日米両国間の経済関係を中長期的に安定させるための方策をさぐる合同研究会のこと。日米賢人会議は日米双方4人ずつで構成し、日本側委員は牛場信彦・佐伯喜一・盛田昭夫・村木周三の4人でした。

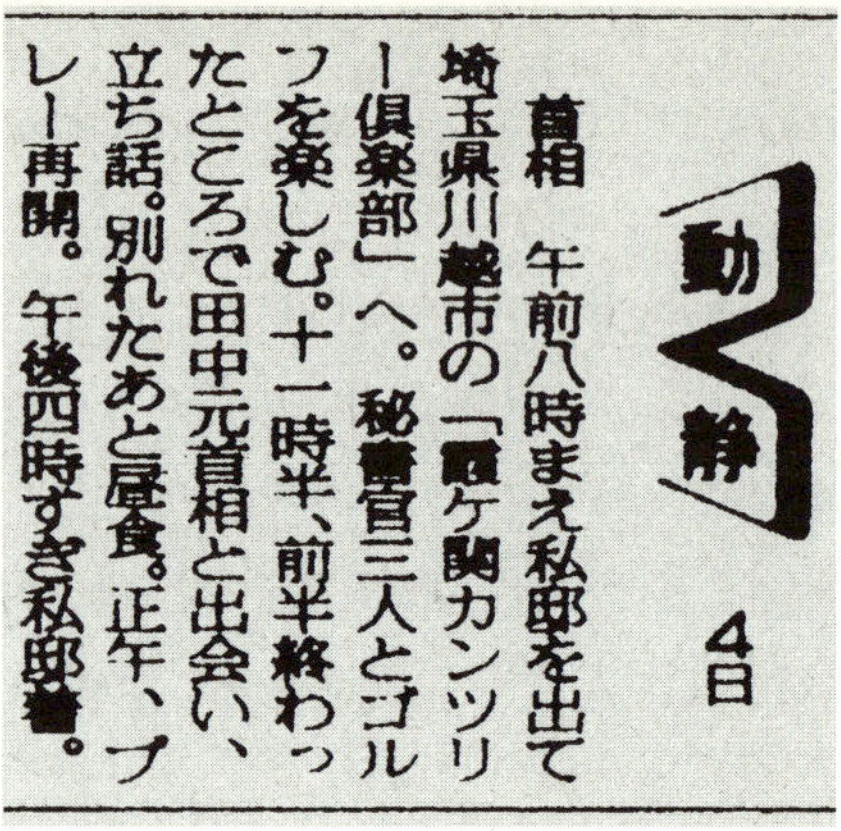
「動静」　4日

首相　午前八時まえ私邸を出て埼玉県川越市の「霞ケ関カンツリー倶楽部」へ。秘書官三人とゴルフを楽しむ。十一時半、前半終わったところで田中元首相と出会い、立ち話。別れたあと昼食。正午、プレー再開。午後四時すぎ私邸着。

1981年4月4日（土）

この日から国家公務員の月に一度の週休二日がスタートしました。この頃は、まだ月に一度の土日連休レベルなのに、「週休二日」と呼んでいたのですね。だからというわけでもないのでしょうが、鈴木首相は、埼玉県川越市のゴルフ場に出かけています。

鈴木首相は大のゴルフ好きです。政治家にはゴルフ好きが多いのですが、「動静」を見ていると、大平首相と違って、鈴木首相はしばしばゴルフに興じています。大平首相だったら読書をしているのだろうがなあ、と思ってしまうのですが。

この日は、「田中元首相と出会い、立ち話」とあります。その後、別々に昼食をとっているようなので、示し合わせて会ったわけではなく、まったくの偶然だったようです。

とかく「直角内閣」と批判・揶揄されているだけに、「立ち話」程度であっさりと別れたようです。

でも、首都圏には多数のゴルフ場があるのに、なぜ2人が川越のゴルフ場でバッタリ会うのか、という点を考えた方がいいですね。以前に2人がこのゴルフ場で一緒にプレーをし、それ以降、ここを気に入ってプレーに来るようになったと推理するのが自然でしょう。それだけ仲のいい2人の関係が、はしなくも露呈したのではないでしょうか。

動静 16日

首相【午前】八時半まえ官邸に入り、政務次官会議。中曽根行政管理庁長官も同席。九時まえマルドーン・ニュージーランド首相と会談。亀岡農林水産相、宮沢官房長官も同席。ジェームス・ツジムラ日系米国市民協会会長が表敬。十一時半まえ桜内幹事長が故大平前首相の一周忌打ち合わせ。中曽根長官が政府・自民党行政改革推進本部の日程などについて。

【午後】正午すぎ事務次官会議。一時すぎ国会へ。衆院本会議。三時すぎ官邸に戻る。小里貞利代議士。三ツ林弥太郎代議士が利根川治水大会の話で。山西由之TBS社長ら。佐藤総務副長官と単入武夫日本精糖社長。五時ロング米太平洋軍司令官。宮沢長官も同席。六時すぎ東京・紀尾井町の料亭「福田家」へ。福田衆院議長、徳永参院議長と懇談。九時まえ私邸へ。

1981年4月16日（木）

中曽根行政管理庁長官が同席しています。次期首相候補の大物政治家に、鈴木内閣では行政管理庁長官という軽量級大臣が就くポストを与えました。

派閥のバランスから、結果としてこういうことになったのですが、鈴木内閣は臨調で行政改革を進めるという看板を掲げていますから、「内閣の最重要課題に取り組む大臣」という位置づけもできます。

中曽根自身、自らにそう言い聞かせて行政改革に取り組みます。これが結局は、次の自身の内閣で生きてくるのです。

午後5時には「ロング米太平洋軍司令官」が来訪しています。これは、4月9日に米原子力潜水艦「ジョージ・ワシントン」が、鹿児島県沖の東シナ海で、日本の貨物船「日昇丸」と衝突した事故についての報告をするためでした。

この事故で、「日昇丸」は船底を破壊されて沈没。船長ら2人が死亡しましたが、米原潜は、現場で救助活動をすることもなく去ったため、「当て逃げ」事件として大問題になりました。

この原潜は「弾道ミサイル潜水艦」。核戦争に備えて仮想敵国（ソ連と中国）にいつでも核ミサイルを撃ち込める位置にひっそりと潜むタイプです。事故で位置が判明してしまったことに動揺し、救助せずに去ったのではないかと見られています。

動静 17日

首相　軽井沢で静養。午前八時半まえ小坂善太郎代議士。別荘を出て軽井沢72ゴルフ場へ。下条進一郎参院議員や秘書官らとコースを回る。午後二時前、別荘に戻る。レイ・S・クライン著「世界の『軍事力』『経済力』比較」を読む。同七時、別荘から軽井沢セミナーハウスに向かい、第二回経団連軽井沢フォーラムのパーティーに出席。稲山経団連会長、平岩副会長らと顔を合わず。同七時半すぎ別荘に戻る。

1981年8月17日(月)

夏の旧盆の時期は、軽井沢の別荘で静養なのですね。総理官邸で勤務する人たちが夏休みをとれるようにするためにも、この時期、首相は東京を離れるように事務方から依頼されるのです。

軽井沢は長野県ですから、長野県選出の小坂善太郎代議士が挨拶に訪れています。それにしても、いくら軽井沢とはいえ、真夏の日中にゴルフですから、タフですねえ。とても70歳とは思えません。

午後は、軍事問題や経済問題についての読書をしています。ゴルフを終えたばかりで、昼寝をしたくなる時間帯だと思うのですが、睡眠学習ではなかったのでしょうか。

夏休み明けの9月2日からは、日米関係のあり方を民間の各分野の専門家たちが討議する「下田会議」が始まります。鈴木首相は、最終日の4日に講演する予定で、その準備のための読書だったのかもしれません。

財界関係者も、この時期は軽井沢で静養を兼ねて勉強会を開きます。そのひとつが経団連の軽井沢フォーラムです。首相はここに顔を出していますが、別荘出発が午後7時で、7時半過ぎにはもう別荘に戻ってきていますから、まさに一瞬顔を出したに過ぎないようです。軽井沢に来ても、忙しいようです。

動静　13日

首相【午前】九時まえ国会着。九時開議。九時半まえ官邸入り。自民党の長谷川峻代議士。十時半、日韓合同民間経済委員会の朴泰俊氏ら韓国側代表六人が表敬訪問。宮沢官房長官同席。十一時すぎ京都府知事選応援のお礼に奥田幹生代議士。来日中の中国婦人代表団の康克清団長らがあいさつ。

【午後】正午すぎ矢田統合幕僚会議議長ら自衛隊幹部と小食堂で昼食をとりながら懇談。宮沢官房長官、伊藤防衛庁長官ら同席。二時すぎ下河辺淳総合研究開発機構理事長。三時すぎ薄一波・中国副首相らが表敬訪問。中山太郎参院議員。四時、山野科学技術庁事務次官。四時半、前田韓国大使が経済協力問題で。宮沢長官同席。五時半まえ作詞家川内康範氏が中国残留孤児をテーマにした歌を披露に。二階堂自民党幹事長が同席。六時まえ桜井新代議士。六時すぎ都内の料理屋で開かれた、イヌ年生まれの超党派国会議員による「ワンワン会」に出席。八時半私邸着。

1982年4月13日(火)

自衛隊の統合幕僚会議議長ら自衛隊の制服組幹部と首相官邸の小食堂で昼食懇談しています。

自衛隊幹部は、日米防衛協力の重要性を訴え、日米共同演習の必要性について訴えました。

これに対して鈴木首相は、「日本の防衛は日本が自主的に決めるべきで、米国の圧力という印象を与えるのはよくない」と挨拶しています。

この当時も、アメリカは日本の防衛のあり方について多数の注文をつけていました。自衛隊幹部としても、日米協力の幅を広げたいという思いがあり、首相に直訴できる状況になったので、アメリカとの密接な関係の強化を求めました。

しかし、ハト派の鈴木首相としては、自国の防衛方針は自国が決めるという当然のことを改めて発言せざるを得なかったのです。

それにしても、首相の仕事は忙しいですね。夕方になると、作詞家の川内康範氏が中国残留孤児をテーマにした歌を披露しています。この場にも立ち会わなければならないのですから。

さらに夜には、戌年生まれの超党派の国会議員による「ワンワン会」にまで出席しています。国会議員たちが、さまざまな名目で共通点を探しては集まりを作っていることが、これでわかります。

動静　6日

首相【午前】八時半すぎ国会着。九時すぎ閣議。終了後、中川科技庁長官と渡辺蔵相が残る。十時すぎ官邸入り。十時半すぎ藤井人事院総裁が今年度の国家公務員の給与改定についての人事院勧告を提出。十一時すぎ、東京の少年らとの交流のため上京した北方領土島民子弟の中学生八人が訪問。十一時半まえ加川EC代表部大使が欧州経済の一般情勢を報告。

【午後】一時まえ田辺総理府総務長官が給与関係閣僚会議の報告。一時半まえ水野清代議士。福島県の「ミス・ピーチ」五人がモモの新品種「あかつき」を贈る。亀岡高夫代議士同席。一時半すぎ西岡自民党政調副会長が教科書検定問題で。二時すぎ山西民放連会長。三時まえ本田宗一郎・本田技研最高顧問、井深大・ソニー名誉会長ら「行革推進全国フォーラム」のメンバーが行政改革の早期着手を要望。三時すぎ通産省の杉山産業政策局長が業界別の景気状況を報告。三時半すぎ原健三郎代議士。四時半まえ三ツ林弥太郎代議士。五時すぎ私邸へ。

1982年8月6日（金）

8月6日といえば、いまなら首相が広島で開かれる平和祈念式典に出席して挨拶するのが当然のことになっていますが、この当時の首相は、こうした行動には出ていなかったのですね。鈴木首相は、終日東京にいました。

それどころか、福島県の「ミス・ピーチ」5人に会っています。のんびりしたものです。

一方、公務員給与を引き上げるか、抑制するかが、この頃大きな問題になっていたことがわかります。

国家公務員の給与水準は、人事院が全国の民間企業の動向を見て決定し、政府に対して実施を勧告します。この年、人事院は、公務員の給与を4・58％引き上げるべきだと勧告しました。

その一方で、「行革推進全国フォーラム」の財界人たちは、行政改革を進め、「小さな政府」を実現するためには、公務員の給与を抑制すべきだと主張し、この日、鈴木首相に、その主張を伝えています。

公務員は、ストライキ権がない分、人事院が給与の引き上げを勧告し、政府がこれを尊重して完全実施するという仕組みになっています。

しかし、「小さな政府」実現ということになると、公務員給与の抑制が問題になります。いまと同じようなことが、この頃から繰り返されていたことがわかります。

動静 8日

首相 午前十時半私邸発、十一時半羽田発の特別機で長崎に向かい、午後一時すぎ長崎空港着。自衛隊のヘリコプターで長崎市内の集中豪雨被災地を空から視察。二時すぎ長崎県立女子短大グラウンド着。鳴滝町の被災地を視察、犠牲者の霊に献花。二時半すぎ再びヘリで松山陸上競技場。三時、恵の丘長崎原爆ホームで入所者を慰問。三時半すぎから川平町の被災地視察、献花。四時すぎ長崎東急ホテル着。被ばく者代表から要望を聞く会。五時半すぎ記者会見。六時すぎ高田長崎県知事ら地元関係者から陳情を受ける。七時すぎ、地元関係者主催の夕食会に出席。同ホテルに宿泊。

1982年8月8日(日)

梅雨末期の7月23日から翌24日にかけて、九州では梅雨前線の活動が活発になり、長崎市は大水害に見舞われました。1時間の雨量が100ミリを越える状態が3時間も続き、各地で浸水や土砂崩れの被害が出ました。

重要文化財の眼鏡橋が崩壊したのも、この水害でした。

夜になってからの大雨で、帰宅時のバスが水没したりして、身動きできなくなる市民が相次ぎました。行政側も、多くの職員が帰宅した後で、再び出勤しようにも、交通が寸断されて思うに任せないという状態になり、被害が広がりました。死者行方不明者は、長崎市を中心に、299人にも達しました。

鈴木首相は、それから2週間も経ってから、現地を視察しています。いまなら、その対応の遅さが厳しく追及されるところでしょうが、なんとものんびりした対応です。8月9日の長崎平和祈念式典出席に合わせて長崎入りしたということなのでしょう。

被災地を空から視察した後、被災者ばかりでなく被爆者からの要望も聞いています。

首相としての指導力や危機管理能力が、いまほどうるさく指摘されなかった、牧歌的な時代の出来事でした。

第7章

「風見鶏」と呼ばれた

——中曽根康弘

鈴木首相が自民党の総裁選挙不出馬を表明したのは1982年10月12日でした。

次期総裁選びのための自民党員による予備選挙の前に、候補の一本化工作が進められましたが、合意に至りませんでした。議論の過程では、「総・総分離論」も飛び出しました。中曽根康弘を総理に、福田赳夫を自民党総裁に、それぞれ就任させるというものです。

衆議院での最大政党の党首が総理大臣に就任するという「憲政の常道」からは逸脱する妥協案ですが、これ以降、有力候補同士の対立が激しくなると、そのたびに自民党内で出てくる妥協案でした。

この案を福田赳夫は承諾しますが、中曽根康弘は拒絶。結局、自民党員と党友による予備選挙が実施されました。

結果は、中曽根が圧勝。2位だった河本敏夫は、自民党国会議員による本選挙を辞退し、中曽根総裁・総理誕生が決まりました。中曽根は、田中派に支援されての勝利でした。大平、鈴木に続き、田中角栄が支持した候補が当選するという構造が続くのです。この結果、田中は「闇将軍」と呼ばれるようになります。政治の表舞台では、ロッキード事件で自民党を離党し、無所属議員でしかないのに、裏では自民党の最高実力者として君臨するという立場にいたからです。

田中の支持で誕生し、田中派議員を多数大臣に任命した中曽根内閣は、「田中曽根内閣」と新聞から名づけられました。

前任者の鈴木が、首相になる気がないまま首相の座が転がり込んできたのに対し、中曽根康弘は、当初から首相の座を目指していました。国会議員に当選したときから、将来首相になったときに実行したいことを大学ノートに書き込み続けていたのです。

首相になるためには、他の派閥との連携や妥協も辞さず、その行動様式は、「風見鶏」と揶揄されることもありました。「風を読む」ことに敏だったのです。

前任者の鈴木、それに鈴木の盟友の田中角栄と同じく、中曽根も1947年の衆議院総選挙で初当選しています。

当選以来、自主憲法の制定と首相公選制度の実現を主張していました。本人が首相に就任してしまうと、首相公選制度に関しては発言しなくなるのですが、自主憲法制定に関しては、首相を退任した後も、情熱を燃やし続けます。

中曽根首相の外交政策は、歴代の首相とは大きく様相を異にしました。歴代の首相は、就任して最初の外遊先がアメリカという慣例を守っていました。「まるで参勤交代のようにアメリカに挨拶に行くのか」という言われ方をしていました。ところが中曽根首相は、まず韓国を訪問したのです。

当時、日韓関係は悪化していましたが、中曽根は全斗煥大統領との会談で、最初と最後は韓国語で話しかけま

した。このために1年前から韓国語を勉強していたというのです。

日本の過去の植民地支配に対して遺憾の意を伝え、日韓関係を劇的に好転させました。

その上で、アメリカを訪問。ロナルド・レーガン大統領と会談し、互いに「ロン」「ヤス」とファーストネームで呼び合う個人的関係を築きました。

さらに、日米同盟の強化を確認します。この際、「日本はソ連の爆撃機の侵入を許さない不沈空母として機能させる」と発言したとして、野党の批判を浴びました。実際には通訳の意訳だったようですが、中曽根は、この発言をあえて否定しませんでした。

１９８３年11月、レーガン大統領が訪日すると、中曽根首相は、東京・日の出町の別荘「日の出山荘」に招き、囲炉裏を囲んで茶を立てたり、法螺《ほら》貝を吹いて見せたりするパフォーマンスで話題を呼びました。映像的な演出に長《た》けていたのです。

中曽根内閣の最大の功績は、行政改革でした。国鉄（日本国有鉄道）を民営化してＪＲ各社を発足させ、電電公社を民営化してＮＴＴを設立しました。専売公社は日本たばこ（ＪＴ）に生まれ変わりました。

特に国鉄民営化に関しては労働組合を中心に激しい反対運動がありましたが、中曽根は、これを断行。大赤字を出していた国鉄は、優良企業ＪＲに生まれ変わりました。

こうした実績が評価され、自民党は総裁任期を特別に延期して中曽根内閣の継続を後押しし、中曽根内閣は5年間という異例の長期政権になったのです。

動静 1日

首相【午前】七時半すぎ私邸に石井国雄・群馬県榛名町長ら。九時まえ私邸の町内会役員らがあいさつ。九時半すぎ千代田区平河町の中曽根事務所に立ち寄り、十時まえ官邸着。大蔵省の松尾関税局長、経企庁の田中調整局長らと日米貿易摩擦問題で協議。十一時すぎ大蔵省の松下事務次官、山口主計局長ら。十一時半まえ高木国鉄総裁。中村新東京国際空港公団総裁があいさつ。正午まえ自民党の上田稔参院議員。竹下蔵相。

【午後】正午すぎ政府・自民党連絡会議。一時半まえNHKホールで開かれた全国町村長大会に出席してあいさつ。官邸に戻り、二時まえ松本重雄国民協会会長。上銘政雄・富山県議らが「出世かぶと」を贈る。二時まえ行革推進全国フォーラムの本田宗一郎、井深大・代表世話人が行革推進を申し入れ。森本農林中金理事長。二時すぎ長野祐也代議士。二時半前東京・三田の笹川記念会館着。笹川良一・日本消防協会会長、山本自治相と五分ほど雑談後、世界義勇消防連盟結成会議に出席してあいさつ。三時まえ官邸に戻る。高木日本航空社長。堂垣内北海道知事。三時半日向関経連会長、大島大阪市長らが関西新国際空港の建設促進を陳情。中西公労委会長が三公社五現業職員の給与に関する仲裁裁定完全実施を申し入れ。四時ラムズフェルド米大統領特使がレーガン大統領の親書を手渡す。五時すぎ安倍外相。加藤国土庁長官。五時半まえ臨時閣議。

六時すぎ天谷通産省顧問、小松通産審議官らが関税貿易一般協定（ガット）閣僚会議からの帰国報告。六時半すぎ中国の趙紫陽首相に国際電話で就任のあいさつ。七時まえ私邸へ。八時前、谷川防衛庁長官夫妻があいさつ、新自クの依田実代議士が同行。

1982年12月1日（水）

11月27日に成立したばかりの中曽根内閣。お祝いに来る人たちもいて、大忙しです。「出世かぶと」まで贈られていますね。

アメリカのレーガン大統領の特使として親書を届けに来ているのは、ラムズフェルド。ブッシュ前大統領の国防長官だった人物です。この頃、こんな仕事もしていたのですね。レーガン大統領が、就任祝いにわざわざ親書を手渡すところに、中曽根を重視していることをうかがわせます。

ただし、この親書は、ひょっとすると、日米貿易摩擦解消に力を尽くすように要求する内容が入っていたかもしれません。当時は、日米間の大きな問題になっていたからです。

この日の午前中、大蔵省の松尾関税局長、経企庁（経済企画庁）の田中調整局長らと日米貿易摩擦問題で協議しています。アメリカは、貿易での対日赤字が増加したため、鈴木内閣の末期の頃から、日本に対して市場開放を要求していました。とりわけ牛肉とオレンジの輸入枠拡大が重要テーマでした。中曽根首相は翌年1月に訪米し、レーガン大統領と初の首脳会談を開くことを決めています。この席で、市場開放に一層努力するように求められるのは、明らか。どんな「土産」を持っていけるか、協議を重ねていたのです。

注目すべきは、中国の趙紫陽首相に国際電話をかけていることです。タカ派のイメージの強かった中曽根ですが、中国への配慮を欠かしていません。

動静 30日

首相【午前】九時半まえ公邸に前野徹・東急エージェンシー社長。十時まえ藤波官房副長官。牛尾治朗ウシオ電機会長。十時半すぎ官邸へ。十一時すぎ米国の経済雑誌「フォーチュン」インタビュー。正午まえ鈴木東京都知事ら全国知事会、市長会など地方六団体代表。

【午後】正午すぎ二階堂自民党幹事長。一時まえ細田同総務会長。一時すぎ第十回日本映像フェスティバルで内閣総理大臣賞を受賞した川崎市立住吉中放送部の生徒五人があいさつ。二時すぎ江藤隆美、堀之内久男両代議士。二時半まえ松本農水事務次官が訪米の帰国報告。三時まえ松永光、熊川次男両代議士。小沢自民党総務局長。三時内閣記者会と年頭用記者会見。四時すぎ松永外務審議官。四時半まえ国防会議。五時まえ山中通産相。五時臨時閣議。五時半まえ安倍外相、山中通産相、谷川防衛庁長官、後藤田官房長官らと訪米勉強会。六時半まえ加地行管事務次官。六時半すぎ野田毅代議士。七時まえ、官邸職員らと懇親パーティー。七時半すぎ公邸へ。八時まえ佐藤文生代議士。

1982年12月30日（木）

大晦日の前日だというのに、スケジュールが目白押しです。東急エージェンシーの前野徹社長、ウシオ電機の牛尾治朗会長など、中曽根人脈をうかがわせる人たちと会談を重ねています。

アメリカの経済誌「フォーチュン」のインタビューに応じています。おそらく訪米を前に日米の経済関係について持論を述べているのでしょう。海外を訪問する場合、事前にその国のメディアと会見するというのは、各国の首脳が使う手法です。

午後3時からは、内閣記者会と年頭用記者会見を開いています。暮れの30日に収録した内容を、NHKは元日に放送、新聞各社も元日の紙面に掲載するのです。

午後5時に臨時閣議を開いています。これは、翌年度（昭和58年度）予算案を決定する閣議でした。財政状態が厳しい中で、社会福祉予算の伸びが抑えられる一方、防衛費は前年度比6・5％の伸びを確保したため、「福祉より軍備拡大」という批判を野党から浴びることになります。

夕方からは、「訪米勉強会」です。出席者が安倍外相、山中通産相、谷川防衛庁長官、後藤田官房長官ですから、経済問題や防衛問題が大きなテーマになる予定であることが、ここから読み取れます。防衛費を増強し、軍事面で対米協力を強化することをアメリカに説明することになっているはずです。

動静 20日

首相　午前中、公邸で新聞や雑誌に目を通す。午後零時半すぎ東京・銀座の映画館で「砂の器」「天城越え」を観賞。五時まえ都内のホテルのプールで水泳。六時まえ公邸着。八時半まえ都内の禅寺で座禅。十時半すぎ公邸に。

1983年2月20日(日)

いかにも中曽根首相らしい日曜日の過ごし方です。「砂の器」も「天城越え」も、いずれも松本清張の推理小説を映画化したものです。「天城越え」はこの年に封切された映画ですが、「砂の器」は1974年封切ですから、この時点では公開から9年も経っています。2本まとめて見られるというのは、松本清張特集でもしていたのでしょうか。

その後は、体力づくりに余念がありません。中曽根首相は、日曜日のたびにホテルのプールで泳いだり、子どもたちとテニスをしたりして、身体を動かしています。政治家には体力が必要ですからね。

中曽根首相がユニークなのは、定期的に座禅を組んでいたことです。この日の「動静」では、座禅を組んだ寺の名前を明らかにしていませんが、その後、たびたび座禅を組むようになると、新聞も寺の名前を書くようになりました。

この寺は、東京台東区谷中の全生庵です。ここは、明治維新で活躍した山岡鉄舟が開いた寺として知られています。

中曽根首相は、日曜日の夜に、ここで座禅を組むことで、心身の疲れをとることができたと語っています。

当初は、目立ちたがり屋の中曽根一流のパフォーマンスと評されましたが、頻繁に通うことで、パフォーマンスという陰口は消えていきました。

動静 14日

首相【午前】八時まえ官邸に。政府・自民党首脳会議。八時半すぎ科学技術会議本会議。十時まえ国会内参院予算委員会室に。十一時すぎ予算委が開会しないため国会から官邸へ。小沢一郎自民党総務局長が統一地方選遊説の相談に。

【午後】正午すぎダンバー米女性宇宙飛行士が表敬訪問、安田科学技術庁長官らが同席。山崎拓代議士が福岡知事選で。玉置和郎参院議員。零時半、土光敏夫臨時行政調査会長が行政改革の最終答申を手渡す。斎藤行政管理庁長官ら同席。三時まえ倉成正代議士が中曽根派のパーティーへの出席を要請。三時すぎ佐藤文生代議士が大分県の知事選と参院選の情勢報告。五時半、東京・平河町の中曽根事務所へ。六時すぎ官邸に。本野外務審議官。七時まえ都内の料理屋で福田衆院議長と懇談。二階堂幹事長ら自民党三役が同席。八時すぎ公邸に戻る。

1983年3月14日(月)

午前中、小沢一郎自民党総務局長が統一地方選挙の遊説の相談に訪れています。中曽根首相がどこに応援演説に行くか、スケジュール調整をしに来たのでしょう。いまの民主党で「選挙の神様」扱いされている小沢一郎が、この頃から自民党で選挙の指揮をとっていたことがわかります。

午後、臨時行政調査会（臨調）の土光敏夫会長が、行政改革の最終答申を手渡しています。2年前に発足して以来、過去4回にわたり答申を提出してきました。今回が第5次答申（最終答申）でした。「増税なき財政再建」「赤字国債減額」など、現在でも通用する改革案が盛り込まれていました。

臨調は、国鉄、電電公社、専売公社を民営化すべきだという方針を打ち出し、すでに前年の１９８２年7月、「国鉄は5年以内に分割民営化すべきだ」と答申しています。

この答申を受けて、その後、答申通りの改革が進んでいるかどうか監視する「臨時行政改革推進審議会」が設置され、行政改革の具体化に取り組むことになります。

また、このときの行政管理庁は、翌年、総務庁に改組されます。

答申を受け、電電公社と専売公社は１９８５年に民営化されます。電電公社はＮＴＴに、専売公社は日本たばこ（ＪＴ）となりました。

また国鉄は１９８７年に分割・民営化され、いまのＪＲ各社が発足します。

動静 27日

首相【午前】九時まえ公邸で主治医の滝沢敬夫東京女子医大教授が定期検診。十時、官邸に。前川日銀総裁が内外金融情勢の報告。十一時、五十八年度電源立地促進功労者表彰式。

【午後】正午すぎ公邸でN・セイヤー米ジョンズ・ホプキンズ大学アジア研究所長と昼食。二時半また官邸。山崎数男日本歯科医師会長が国際歯科連盟総会の出席要請。三時半、デンマーク放送協会のニールセン東京特派員がインタビュー。四時、片野三郎全国町村議会議長会長。井川経企事務次官が五十八年度経済白書の概要説明。

五時、シャピロ全米経済研究所理事長が表敬訪問。六時すぎ東京・銀座の料理屋で芦原義重関西電力会長ら「吉兆会」メンバーと夕食会。後藤田官房長官、藤波官房副長官が同席。八時半、近くの蒸しぶろ屋で入浴。九時半まえ公邸に。

1983年7月27日（水）

日本銀行の前川春雄総裁が「内外金融情勢の報告」に官邸を訪れています。日本銀行の総裁が首相に報告に行くのは、いまでは珍しいことになりました。

日本銀行のような中央銀行は、ときの政府から独立して金融政策（金利の引き上げ、引き下げなど）を決めることになっています。

中央銀行は、景気の過熱を抑えるため、好景気の最中に金利を引き上げることがあります。政府にとっては、せっかくの好景気に水を差されることですから、気に入りません。中央銀行に圧力をかけて金利引き上げをやめさせる恐れがあります。そこで、中央銀行の独立性が大事になるのです。

日銀法が１９９８年に改正され、日銀総裁と副総裁は内閣が国会の承認を得て任命しますが、当時は内閣だけで任命できました。ということは、内閣がその気になれば、日銀総裁をいつでも辞めさせることができたのです。

これでは日銀の独立性は十分ではありません。日銀総裁が首相に報告に行っていたというのは、そんな力関係を反映していたのでしょうか。

ちなみに、前川春雄氏は翌年、日銀総裁を退任。その後、日米経済摩擦を解消する方策を探るため、中曽根内閣が設置した私的諮問機関の座長に就任し、１９８６年、「内需拡大と市場開放」を求める報告書（前川レポート）をまとめています。

首相動静 31日

首相【午前】十時まえ公邸から官邸。十時すぎ降矢敬雄前参院議員。十一時、キッシンジャー元米国務長官。

【午後】正午すぎ後藤田官房長官。一時半、藤森官房副長官。二時半、田中経企事務次官らが市場開放問題苦情処理推進本部の報告。三時、外交評論家の加瀬俊一氏が、故寿満子夫人の一周忌出席のお礼に。三時半まえペンギラン・ユソフ・ブルネイ前首相ら南方留学生が来日のあいさつ、砂田重民代議士同席。四時、松永外務事務次官らとコール西独首相来日に備えた勉強会。六時、東京・永田町の全国町村会館で開かれた臨時行政調査会OB会に出席。七時すぎ公邸。

1983年10月31日(月)

ヘンリー・キッシンジャー元米国務長官が訪問。会談しています。中曽根首相とは旧知の仲で、その後もしばしば会談しています。

キッシンジャーは、ニクソン大統領時代、国家安全保障問題担当補佐官を務め、次のフォード大統領の下で国務長官（日本の外務大臣に該当）にも就任しています。

徹底した現実主義者で知られ、1971年には、それまでアメリカと対立していた中国を極秘訪問。その後のニクソン訪中の筋道をつけました。当時の中国がソ連との対立を深めていたのに目をつけ、中ソの離間を図ったのです。

その一方で、中国との関係改善を交渉カードにして、ソ連との交渉も進めるというしたたかな外交を展開しました。

1973年には、ベトナム戦争を和平に導いたとしてノーベル平和賞を受賞。その後もアメリカの政界に隠然たる影響力を保持し続けています。

キッシンジャーはハーバード大学の大学院の学生時代、世界各国の若手政治家をハーバード大学に集めて国際情勢を講義するセミナーの幹事役を務めました。1953年のセミナーに中曽根も参加し、それ以来の仲です。

中曽根が、歴代の首相の中では飛びぬけて国際感覚があるのも、こうした経験が背景にあるからでしょう。キッシンジャー流の現実主義者ぶりが時折り顔を出します。

動静 11日

首相【午前】八時半すぎ国会に入り、閣議。九時、閣議終了後、後藤田官房長官が残る。九時半、衆院本会議場で、レーガン米大統領の演説を聞く。十時すぎ官邸。十時半すぎいったん公邸に立ち寄り、十一時半まえ東京・市ケ谷の陸上自衛隊駐屯地からヘリコプターで出発。十二時前、東京・日の出町の平井中学校グラウンドに到着。

【午後】零時すぎ同中学校で、大統領のヘリを出迎え。零時半、同町内にある首相の山荘で大統領夫妻と昼食。途中から作家、故吉川英治氏の夫人文子さんが同席。二時、大統領と懇談。二時半、平井中で、ヘリで出発する大統領を見送る。三時、同所をヘリで出発。三時すぎ、市ケ谷の駐屯地に到着、公邸へ。四時、森下元晴、唐沢俊二郎両代議士。四時すぎ、官邸。小此木自民党国会対策委員長、後藤田官房長官。五時半、藤波官房副長官。六時、公邸。

1983年11月11日（金）

アメリカのロナルド・レーガン大統領が来日し、この日の午前、衆議院本会議場で日本の国会議員を前に演説しています。このように、外国からの国賓が国会で演説するというのは、時々あることです。

日本共産党の議員は、アメリカが直前に中米のグレナダに侵攻したことに抗議して欠席しています。

午後からは日の出町にある中曽根首相の別荘「日の出山荘」にレーガン夫妻を招いています。

アメリカの大統領には、首都ワシントンから100キロほど離れたメリーランド州の山中に「キャンプ・デービッド」という公的な別荘があります。海外からの客がここに招かれることがよくありますが、日本の首相には公的な別荘がありません。

そこで中曽根首相は、東京多摩の山中にある自分の別荘に大統領を招こうと考えたのです。

別荘では、囲炉裏でお茶を立てたり、庭で法螺貝を吹いて見せたりして、日本情緒を堪能させようと努力しました。実は中曽根首相は、この日に向けて、以前からひそかに法螺貝を吹く練習をしていたというのですから、その用意周到さには感心します。

レーガン大統領は、退任後、このときの記録映像を懐かしく見ることが多かったといいます。

日の出山荘はその後、日の出町に寄贈されています。

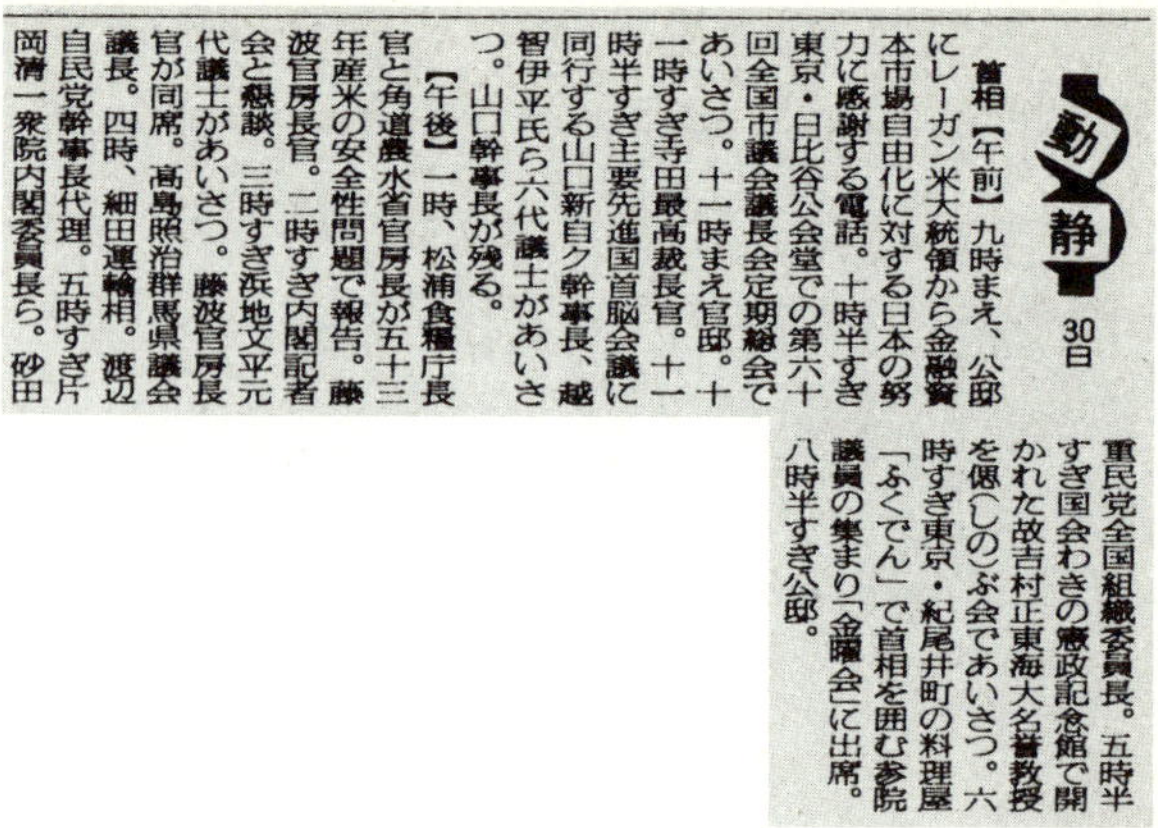
動静 30日

首相【午前】九時まえ、公邸にレーガン米大統領から金融資本市場自由化に対する日本の努力に感謝する電話。十時半すぎ東京・日比谷公会堂での第六十回全国市議会議長会定期総会であいさつ。十一時まえ官邸。十一時すぎ寺田最高裁長官。十一時半すぎ主要先進国首脳会議に同行する山口新自ク幹事長、越智伊平氏ら六代議士があいさつ。山口幹事長が残る。

【午後】一時、松浦食糧庁長官と角道農水省官房長が五十三年産米の安全性問題で報告。藤波官房長官。二時すぎ内閣記者会と懇談。三時すぎ浜地文平元代議士があいさつ。藤波官房長官が同席。高鳥照治群馬県議会議長。四時、細田運輸相。渡辺自民党幹事長代理。五時すぎ片岡清一衆院内閣委員長ら。砂田重民党全国組織委員長。五時半すぎ国会わきの憲政記念館で開かれた故吉村正東海大名誉教授を偲(しの)ぶ会であいさつ。六時すぎ東京・紀尾井町の料理屋「ふくでん」で首相を囲む参院議員の集まり「金曜会」に出席。八時半すぎ公邸。

1984年5月30日(水)

こうやって過去の首相の行動を見ていますと、昔もいまも大差ないなあという感慨に襲われます。

この日、レーガン米大統領から感謝の電話が入っています。日本政府が、アメリカからの自由化要求に応え、閉鎖的だった日本の金融資本市場を開放する方針を打ち出したからです。

海外（アメリカ）の金融機関が、日本の国債購入の入札に参加できるようにしたり、証券会社が東京証券取引所の会員になれる道を開いたりするなどの方針が打ち出されたのです。アメリカの圧力で日本国内の改革が進むという、いつものパターンが見てとれます。

それだけではありません。食糧庁長官と農水省官房長が「五十三年産米の安全性問題で報告」とあります。

昭和53年（1978年）は米が豊作だったことから、余った米が常温で大量に保存されていました。それが、米不足になったこの年に出荷されました。ところが、保存中に、虫に食われないように臭素（臭化メチル）で燻蒸《くんじょう》されていました。このため、「臭い米」として大問題になったのです。なんだか2008年の「事故米騒ぎ」を想起させます。

現在は発がん性があるとして使用が禁止されている臭化メチルは、当時は残留基準がありませんでした。このため5月28日の厚生省の食品衛生調査会残留農薬部会で、暫定基準が定められたのです。

動静 5日

首相【午前】九時、公邸から国会に入り、閣議。岩動科学技術庁長官が米有人宇宙基地計画の報告。後藤田行政管理庁長官が政府・自民党行政改革推進本部常任幹事会の模様を報告。十時すぎ官邸。桜内義雄代議士。細見卓海外経済協力基金総裁。十一時すぎ東京・霞が関ビル内の納富歯科へ。十一時半すぎ官邸。村岡兼造自民党建設部会長ら同党の政調七部会代表が公共投資推進決議を手渡す。

【午後】正午、稲盛和夫第二電電企画株式会社会長と森山信吾同社社長があいさつ。政府・自民党連絡会議。二階堂副総裁。一時、東京・西新橋の岸事務所で岸元首相と会談。一時半すぎ東京・五番町の三木事務所で三木元首相と会談。二時半すぎ東京・紀尾井町の福田事務所で福田元首相と会談。三時すぎ東京・赤坂の鈴木事務所で鈴木前首相と会談。三時半すぎ衆院第一議員会館で福田一前衆院議長と会談。四時、官邸。四時半すぎ東京・永田町の安井事務所で安井元参院議長と会談。五時すぎ、参院議員会館で徳永前参院議長と会談。五時半まえ官邸に。六時まえ田川新自ク代表と会談。藤波官房長官、田中自民党幹事長同席。六時半まえ会談を終え、田中幹事長残る。七時まえ山崎拓代議士。七時半まえ、公邸へ。

1984年6月5日（火）

第二電電企画株式会社の会長と社長が公邸を訪れています。中曽根内閣で電電公社が民営化されてNTTになるのに合わせて、他の民間企業も電話事業に参入できるようになりました。翌年4月に第二電電として発足するための準備会社です。京セラの稲盛和夫氏が会長になっているように、京セラが中心となり、三菱商事やソニーなどが出資しました。

第二電電は、その後、KDD（国際電信電話）やIDO（日本移動通信）と合併して、現在のKDDIが誕生しています。

この後、中曽根首相は、歴代総理と会談しています。それぞれの事務所を自ら訪ねるという低姿勢ぶり。ロンドンで開かれるサミットに出発する前の挨拶回りです。先輩たちにサミットでの心構えを聞くという形をとることで、党内の根回しを終えておけば、サミットの結果について党内で批判が出ることもありません。中曽根首相の、意外な気配りが、この行動でうかがえます。

気配りは、歴代総理に対してだけではありません。この後、衆議院議長や参議院議長の元も訪ねています。

また、「田川新自ク代表」と会談とありますが、新自由クラブの田川誠一氏のことです。新自由クラブは、1976年、自民党を離党した議員たちで結成されましたが、1983年から86年まで、自民党と連立政権を組んでいました。中曽根首相は、連立相手の党首にも挨拶回りしているのです。

動静 21日

首相【午前】十時すぎ公邸から官邸。十一時すぎ松永外務事務次官。正午まえ公邸。
【午後】一時、自民党軽井沢セミナー出席のため上野駅から軽井沢へ。三時すぎ軽井沢駅着。宿泊先のホテル鹿島ノ森で休憩。四時まえ、近くの別荘と旧軽井沢ゴルフクラブの喫茶店に寄る。五時半まえ宿舎へ戻り、蔦子夫人とともに相沢英之自民党出版局長、藤本孝雄広報委員長と懇談。六時、軽井沢プリンスホテルでのセミナーで講演。八時、宿舎へ戻り、渥美健夫鹿島建設名誉会長夫妻らと会食。

1984年7月21日(土)

上野駅から軽井沢へ。時代を感じさせますね。長野新幹線などまだありませんから、信越線で行ったのです。

ホテル鹿島ノ森は、鹿島建設が創設した高級ホテル。宮沢喜一元首相も定宿にするなど、政財界の要人がよく宿泊します。

この日の夜、渥美健夫・鹿島建設名誉会長夫妻らと会食していますから、当然のことながら、このホテルに宿泊したのですね。中曽根首相の次女・美恵子さんは、渥美氏の長男と結婚しています。つまり娘婿の両親と会食しているのです。

ちなみに、鹿島建設の第4代社長だった鹿島守之助氏は、3人の娘の婿を、全員鹿島建設に入社させています。

長女の夫が、第6代社長の渥美建夫氏。通産省の官僚でしたが、結婚後、守之助氏に請われて鹿島建設に入社しました。

次女の夫が石川六郎氏。国鉄勤務時代に守之助氏の目に留まり、次女と結婚。鹿島建設に移り、第7代社長に就任しました。

三女の結婚相手は平泉渉氏。平泉氏は外交官。駐仏大使館に勤務中、訪仏した守之助氏に見込まれ、三女と結婚。その後、鹿島建設を経て、自民党代議士になっています。

これと見込んだ男を入社させて経営を継がせる。したたかな経営戦略が見えてきます。政治家とゼネコンとの関わりの一端もうかがえる縁戚関係です。

動静 4日

首相【午前】八時半、宿泊先の大分県・湯布院町の玉の湯旅館を出発。十時半、熊本県・大津町の本田技研工業熊本製作所で二輪車組み立てなど見学。十一時半、益城町のテクノ・リサーチパーク建設予定地を視察。

【午後】零時半、熊本市の細川家の菩提（ぼだい）寺・泰勝寺跡で、細川熊本県知事や九州各県の財界人らと「テクノポリスの明日を語る」をテーマに懇談。二時、同市内の化学及血清療法研究所を視察。三時前、同市内のホテルキャッスルで記者会見。九州各県の先端技術企業経営者らとの「九州ハイテク会議」に出席。五時半、熊本空港から自衛隊輸送機で東京へ。七時すぎ公邸。

1984年10月4日（木）

前日から大分視察に入っています。宿泊は、話題の湯布院・玉の湯旅館です。温泉街全体を活性化させることに成功した湯布院の中心になった旅館です。

大分では、前日に大分キヤノンの工場やテキサスインスツルメンツの工場などを視察。この日は、今度は熊本に入り、本田技研の工場などを見て回りました。

大分県では、村おこしに力を入れている平松知事らと懇談。熊本県では細川知事らと懇談を重ねています。全国各地を回って、村おこしの実情を聞くと共に、先端技術の工場を誘致する「テクノポリス」構想の実現へのアピールです。

ちなみに、熊本県の細川知事は、細川護熙。その後、日本新党を結成し、自民党から政権を奪って首相に就任します。

往復とも自衛隊のＣ１輸送機を使用しています。前日は大分空港に着き、この日は熊本空港発。スケジュールの合う定期便がなかったのでしょうか。

いまなら政府専用機を使うところですが、あえて乗り心地のよくない自衛隊の輸送機を使っています。「政府専用機が必要だ」というアピールにもなっています。

現在の政府専用機は１９８７年に購入を決定しました。対日赤字に悩むアメリカが日本にアメリカ製品の購入を迫ったことから、ボーイング社製のジャンボジェット機２機を計３６０億円で購入しました。

動静　17日

首相【午前】七時半、東京駅から新幹線で静岡へ。九時半すぎ静岡県浜岡町の肢体不自由児療護施設「ねむの木学園」で授業を参観したあと職員と懇談。十一時半、自衛隊ヘリコプターで愛知へ。

【午後】正午、愛知県豊橋市の豊橋技術科学大学で技術開発センターなどを視察し教官、学生と懇談。ヘリコプターで豊田市に移り、二時半、トヨタ自動車高岡工場を見学。三時すぎ同工場内で記者会見。三時半、同工場の海外研修生と懇談。四時すぎヘリコプターで名古屋空港へ飛び、航空自衛隊輸送機で東京へ。五時半、羽田空港着。六時半まえ公邸。六時半、渡辺自民党幹事長代理。

1984年10月17日(水)

先日の大分、熊本での視察に続き、静岡、愛知を回りました。

静岡では「ねむの木学園」を視察しています。この時点では静岡県浜岡町となっていますが、その後移転し、現在は掛川市にあります。

この学園は、女優の宮城まり子さんが肢体不自由児のために1972年に開設しました。当初は「ねむの木学園」だけでしたが、養護学校や養護学校高等部を併設するなど拡大。1999年には「ねむの木村」になっています。

中曽根首相は、大分県を視察したときにも社会福祉施設を訪れています。地方視察には、先端工場ばかりでなく、福祉にも目配りしているという姿勢を示しているのです。

自衛隊のヘリコプターで静岡から愛知へ、さらにヘリコプターで愛知県内を移動した後、名古屋空港へ。ここから今度も航空自衛隊の輸送機で羽田空港に、という慌しいスケジュールです。

こんな分刻みのスケジュールで、いったい何を見て、どんな話を聞くのかとも思いますが、本人は、多忙を楽しんでいる様子。全国を飛び回り、先端技術の推進に力を入れる一方、福祉も忘れていない、という壮大なアピールになっています。

これだけの行動力は、田中角栄元首相以来でしょうか。

動静 11・12日

首相（11日）【午前】10時4分、静養先の東京都日の出町の山荘を出て、11時16分、公邸。

【午後】0時56分、国立劇場で「建国記念の日を祝う国民式典」。2時53分、公邸。3時24分、東京・杉並のシグマスポーツクラブで、長男弘文氏らとテニスなど。6時49分、公邸。

（12日）【午前】9時、公邸から国会に移り、閣議。終了後、木部建設相が残る。山崎官房副長官同席。故白浜仁吉代議士の遺族が自民党葬のお礼に。9時29分、村田通産相が四極通商会議などの報告。10時、参院予算委。

【午後】0時24分、総理大臣室。ドクレルクEC通商政策担当委員、ブロック米通商代表がそれぞれ表敬。村田通産相同席。1時8分、江田五月、田英夫新旧社民連代表。1時20分、再び参院予算委。6時13分、参院予算委終了、官邸へ。大来佐武郎外務省顧問、佐藤誠三郎東大教授が太平洋協力問題などで。7時、山崎官房副長官。7時38分、公邸。

1985年2月11日（月）・12日（火）

前日の新聞が「建国記念の日」の翌日で休刊だったため2日分を掲載しています。

この日から行動の記録が分刻み表示になりました。首相は、まさに分刻みで行動していることが、よくわかるようになりました。

慌しいスケジュールですね。11日には長男らとテニスです。若さを強調しているのですね。

12日の午前に、通産大臣が「四極通商会議」の報告に来ています。四極とは、日本、アメリカ、EC（現在はEU）、カナダのこと。それぞれの貿易担当大臣が集まり、国際貿易について非公式な立場で意見を交換する場になっていました。

１９８２年にアメリカの提唱で始まりました。ガットのウルグアイ・ラウンド（多角的貿易交渉）など世界各国の貿易交渉が行われるようになると、先進国での意見の調整の場として使われました。

午後になると、会議出席のために来日しているECとアメリカの通商代表が表敬訪問に来ています。社民連は「社会民主連合」のこと。１９７８年、当時の日本社会党を離党した社会市民連合と社会クラブの議員たちが合流して結成された政党です。いまの民主党の菅直人は、ここで活動していました。

１９９４年に解散し、メンバーは日本新党や新党さきがけに参加しました。

動静 28日

首相【午前】10時、公邸から官邸。鎌田要人鹿児島県知事が三選のあいさつ。長野祐也代議士が同席。10時12分、山口労相、藤波官房長官。途中から関労働事務次官らが入り、春闘情勢の報告。11時14分、谷口内閣調査室長が定例報告。

【午後】0時3分、在京報道各社の政治部長と懇談。1時、高村坂彦元代議士。2時40分、糸山英太郎代議士。3時15分、行天大蔵省国際金融局長。3時52分、五島昇日本商工会議所会頭。5時28分、東京都千代田区の東京逓信病院に田中元首相を見舞う。5時55分、官邸。6時18分、東京・赤坂の料理屋「茄子」で開かれた首相を囲む自民党参院議員の集まり「金曜会」に出席。8時46分、公邸。

1985年2月28日（木）

前日に田中角栄元首相が脳梗塞で倒れました。中曽根首相も、この日の夕方、入院先の東京逓信病院に見舞っていますが、本人には会えていません。

田中元首相が倒れる直前、田中派の中に竹下登が「創政会」という勉強会を発足させます。これを派内の反乱と受け止めた田中角栄は激怒。毎日飲むブランデーの量が増え、これが引き金になったと言う人もいます。

この日は昼から「在京報道各社の政治部長と懇談」とあります。これは、新聞社や放送局の政治部長とカレーライスを食べながらの懇談会です。

出席した政治部長の話によると、田中角栄元首相の病状を気遣う発言をしながらも、表情はいつになく明るかったといいます。

田中元首相は、ロッキード事件の被告になった後も、政界に大きな影響力を確保していました。思うように自分の政治ができなかった中曽根首相にすれば、これで重石が取れ、「角抜き」で自由に政治ができるという解放感を感じさせていたということです。

田中元首相は、このまま政界への影響力を失っていきます。

娘の田中真紀子氏は、田中派議員たちを田中元首相に会わせようとせず、田中派は解体、竹下の「創政会」が後継派閥になっていくのです。

動静 9日

首相【午前】8時23分、公邸に成相善十参院議員。8時42分、国会。総理大臣室。8時48分、閣議。村田通産相が残る。藤波官房長官同席。9時11分、藤波官房長官。9時20分、官邸。藤森官房副長官、赤羽経企庁調整局長が市場開放対策の報告。9時42分、桧垣徳太郎自民党総合農政調査会最高顧問。10時3分、ルンス前北大西洋条約機構（NATO）事務総長が表敬。11時13分、宮崎駐西独大使。外務省の柳谷事務次官、西山欧亜局長が同席。11時50分、村上正邦参院議員。

【午後】0時7分、野田毅代議士。1時13分、藤波官房長官、柳谷外務事務次官らと主要先進国首脳会議（サミット）の勉強会。4時53分、対外経済問題諮問委員会であいさつ。5時49分、経済対策閣僚会議。6時15分、記者会見。7時23分、山崎官房副長官。7時34分、公邸。

1985年4月9日(火)

この頃、日本からアメリカへの輸出が急増し、アメリカの対日貿易赤字が拡大しました。アメリカ国内では、「日本製品の不買運動を起こすべきだ」という声が高まるなど、日米貿易摩擦が起きました。

そこで中曽根内閣は、閉鎖的だと批判の強かった日本市場の開放策をまとめました。この日、経済対策閣僚会議を開いたのは、そのためです。午後6時15分から記者会見を開き、テレビ中継で、図表を使いながら、「国民一人当たり外国製品を１００ドルずつ買ってほしい」と呼びかけたのです。

テレビで国民に直接呼びかける。その際、図表を使ってわかりやすく説明する。いまなら珍しくない手法ですが、当時は画期的でした。国民にどのようにすればアピールするか、常に考えていた中曽根らしいパフォーマンスでした。

当然のことながら、このパフォーマンスはアメリカでも報道され、「日本も貿易摩擦解消に努力している」という印象を与えることを計算に入れていたはずです。

しかし、この市場開放策だけでは、アメリカの対日赤字の抜本的な解決策にはなりません。根本的な解決のためには、円安を是正して、円高ドル安に為替相場を誘導し、アメリカでの日本製品の価格が上昇するように仕向けなければならないということになります。このため、この年の9月には、プラザ合意で、円高が進むことになります。

動静　3日

首相【午前】9時30分、公邸で滝沢敬夫東京女子医大教授が定期検診。10時10分、官邸。中部電力の田中精一会長、松永亀三郎社長が就任あいさつ。10時14分、野田毅代議士。10時33分、キッシンジャー元米国務長官と会談。

【午後】0時、岩動道行参院議員。1時30分から中野、豊島、港区で各二カ所ずつ都議選応援演説。5時40分、公邸。7時3分、元赤坂の迎賓館でイランのラフサンジャニ国会議長と会談。8時3分、ラフサンジャニ議長主催の晩さん会。9時39分、公邸。9時45分、竹下蔵相。藤波官房長官同席。

1985年7月3日(水)

またもキッシンジャー元国務長官と会談しています。たびたびの会談。キッシンジャーが、アメリカ政府から表向きは離れても、隠然たる力を持っていることを示しています。

この日は夕方から中曽根首相が反米国家・イランの国会議長と会談するので、それを前にアメリカ側の意向を確認したか、なんらかのアドバイスを受けた可能性もあります。

イランのラフサンジャニ国会議長が、西側の国を訪問するのは、日本が初めて。日本とイランの親密な関係を象徴しています。

イランは1979年の「イラン・イスラム革命」で反米に転じ、ヨーロッパ諸国とも険悪な関係になりましたが、日本だけは、伝統的に良好な関係を維持し続けています。

イラン革命後、イラン国内の混乱を見た隣国イラクのフセイン大統領は、1980年、イランを侵略。イラン・イラク戦争がはじまりました。戦争が終結するのは1988年ですから、このときはまだイランはイラクと戦争をしている最中でした。

日本は三井物産などが出資して「イラン・ジャパン石油化学」(IJPC)を設立し、イラン国内で産出される石油を元にした石油製品の製造プロジェクトを進めていましたが、イラン・イラク戦争が始まったため、開発が中断。ラフサンジャニ議長は、工事の再開を求めに来たのです。このプロジェクトは、結局1990年に解散しています。

動静 4日

首相【午前】10時10分、公邸から官邸。11時、カナダのマルルーニー首相と会談。

【午後】0時1分、会談終了。0時12分、コール西独首相と会談。0時44分、会談終了。1時49分、元赤坂の迎賓館。欧州共同体（EC）、カナダ、イタリア、西独、英、仏、米の順で各首脳の歓迎行事。5時、紀尾井町のホテルニューオータニ。5時47分、ミッテラン仏大統領と会談。6時15分、会談終了。6時30分、首相主催レセプション。7時38分、官邸。写真撮影のあと8時31分、首脳夕食会。11時5分、終了。11時24分、安倍外相。唐沢官房副長官が同席。（5日）午前0時、柳谷外務事務次官。0時36分、公邸。

1986年5月4日(日)

日本が議長国となった東京サミットが開幕しました。「動静」を見ると、中曽根首相が各国首脳と相次いで会談しています。サミットの会場は、ホテルニューオータニでした。

前年9月にアメリカ・ニューヨークのプラザホテルで開かれた先進5か国の蔵相・中央銀行総裁会議で、円高ドル安に為替相場を誘導することで合意しました。これが「プラザ合意」です。

合意が成立した頃の円相場は1ドルが240円前後でしたが、合意を受けて円は急騰。1986年に入って1ドルは150円台にまで上がり、87年には120円台と、ほぼ倍になりました。

今回の東京サミットを取材に来た海外の報道陣は、自国通貨を円に両替してみて、「円が高すぎる」と驚き、不満を言いながら取材に当たった、と当時の新聞は伝えています。

中曽根首相がサミットに参加するのはこれが4回目。毎年出席する首相が変わる現在とはだいぶ違います。「世界のナカソネ」をアピールする絶好の機会でした。サミットの議長を務めると、議長を務めた首相に対する支持率も上昇。中曽根首相としては、解散・総選挙を実施したくなります。

自民党の総裁任期は2年で連続2期まで。この秋に中曽根総裁の任期が切れます。中曽根首相は選挙で勝利し、「選挙で勝った首相を交代させるのはおかしい」という世論を盛り上げ、任期延長を目論むようになるのです。

動静 23日

首相【午前】9時36分、公邸発。9時44分、東宮御所。他の六宮家をあいさつ回り。10時57分、官邸。10時59分、唐沢郵政相。11時3分、パッカード・ジョンズ・ホプキンズ大教授。11時45分、藤森官房副長官。

【午後】2時1分、記者会見。3時10分、新政務次官に辞令交付。3時23分、政務次官会議に出席。3時39分、柿沢弘治運輸政務次官。3時47分、味村内閣法制局長官。3時50分、越智衆院議運委員長。4時、武村正義代議士。4時10分、砂田衆院予算委員長。4時30分、斎藤英四郎経団連会長、石原俊経済同友会代表幹事、五島昇日商会頭。4時59分、西田信一・元参院議員。6時57分、紀尾井町の料理屋「ふくでん」で大前研一マッキンゼー日本支社長と会食。8時47分、公邸。

1986年7月23日(水)

7月6日に行われた衆参同日選挙で自民党は圧勝しました。圧勝を受けて第3次中曽根内閣が発足。この日、皇太子の東宮御所をはじめ各宮家に挨拶に回っています。

この年は7月7日で参議院議員の任期切れを迎え、参議院選挙が予定されていました。この選挙に合わせて中曽根首相は衆議院を解散し、衆参同時選挙を強行するのではないかという観測が流れていましたが、中曽根首相は、素知らぬ顔を演じました。後になって中曽根は、「死んだふり」をしていたと述懐しています。

6月2日、自民党内の反対を押し切って臨時国会を召集し、即日解散に踏み切りました。野党各党は「うそつき解散」と批判しました。

衆議院と参議院の選挙を同時に実施しますと、野党各党は自分の選挙運動に精いっぱいとなり、選挙協力ができません。結果として、自民党に有利になると言われていました。

結果は、その通り。自民党は、衆議院で300議席（追加公認含め304議席）、参議院では比例区22、選挙区50を獲得。歴史的圧勝でした。

自民党が圧勝したことを、中曽根は「左にウイングを伸ばした」と評しました。従来は右寄りの人たちの支持ばかりだった自民党が、左の思想を持つ人たちの支持も得て、幅広い支持を得る政党に成長したと自画自賛したのです。

動静 4日

首相【午前】9時30分、公邸に小松勇五郎神戸製鋼所会長。10時10分、官邸。10時29分、藤森官房副長官。的場内閣内政審議室長が同席。11時5分、谷口内閣情報調査室長。11時41分、山内大介毎日新聞社長、故平岡敏男同社会長夫人の美恵子さん。11時52分、渡辺官房副長官。

【午後】1時1分、砂田衆院予算委員長。2時、キッシンジャー米元国務長官。新井弘一外務省情報調査局長ら同席。3時、木部佳昭代議士。3時10分、国広内閣外政審議室長。3時30分、藤尾文相。3時38分、再び、国広室長。4時13分、幸田厚生事務次官、竹中厚生省健康政策局長。4時48分、大石正光代議士。5時1分、自民党の糸山英太郎国対副委員長。5時15分、大蔵省の西垣主計局長、水野主税局長。5時56分、渡辺官房副長官。6時19分。赤坂の料理屋「重箱」で、渡辺恒雄読売新聞専務、政治評論家の宮崎吉政氏ら首相を囲むマスコミ関係者の集まり「松原会」。8時38分、公邸。

1986年9月4日(木)

またもキッシンジャー元国務長官が訪問しています。

午前中、毎日新聞の社長が、亡くなった会長の夫人を伴って訪問しています。会長の葬儀に首相が出席したことへの返礼なのでしょう。

毎日新聞の社長とは午前中に公邸で会うだけの関係ですが、この日の夜を見ると、赤坂の料亭で、渡辺恒雄読売新聞専務らと会食しています。かの「ナベツネ」です。

この時点では、まだ専務だったのですね。この後、渡辺氏は、中曽根ら自民党幹部との太いパイプを武器に、読売新聞社内で出世を続け、読売新聞グループ会長にまでなります。

渡辺氏が読売新聞の主筆になると、さまざまな政治的主張を新聞紙面で展開すると共に、自身が政界の裏舞台でも行動(これを「暗躍」と呼ぶ人もいます)し、影響力を強めていきます。

しばしば内閣人事にまで口を出したことから、「新聞記者としての一線を越えている」という批判も受けることになります。

2007年10月には、自民党と民主党の大連立構想を仕掛けるなど、相変わらず健在です。

7月の選挙で自民党が圧勝したことを受け、翌週の9月11日の自民党両院議員総会では、中曽根総裁の任期1年延長を決定します。中曽根内閣は5年の長さに突入するのです。

動静 23日

首相【午前】9時42分、公邸から官邸。9時58分、国会。10時、ヤイター米通商代表。10時24分、佐藤文生代議士。10時29分、自民党代議士会。10時31分、衆院本会議。

【午後】3時2分、官邸。3時34分、香月熊雄佐賀県知事。4時3分、北村外務審議官。4時10分、竹下自民党幹事長。後藤田官房長官。4時13分、藤波国対委員長加わる。5時15分、再び北村外務審議官。5時44分、長谷川周重住友化学相談役、佐波正一東芝会長。6時23分、佐藤文生代議士。10時3分、国会。10時4分、自民党代議士会。10時5分、自民党幹事長室で竹下幹事長ら。10時16分、自民党代議士会。10時29分、衆院議長応接室で待機。10時42分、衆院議長室で原議長。10時43分、衆院本会議。

1987年4月23日(木)

中曽根首相は、この日の夜、「衆院議長応接室で待機」とあります。中曽根首相が熱意を燃やしてきた「売上税法案」の扱いが決まるのを待っていたのです。その結果、この日、廃案が決まりました。中曽根内閣の神通力が失われた象徴的な出来事でした。

「売上税」とは、現在の消費税のことです。この頃は、まだ消費税がなく、大平内閣が実現させようとしましたが、反対に押されて断念。中曽根内閣が実現させようとしたのですが、やはり失敗に終わりました。

前年の衆参同日選挙で、中曽根首相は、「国民や自民党員が反対する大型間接税と称するものはやらない」「流通の各段階に投網《とあみ》をかけるような総合的に消費税をかける考えはもたない」と言い続けていました。

国民は、「中曽根内閣は、売上税や消費税のようなものはしないのだ」と受け止めましたが、中曽根首相としては、「自民党員が反対しない」のであれば、「投網をかけるような総合的な」ものでなければ、実施するという含みを残していたのです。

自民党が大勝すると、中曽根首相は「売上税」創設に向けて動き出します。ところが、この4月に行われた統一地方選挙で自民党は敗北。「売上税反対」を訴えた野党が躍進したため、遂に断念に追い込まれたのです。

結局、「売上税」は、「消費税」と名前を変え、竹下内閣の下で実現します。

第8章

消費税を導入

――竹下登

いまや「DAIGO」の「おじいちゃん」として知られるようになってしまった、竹下元首相。その気配りと根回しの巧みさで、消費税導入を実現しましたが、在任中、国民からの支持は低迷しました。むしろいまになって、消費税を実現させた手腕が高く評価されるようになっています。

政治家の評価は、後世の人々が下すもの。そんなことを考えさせる政治家のひとりです。

自民党の総裁の任期は2年で連続2期までと党則で決まっていますが、中曽根総裁に関しては、異例の任期1年延長となりました。それも切れる1987年10月、自民党総裁選挙が告示されました。

立候補したのは、当時「ニューリーダー」と呼ばれた竹下登、安倍晋太郎、宮沢喜一の3人でした。3人とも立候補はしたものの、党内での争いは避けたいとして、話し合いで決定ということになりました。最初の3者会談で、「誰がなっても挙党一致で協力する」という合意が成立したものの、3人とも譲りません。結局、中曽根総裁の裁定に持ち込まれました。

中曽根総裁は10月20日、「熟慮の結果、総裁候補者として竹下登君を充てることに決定した」という裁定文を読み上げました。

安倍の後ろには、中曽根と同じ群馬出身のライバル福田赳夫の影がちらつき、宮沢はプライドが高すぎる。竹下なら、中曽根院政が敷けるという思惑があったようです。

竹下は田中角栄の派閥にいましたが、派閥を飛び出して自分の派閥「経世会」を設立。この頃田中は病に倒れ、発言権を失っていました。田中の影がちらつかなくなった竹下なら脅威ではなかったのです。

竹下登の最大の功績は、消費税の導入でした。大平内閣は「一般消費税」の導入を掲げて選挙をしたものの敗北して撤回。中曽根内閣は「売上税」の法案を提出しましたが、反対が多くて廃案。2つの内閣が果たせなかったことを、遂に成し遂げたのです。

1988年秋の臨時国会は、野党の社会党、共産党が徹底抗戦。紛糾に紛糾を重ね、2度の会期延長で臨時国会としては史上最長の163日間をかけて、消費税を導入させました。このときの税率は3%。1989年4月1日から導入されました。

消費税以外で竹下内閣の方針として話題を呼んだのが、「ふるさと創生」事業でした。

島根県議会議員出身の竹下は、地方の活性化を強く願っていました。そこで打ち出したのが、全国の市町村に対して、人口の多寡に関係なく一律に1億円を配布するというものでした。使い道を限定せず、市町村の創意工夫に任せるという大盤振る舞いでした。

「悪平等のバラマキ事業」という批判も出ましたが、まだ国の財政事情に余裕のあったときだからこそ可能だった政策です。

1億円を何に使うか。温泉を掘削したり、金塊を購入して展示したりと、中にはいささか首を傾げるような事業もありましたが、地方からは歓迎されました。

竹下内閣は、昭和から平成への移行に立ち会った内閣でもありました。大正から昭和への移行に立ち会ったのは、若槻礼次郎内閣。若槻も島根県出身で、2つの時代の移行が、いずれも島根県出身の首相のときということになりました。

1989（昭和64）年1月7日、昭和天皇が崩御されると、その日の午後には有識者による「元号に関する懇談会」を開き、新しい元号を「平成」に決定。小渕官房長官が記者会見して発表しました。

竹下内閣の後期は、リクルート事件に揺れました。

リクルート事件とは、リクルートの江副浩正会長が、自社の政治的影響力を高めようと、1984年から85年にかけて、子会社の不動産会社リクルートコスモス（当時）の未公開株を有力な政治家や官僚に譲渡していたというものです。リクルートコスモスは85年秋に店頭公開され、このときに株を売却した人たちは、多額の利益を得ました。

この事件は、1988年6月、朝日新聞のスクープで判明し、値上がり確実な未公開株を譲渡することは、贈賄に当たると判断した東京地検特捜部が捜査に乗り出しました。

その結果、中曽根前首相、宮沢喜一蔵相、安倍晋太郎自民党幹事長などへの株の譲渡が次々に判明し、竹下首相の秘書名義でも未公開株が渡っていたことがわかり、竹下内閣は、その責任をとって退陣に追い込まれました。

動静 6日

竹下首相【午前】8時30分、代沢の私邸に中司宏大阪府議会議員。9時58分、私邸玄関前で報道各社のインタビュー。10時29分、国会。10時31分、国会内自民党総裁室。10時32分、小渕恵三代議士。10時49分、丸山良仁住宅・都市整備公団総裁。11時39分、自民党代議士会であいさつ。

【午後】0時1分、衆院本会議。0時8分、国会内総裁室。0時10分、渡部恒三代議士。0時45分、国会前庭で皇太子殿下を出迎え。1時、参院本会議場で第百十臨時国会開会式。1時9分、自民党国会対策委員長室で藤波国会対策委員長らと懇談。1時22分、国会内総裁室。2時10分、梶山静六代議士。2時51分、自民党代議士会。3時37分、衆院本会議で首相指名。3時40分、国会内大臣室で中曽根前首相から事務引き継ぎ。3時47分、衆参両院正副議長、各党幹部にあいさつ回り。4時26分、官邸。4時49分、渡辺政調会長。4時50分、土屋参院議員会長、安倍幹事長、伊東総務会長。5時1分、小渕恵三代議士。5時32分、粕谷茂代議士を皮切りに閣僚の呼び込み始まる。5時40分、小渕官房長官が閣僚名簿の発表を終えて戻る。6時1分、閣僚呼び込みを終え、党四役が出る。7時51分、官邸から皇居。8時30分、首相の任命式。9時51分、閣僚の認証式。10時28分、官邸。10時40分、国務大臣に対する職務などを命ずる補職の辞令交付。10時55分、初閣議。11時12分、閣僚と記念撮影。（7日）午前0時15分、代沢の私邸。

1987年11月6日（金）

竹下内閣誕生の日です。朝私邸を出るところで、報道各社のインタビューを受けています。

この日は臨時国会開会式。通常なら天皇陛下のお言葉があるところですが、この日は皇太子殿下を迎えています。昭和天皇は、この年の9月22日、十二指腸のガンの手術を受けて静養中。手術以後、公の場への出席ができなくなり、皇太子が公務を代行されたのです。昭和天皇は、これより1年2か月後の1989年1月7日に崩御されています。

衆議院本会議で首相指名を受けると、官邸に入って組閣が始まります。小渕恵三代議士が入るとありますが、官房長官に就任することになったのですね。

この後、小渕官房長官が閣僚名簿を発表。夜には皇居に向かい、首相の任命式と閣僚の認証式が行われています。

これによって、正式に竹下内閣が発足しました。そのまま最初の閣議が深夜に開かれています。閣僚との記念撮影をして、長い1日が終わりました。国会での首相指名、引き続く組閣は、こうした手順で実施されるのです。

この「動静」には記述がありませんが、この夜の閣議で、小沢一郎が、内閣官房副長官に任命されています。45歳という、異例の若さで内閣を支える重責を担うことになりました。ここでの経験が、いまの小沢一郎を形成することになるのです。

動静 8日

首相【午前】8時52分、国会。同59分、閣議。9時33分、田村通産相。同43分、高鳥総務庁長官、小沢官房副長官。同59分、官邸。10時3分、ラムスドルフ前西独経済相。同30分、信託協会の妹背光雄、高山富士雄新旧会長。同47分、杉浦正章時事通信社政治部長。同55分、石原官房副長官。11時8分、小沢副長官。同33分、大高内閣情報調査室長。

【午後】0時6分、中島文相。同12分、黒岩彰選手らカルガリー冬季五輪入賞者。2時30分、仮谷和歌山県知事。中西啓介代議士同席。3時6分、斎藤十朗参院議員。同28分、小沢副長官。同45分、国広内閣外政審議室長。4時10分、ヘイドン豪外務貿易相。同45分、ビル・ブラッドレー米民主党上院議員ら第二回日米国会議員委員会会議参加者。海部俊樹代議士ら同席。6時6分、銀座の料理屋「吉兆」で、フォーレイ米民主党下院院内総務、マイケル共和党下院院内総務。小渕官房長官、羽田孜自民党総合農政調査会長、加藤紘一党農林水産物輸入自由化等問題小委員長が同席。8時59分、私邸。

1988年4月8日（金）

この日は、日米間の問題について両国の国会議員が意見を交わす「日米国会議員委員会」に出席のために来日中のアメリカの議員たちを迎えたり、夜には民主党と共和党の実力者を招いて銀座の料理屋「吉兆」で会食を開いたりしています。

アメリカの国会議員を招いて和食でもてなすということになりますと、当時は、やはり「吉兆」でした。

この当時、日米関係は、牛肉・オレンジの輸入自由化をめぐって緊張が続いていました。アメリカが、日本に対して、牛肉とオレンジの輸入関税を引き下げ、数量規制も撤廃するように求めていたのです。

日本政府は、国内の農家を保護するため、輸入自由化に反対の立場でした。いまでは想像もできないでしょうが、当時の日本では、牛肉やオレンジの価格が信じられないほど高かったのです。

日本は、アメリカからの農産物の輸入を制限する一方で、自動車や電気製品を大量にアメリカに輸出していました。これに怒ったアメリカの国会議員が、東芝製品をハンマーで叩き壊すというパフォーマンスまで見せました。まさに「ジャパン・バッシング」（日本叩き）が行われていたのです。

結局、この年の6月に、牛肉とオレンジを3年後に自由化することで日米の交渉が決着しています。

動静 24日

首相 午前中、私邸で海上自衛隊潜水艦事故の報告を電話で受ける。午後0時25分、官邸。同27分、小渕官房長官、小沢、石原両官房副長官、佐々内閣安全保障室長、西広防衛事務次官、山田海上保安庁長官ら。1時20分、石原運輸相。同21分、小渕長官加わる。同23分、山田長官加わる。同26分、佐々室長加わる。4時12分、長野県軽井沢町の軽井沢プリンスホテル。同20分、近藤元次・自民党出版局長。5時45分、自民党軽井沢セミナーで講演。7時1分、記念撮影。10時43分、私邸。

1988年7月24日(日)

日曜日とあって私邸で潜水艦事故の報告を受けましたが、対応策を協議するため、午後から官邸に出ています。事故は前日に発生。海上自衛隊の潜水艦「なだしお」と、遊漁船「第一富士丸」が、横須賀港沖の東京湾で衝突し、第一富士丸が沈没。乗員乗客48人のうち30人が死亡しました。

大きな事故だっただけに、官房長官や内閣安全保障室長、防衛事務次官、海上保安庁長官らが駆けつけています。

この事故は、その後刑事裁判になり、潜水艦の艦長にも遊漁船の船長にも過失があったものの、事故の主因は潜水艦側になったと認定されました。

その後、竹下首相は軽井沢に向かっています。自民党の夏季セミナーで講演するためです。竹下首相は、7月19日に召集された臨時国会で、消費税を導入する税制改革法案を提出。このセミナーで、消費税実現に向けて不退転の決意を述べています。

消費税導入に関しての争点について竹下首相は、低所得者に負担が大きくならないか、今後安易な税率の引き上げが行われないか、など国民が抱くであろう「6つの懸念」としてまとめ、ひとつひとつを論破していくという手法をとりました。

この日のセミナーでは、消費税創設によって便乗値上げが起きる可能性について、これを法的に取り締まる方針を示して国民の理解を求めています。

動静 25日

首相【午前】9時5分、私邸に志立託爾三菱信託銀行社長。同58分、官邸。10時3分、自然保護議員連盟の鯨岡兵輔、河野洋平、小杉隆、岩垂寿喜男、江田五月各代議士と地球環境問題議員懇談会の武村正義代議士。同57分、港区南青山の青山葬儀所で故福永健司元衆院議長の自民党葬。

【午後】0時13分、官邸。同26分、小沢官房副長官。1時15分、石原官房副長官。2時17分、佐々内閣安全保障室長、依田防衛庁官房長。同56分、自民党本部の理髪室で散髪。4時27分、官邸。同35分、大蔵省の西垣事務次官、角谷証券局長ら。5時41分、小沢副長官。6時16分、私邸。

1988年7月25日(月)

午前中は、自然保護議員連盟や地球環境問題議員懇談会の議員と会っています。以前は「自然保護」という言い方がされていましたが、このとき既に「地球環境問題」という言葉が使われ始めていたことがわかります。

首相は、この日も午後から潜水艦事故の対応に追われていることが、官邸を訪ねているメンバーを見るとわかります。小沢官房副長官と石原官房副長官も来ています。

官房副長官は2人。議員が1人、官僚が1人という組み合わせで、小沢官房副長官とは、小沢一郎のことです。石原官房副長官とは、石原信雄。自治省事務次官を退任した後、竹下内閣で官房副長官に就任し、村山内閣まで実に7つの内閣で官房副長官を務めることになります。いわば「内閣の生き字引」のような存在です。

夕方には、大蔵省の事務次官や証券局長が顔を出しました。リクルート事件についての報告です。リクルートが、当時の子会社リクルートコスモスの未公開株を譲渡していた問題について、大蔵省として調査した結果を首相に説明しています。

この中で、未公開株の譲渡に関わった証券会社には、法律違反の疑いがないことを報告し、全体で何株が譲渡されていたのかなど、大蔵省の調査を説明しています。この問題は、その後、竹下首相の秘書名義での株の譲渡も行われていたことが判明し、竹下首相の退陣の引き金になります。

動静 5日

首相【午前】9時4分、東京・西新宿の京王プラザホテルでの第十六回リハビリテーション世界会議。同5分、来賓室で藤本厚相、中村労相、鈴木都知事。同18分、常陸宮殿下、同妃殿下。同21分、再び藤本厚相ら。10時23分、官邸。同31分、ギナンジャール・インドネシア鉱業・エネルギー相。同50分、小沢官房副長官。11時50分、安倍自民党幹事長。
【午後】0時2分、政府・自民党首脳会議。同27分、宮沢蔵相。同42分、小渕官房長官。1時45分、小沢副長官。2時10分、クリントン米国アーカンソー州知事ら。3時2分、社会党の山口鶴男書記長、河上民雄代議士ら。小渕長官同席。同36分、小渕長官残る。同44分、故木内四郎元科技庁長官の遺族が会葬の礼。羽田孜代議士同席。4時2分、ノーベル経済学賞受賞者のブキャナン米ジョージ・メーソン大教授ら。木内信胤世界経済調査会理事長同席。5時20分、小沢副長官。同54分、私邸。

1988年9月5日(月)

午後、「クリントン米国アーカンソー州知事ら」とあります。その後アメリカ大統領に就任することになるビル・クリントンのことです。

クリントンは、１９７８年に32歳の若さでアーカンソー州知事に当選しますが、道路整備の財源確保のために自動車登録料の値上げをしたことなどが州民の不興を買って次の選挙で落選。しかし１９８２年の選挙で再選を果たし、４期連続当選。この実績を元に、１９９２年のアメリカ大統領選挙に出馬して当選を果たします。

アーカンソー州は、小さな州で経済状態も悪く、クリントン知事としては、日本の企業の進出を求め、日本との貿易を振興させるため、３度にわたって日本を訪れています。

竹下首相を訪問したのも、日本重視の現れでしょう。

ただし、３度にわたる訪日でも、当時は日本人になじみのなかった「アーカンソー州」の若い知事に興味関心を示す政財界人はほとんどおらず、「軽くあしらわれた」という印象を持ったクリントンが、大統領になった後、日本に冷たく当たることになったという説もありますが、定かではありません。

夕方にはブキャナン米ジョージ・メーソン大教授が表敬訪問しています。教授は「公共選択論」を唱え、ケインズ流の経済学は財政赤字を増大させるので、財政支出を抑えるルールが必要だと主張している学者です。

動静　9日

首相【午前】9時51分、皇居。同55分、吹上御所で山本侍従長、高木侍医長。10時30分、勲一等授章式。11時3分、官邸。同7分、小沢官房副長官。同32分、倉成正代議士、初村滝一郎参院議員ら長崎県選出国会議員。

【午後】0時52分、国会。同54分、参院議長応接室で橋本自民党幹事長代理。1時、参院本会議。2時8分、官邸。同16分、米大統領選結果について報道各社のインタビュー。同41分、小渕官房長官。3時2分、「国際花と緑の博覧会」総合プロデューサーの小松左京氏。同20分、丹羽兵助代議士。同30分、小沢副長官。同42分、小渕長官加わる。4時、通産省の村岡審議官、鈴木通商政策局長。同48分、小沢副長官。5時8分、高田内閣広報官。6時38分、私邸。10日午前0時、小沢副長官、青木伊平・首相元秘書。

1988年11月9日(水)

午前中、皇居の吹上御所で生存者叙勲のうちの勲一等の授章式に出席していますが、その直前に、山本侍従長、高木侍医長と会っています。

この頃、昭和天皇は寝たきりの状態となり、下血と輸血を繰り返していました。それが連日の報道となっています。そんな天皇のご容態を確認しようとしたのでしょう。

午後になりますと、アメリカ大統領選挙の結果について報道各社のインタビューに答えています。竹下首相は、「心から当選を祝福する」という談話を出しています。

このとき、大統領に当選したのはブッシュ副大統領。パパ・ブッシュです。それまで副大統領から大統領選挙に挑戦して勝利した人物はいないというジンクスを打ち破っての当選でした。レーガン大統領に続いて共和党政権が続くことになりました。

当時の自民党政権には、過去に訪米してブッシュ副大統領と会談した人も多く、ブッシュ本人も日本をたびたび訪問していました。

そうしたことから、共和党政権が続くことを歓迎する空気が日本の政財界に多かったのです。

しかし、逆に言えば、アメリカの民主党とのパイプづくりが疎かになっていたということでもあります。この4年後、クリントン大統領が誕生して、日本の政府は民主党との関係づくりに追われることになります。

動静 16日

首相【午前】前夜から官邸で待機。9時2分、小渕官房長官。10時58分、ゲッパート米下院議員。マンスフィールド大使、二階堂進、林義郎、羽田孜、柿沢弘治各代議士ら同席。11時4分、小渕長官加わる。同58分、南平台町の故三木元首相宅を弔問。

【午後】0時41分、官邸。1時23分、国会。同25分、自民党代議士会。同32分、衆院議院運営委員長室で三塚委員長ら。同37分、衆院本会議。3時31分、衆院議長室で原議長。同34分、同副議長室で多賀谷副議長。同35分、同議運委員長室で三塚委員長ら。同37分、自民党幹事長室で安倍幹事長ら。同39分、自民党国会対策委員長室で渡部委員長ら。同50分、報道各社のインタビュー。4時14分、私邸。5時54分、五番町の三木事務所で故三木元首相の通夜。6時32分、私邸。

1988年11月16日（水）

消費税が、この日実現に向けて大きく動きました。消費税導入を柱とする税制改革関連6法案が、この日、衆議院を通過したのです。野党の激しい抵抗を押し切っての可決でした。

この後、参議院では社会党、共産党が牛歩戦術（採決の際、投票場所の演壇まで、まるで牛の歩みのように、ゆっくり時間をかけて歩いて採決を引き延ばす方法）で抵抗して徹夜国会となりますが、この年の12月24日、クリスマスイブに参議院でも可決して、成立しました。翌年4月1日から、3％の消費税が実施されました。

消費税導入の影に隠れて、あまり注目されませんでしたが、このとき関連6法案の中には、「所得税法改正案」も含まれていました。これは、所得税の税率を5段階に簡素化して、「所得が高くなると、所得税の割合が高くなり、ほとんどが税金で持って行かれる」と高所得層から評判の悪かった累進課税を緩和しています。

これは、サラリーマンなどの中堅所得層に対する大幅な減税になることは確かで、「消費税を導入する代わりに所得税を減税する」という説明に間違いはありませんでしたが、結果として、高所得層の税率は減る一方、所得税がかからないような低所得層は、買い物のたびに消費税を払う構図になりました。その後の「格差社会」への道筋をつけたとも言えるのです。

動静 23日

首相【午前】8時46分、官邸。同59分、閣議。9時35分、東京・元赤坂の迎賓館。同56分、ビエイラ・ギニアビサウ国家評議会議長。10時20分、ローリングズ・ガーナ暫定国防評議会議長。同50分、ワイツゼッカー西独大統領。11時30分、シュトラウブ・ハンガリー国民議会幹部会議長。

【午後】0時、ムバラク・エジプト大統領。1時32分、カウンダ・ザンビア大統領。2時、ベンカタラマン・インド大統領。同30分、ソリス・パナマ大統領代行。3時、サルネイ・ブラジル大統領。同56分、ブッシュ米大統領。5時15分、アキノ・フィリピン大統領。同45分、ブット・パキスタン首相。6時51分、私邸。

1989年2月23日（木）

この年の1月7日、昭和天皇が崩御されました。その葬式にあたる「大喪の礼」が翌24日に開かれるため、世界各国の代表が弔問に訪れました。弔問に合わせて行われる外交なので、「弔問外交」と呼ばれます。

各国の代表が宿泊している元赤坂の迎賓館で、多くの人と会っています。ギニアビサウはアフリカ西海岸に位置する小国で、世界最貧国のひとつ。日本の援助に期待しているのも訪問の理由のひとつでしょう。ハンガリーやザンビア、ブラジル、フィリピンからは、日本の援助への感謝や、日本からの援助に期待する発言が出ています。

西ドイツもインドも大統領が来ています。両国とも大統領が国家元首ですが、政治の実権は首相が握り、大統領は儀礼的な訪問を担当しています。

これに対して、エジプトやブラジル、アメリカ、フィリピンの大統領は政治の実権も握っていますから、同じ「大統領」であっても、前出の両国より日本を重視していることがうかがえます。

それはパキスタンも同じです。現在のパキスタンは政治体制が変わり、大統領が最大権力者ですが、この当時は首相が政治的実権を持っていました。その首相が訪日しているのですから、会談しないわけにはいきません。

竹下首相はこの月の初めに訪米してブッシュ大統領に会っていますので、短期間に2度の会談になりました。

動静 24日

首相【午前】8時48分、東京・代沢の私邸前で報道各社のインタビュー。9時8分、皇居。10時15分、新宿御苑。同53分、「葬場殿の儀」、引き続いて「大喪の礼」に参列。

【午後】3時14分、東京・八王子市の武蔵陵墓地。4時4分、首相官邸。5時48分、銭其琛中国外相。6時12分、元赤坂の迎賓館で首相夫妻主催のレセプション。8時36分、私邸。

1989年2月24日(金)

昭和天皇の「大喪の礼」が、冷たい雨の降る東京の新宿御苑で行われました。この日は法律で休日となりました。NHKも民放の報道特別番組を流し、民放は終日CM放送を自粛しました。

儀式は、「葬場殿の儀」と「大喪の礼」に分かれています。これは、憲法の「政教分離」の原則により、皇室行事である神道の形式の葬儀と、政府(内閣)主催の大喪の礼を分離したことによります。竹下首相は両方に出席しました。

このうち葬場殿の儀は、会場に鳥居が建てられ、神道の形式で実施されました。それが終わると、鳥居は取り外され、政府主催の大喪の礼に移りました。

この一連の儀式にどこまで参列するかをめぐり、各政党の対応は分かれました。自民党と公明党、民社党は、両方の儀式に出席しました。

公明党議員は創価学会員だけに、神道行事への出席には抵抗感を持つ議員もいたようですが、「亡くなった方に弔意を示す」(矢野絢也委員長)として出席しました。

これに対して、社会党と社民連は、葬場殿の儀の間は休所で待機し、大喪の礼だけ出席するという「政教分離」の方針で臨みました。共産党はどちらも欠席しました。

大喪の礼には、世界各国の国家元首や大使などの弔問客約700人が出席。こうした弔問客をもてなす首相夫妻主催のレセプションが夜に迎賓館で開かれました。

1989年2月28日(火)

この日の午前、竹下首相は衆議院の予算委員会に出席しましたが、午後は出ていません。この日の委員会は、途中で中断。紛糾したからです。

きっかけは、前日の中曽根前首相の記者会見でした。リクルート事件が中曽根内閣時代に起きているため、野党は、国会での証人喚問を要求していました。これに対して中曽根前首相は、記者会見で、「疑惑がないので必要ない」と突っぱねたのです。これが各党を刺激しました。

この日の争点は、リクルートの江副浩正前会長を政府の税制調査会特別委員に推薦したのは誰か、ということでした。

前日の記者会見で中曽根前首相は、具体的な人選には関与していないことを強調しましたが、実際には、前首相の強い意向で江副前会長が委員に入ったことは明らかだと野党が追及しました。

このリクルート事件で予算審議は進まず、結局、竹下首相は、予算成立と引き換えに首相を辞任することになっていきます。

この日の夜は、永田町の料理屋「まん賀ん」で自民党の代議士たちと会食しています。この当時、「まん賀ん」という高級料亭の名前がしばしば登場します。政治家が料亭で政治をするという、いわゆる「料亭政治」の象徴のような店でしたが、料亭政治批判が強まり、その後、閉店してしまいます。跡地は、高級料亭の面影を残したまま蕎麦店になっています。

動静　28日

首相【午前】8時51分、国会。9時1分、閣議。同24分、丹羽労相、的場内閣内政審議室長。10時、衆院予算委員会。

【午後】1時、国会内大臣室で田中龍夫日仏議員連盟会長。3時2分、小渕官房長官、的場内政室長。同5分、梶山自民党竹下派事務総長加わる。同54分、小沢官房副長官。4時55分、橋本龍太郎幹事長代理加わる。5時5分、綿貫民輔衆院予算委理事加わる。同27分、青木環境庁長官。同58分、渡辺政調会長。6時32分、橋本幹事長代理、小渕長官。7時5分、的場内政室長。同12分、小渕長官加わる。同35分、永田町の料理屋「まん賀ん」で自民党当選五回生代議士の集まり「革政会」。安倍幹事長、渡辺政調会長同席。9時35分、私邸。

第9章

「3本指」で失脚

――宇野宗佑

多趣味の風流人が、ピンチヒッターで首相になったところ、それを見た元愛人が、「こんな人が首相になるべきではない」と告発。現職総理のスキャンダルとなり、参議院選挙の敗北の責任をとって、在任わずか69日で退陣に追い込まれた。

これが、宇野宗佑首相です。戦後の首相在任日数としては、当時、3番目に短い記録になりました。ちなみに、最短日数は終戦直後の東《ひがし》久《く》邇宮《にのみや》稔彦《なるひこ》王《おう》ですが、これは、敗戦処理の特殊事情でした。2番目の短命内閣は石橋湛山ですが、これは病気でした。

竹下内閣は、消費税を導入した上、リクルート事件の広がりに対する世論の批判を受け、1989年4月に辞意を表明しました。

しかし、本来なら後任の有力候補だった安倍晋太郎、宮沢喜一、渡辺美智雄ら自民党の実力者が軒並みリクルート事件に関与していたため、動きがとれませんでした。

このため、自民党内では清廉な政治家として知られていた伊東正義を首相に推す声が大勢となりましたが、伊東本人は、「本の表紙を変えても、中身を変えなければだめだ」と固辞しました。「以後、首相の座を断った男」として有名になります。

有力候補は身動きとれず、国民からの支持が高い人物には断られ、困った挙句が、宇野宗佑の擁立でした。

竹下内閣で外相だった宇野は、リクルート事件への関与がなく、総理総裁任期を満了した中曽根の派閥ナンバー2であることなどから、いわば消去法で選ばれました。ピンチヒッターだったのです。

ただし、二階堂グループの山下元利・元防衛庁長官も総裁に立候補を表明しますが、自民党両院議員総会では起立多数で宇野が自民党総裁に選出され、首相に就任しました。

このとき山下擁立に動いた若手の中心メンバーのひとりが亀井静香・現国民新党代表です。

これ以降、亀井は自民党の中で存在感を高めていきます。

宇野本人は滋賀県出身で、旧制神戸商業大学（いまの神戸大学）に在学中、学徒出陣。朝鮮北部で終戦を迎えた後、ソ連によって2年間抑留されました。

1948年、抑留の体験を書いた『ダモイ・トウキョウ』（ロシア語で「東京に帰ろう」の意）を出版し、ベストセラーになりました。

1989年6月3日、宇野内閣が発足します。リクルート事件との関連が薄いクリーンなイメージの内閣として発足しましたが、首相就任発足3日後に発売された『サンデー毎日』が、女性スキャンダルを報じ、これが命取りとなりました。

宇野が、神楽坂の芸妓に対して、手の真ん中の指3本を握り、「これでどうだ」と言ったという告発記事を掲載したのです。

「指3本」とは毎月の手当て30万円という意味で、「自分の愛人になってくれれば、これだけ出す」という意味だったというのです。

当時の日本のマスコミは、政治家の女性問題に寛容で、こうした記事を掲載することはありませんでしたが、『サンデー毎日』は、そのタブーを破ったのです。

ただし、他のマスコミは、これを黙殺。ところが、海外のマスコミが報じると、それが逆輸入される形で日本でも取り上げられるようになり、日本の政界を揺るがすスキャンダルに発展しました。

就任翌月の7月23日の参議院選挙では、宇野は自民党総裁であり首相であるにもかかわらず、自民党候補の応援要請はなく、選挙中、宇野首相はどこにも遊説することがないという状態になりました。

選挙の結果は、リクルート問題、消費税問題、首相の女性問題の「3点セット」で、自民党が大敗。改選議席69議席に対して、36議席しか獲得できず、参議院では自民党の結党以来初の過半数割れとなりました。

選挙の翌日、宇野は退陣を表明し、後任に海部俊樹が選ばれることになります。記者会見で心境を尋ねられた宇野は、「明鏡止水の心境であります」と答えました。

政治家としてはともかく、宇野はピアノの腕は素人の域を脱し、乗馬を楽しみ、俳人として句集を出すなど、多趣味の風流人として知られていました。

動静 2日

宇野首相【午前】8時25分、私邸前で報道各社のインタビュー。同34分、外務省。同35分、西垣大蔵事務次官、杉山通産事務次官ら。同52分、官邸。同59分、閣議。9時14分、竹下首相。小渕官房長官同席。同34分、国会。同36分、国会内外務省政府委員室で閣議後の記者会見。同51分、自民党本部。10時4分、両院議員総会。11時6分、総裁室で橋本龍太郎幹事長代理、村田敬次郎副幹事長ら。同24分、報道各社の写真撮影。同30分、総裁就任の記者会見。

【午後】正午、写真室で総裁用の写真撮り。0時10分、官邸。同13分、小食堂で竹下首相と昼食。同23分、小渕長官、小沢官房副長官加わる。同41分、臨時閣議。同55分、竹下首相。小渕長官同席。1時5分、外務省。同7分、外務省幹部とお別れパーティー。同40分、記者会見。同49分、国会。2時2分、衆院本会議。3時43分、国会内大臣室で竹下前首相と会談。4時6分、衆参両院正副議長、各党会派などをあいさつ回り。同49分、党本部。5時2分、総務会。同21分、総裁室で小渕前官房長官。同52分、小沢前官房副長官加わる。同54分、橋本龍太郎幹事長、村田敬次郎政調会長、水野清総務会長の新三役と塩川正十郎自民党安倍派事務総長加わる。6時23分、山内参院自民党議員会長加わる。同27分、小沢前副長官出る。同30分、梶木参院党幹事長加わる。同35分、官邸。同37分、塩川安倍派事務総長。同46分、橋本幹事長、水野総務会長、山内議員会長加わる。同50分、村田政調会長加わる。8時8分、野中英二代議士を手始めに新閣僚の呼び込みが始まる。同10分、塩川官房長官出る。同30分、塩川長官。同58分、党四役が出る。9時6分、石原官房副長官。同40分、塩川長官、石原副長官出る。同52分、的場内政審議室長。10時16分、私邸。同30分、地元滋賀県守山市の高田信昭市長ら。

1989年6月2日（金）

この本ではお馴染みになった新首相誕生と組閣の様子です。午後の衆議院本会議で首相の指名を受け、組閣に着手しました。

竹下内閣では、リクルートからの献金が発覚して大臣が辞任に追い込まれるケースが相次いだため、組閣に当たっては、リクルートとの関係がないか、いわゆる「身体検査」が入念に行われました。首相自身の「身体検査」が行われなかったという皮肉な事実がまもなく判明するのですが。

組閣では、通産相、運輸相、郵政相などの有力ポストを竹下派が確保しました。

竹下内閣時代は、前任者の中曽根から後継指名を受けたこともあって、重要ポストを中曽根派に渡していましたが、宇野内閣実現に当たっては竹下派が主導的な役割を果たしたこともあって、今度は「竹下なき竹下内閣」の色彩が濃くなりました。

宇野内閣の組閣に当たって、宇野首相は、新鮮さ・清廉さを示すために女性閣僚の起用を考えましたが、各派閥が、「女性大臣ならわが派閥の女性を」という売り込みが相次いで、4人の候補が譲らぬ形となり、結局、女性閣僚は立ち消えになりました。

女性議員が、実力ではなく「象徴」としてしか扱われていなかったことがうかがえます。また、民間人の起用も、打診した人物から断られて実現しませんでした。

動静 11・12日

首相 （11日）午前、公邸で色紙を書くなどして過ごす。午後1時57分、本郷の順天堂大付属順天堂医院に安倍前自民党幹事長を見舞う。

（12日）【午前】9時37分、官邸。同49分、国会。同51分、大臣室。10時2分、衆院予算委員会。

【午後】0時、大臣室。同5分、政府・自民党首脳会議。同24分、自民党の橋本幹事長、水野総務会長、村田政調会長、山内参院議員会長、江藤幹事長代理、塩川官房長官、牧野官房副長官残る。同38分、橋本、村田、山内各氏出る。同39分、水野、塩川両氏出る。同42分、江藤氏出る。同48分、再び塩川長官加わる。1時、衆院予算委員会。6時16分、一番町の料理店「藍亭」で故大平元首相をしのぶ会。7時5分、公邸。

1989年6月12日（月）

衆議院の予算委員会で、宇野首相の女性問題が取り上げられました。社会党、民社党、共産党の野党議員が、宇野首相を追及したのです。

予算委員会と女性問題はどういう関係にあるのか、という突っ込みを入れたくなりますが、予算委員会は、政治に関するあらゆることについて論議していいという伝統があるため、「首相の資質」を問うという形で野党が取り上げ、追及しました。

宇野首相は、「私個人の問題についての質問だ。公の席で申し上げることは避けたい」と、事実関係について否定することなく言及を避けるという態度に出ました。国会法一一九条に、「各議院において、無礼の言を用い、または他人の私生活にわたる言論をしてはならない」という規定があるので、これを根拠にしたのです。

この中で民社党の議員が質問中に、中尾栄一予算委員長（自民）が質問をさえぎり、「春日一幸先生のこともある」と発言しました。春日一幸氏は、かつて民社党の委員長で故人です。中尾委員長は、暗に「春日先生だって女性問題を抱えていたではないか。追及できる立場なのか」とほのめかしたのです。

この発言は問題になり、委員会終了後に開かれた理事会で、春日一幸氏の名前を出した部分を議事録から削除することで合意しました。やれ、やれ、という感じですね。この頃は、こんなレベルだったのです。

動静 26日

首相【午前】7時44分、公邸で牧野官房副長官。8時23分、石井一・自民党全国組織委員長。9時5分、杉並区和田の立正佼成会本部で庭野日敬会長ら。同48分、代々木の妙智会教団本部で宮本丈靖会長ら。10時22分、神宮前の生長の家本部で谷口清超総裁ら。11時3分、官邸。同29分、野村忠策コスタリカ大使。同42分、高木敬次郎日本薬剤師連盟会長、内藤祐次日本製薬工業協会長ら。石井道子参院議員同席。同45分、自治省の浅野選挙部長。

【午後】正午、政府・自民党首脳会議。同20分、小食堂で自民党の橋本幹事長、水野総務会長、村田政調会長、江藤幹事長代理。塩川官房長官、牧野副長官同席。1時1分、千代田区丸の内の東商ホールで日本商工会議所、東京商工会議所役員らと懇談。自民党新役員同席。2時8分、丸の内の銀行会館での全国銀行大会であいさつ。同47分、官邸。同50分、滋賀県蒲生郡町村会の安井一嗣会長、町村議長会の青木昭二会長ら。3時、会見室で内閣記者会と記者会見。4時25分、大蔵省の平沢、西垣新旧事務次官ら。同46分、山村運輸相。5時3分、久野忠治日朝友好議連会長。同28分、河本嘉久蔵参院議員。同39分、増岡博之代議士。6時、紀尾井町の料理店「福田家」で自民党の水野総務会長ら総務会メンバーと懇談。塩川長官同席。7時18分、公邸。8時24分、堀之内農水相。同26分、江藤幹事長代理、牧野副長官加わる。

1989年6月26日（月）

参議院選挙を翌月に控え、宇野首相は、宗教団体めぐりを始めました。

参議院選挙の全国区は、比例代表。当時の選挙制度では、有権者は政党名を書いて投票し、党があらかじめ決めた名簿順に当選者が決まっていくという方式でした。投票で「自民党」と書いてもらうため、全国に組織を持つ有力な宗教団体に、支持を働きかけたのです。

当時の自民党は公明党と距離を置いていましたから、創価学会と対立関係にある宗教団体に支持を呼びかけることができました。

首相が、どんな宗教団体のトップと会っているかで、選挙で影響力を行使する宗教団体の姿が見えてきます。この日は、立正佼成会、妙智会、生長の家のトップと会っています。

午後からは、日本商工会議所、東京商工会議所役員と会い、全国銀行大会で挨拶するなど多忙なスケジュールをこなしています。

また、参議院議員の出入りも激しくなってきました。選挙で有利になるように、さまざまな働きかけが強まっていることを示しています。

夜になりますと、久々に紀尾井町の料理店「福田家」が登場します。この当時は、まだまだ料亭政治健在なり、ということでしょう。

２００４年の衆議院選挙で当選した「小泉チルドレン」のひとりが、「料亭に行ってみたい」と発言したほどですから。

動静 27日

首相【午前】9時11分、官邸。同15分、大ホールで政府・自民党経済構造調整推進本部。10時5分、閣議。同27分、山崎防衛庁長官残る。同33分、多田、古川新旧首席内閣参事官。同38分、岸田文武自民党経理局長。同55分、田中敬日本輸出入銀行総裁。11時5分、滋賀県の稲葉稔知事、西村政之県議会議長。同14分、赤沢璋一日本貿易振興会理事長。23分、アハーン豪州クイーンズランド州首相。

【午後】正午、大食堂で全日本仏教会の野口善雄理事長、白川良純事務総長ら。同32分、神社本庁の臼井永二総長、神道政治連盟の服部貞弘会長。同55分、世界救世教の岡田斎教主ら。1時12分、仏所護念会の関口徳高副会長。同30分、中村、内田新旧科学技術事務次官ら。同32分、澄田日本銀行総裁。2時1分、大ホールで物価安定政策会議。3時18分、林、服部新旧運輸事務次官。同20分、児玉、杉山新旧通産事務次官ら。同50分、マレーシアのラフィダ・アジズ貿易産業相。4時17分、ホセイン・バングラデシュ運輸相。同53分、岸昌大阪府知事、宇野収関西経済連合会会長、佐治敬三大阪商工会議所会頭ら。5時6分、四極フォーラム日本会議代表世話人の大来佐武郎元外相、同会議政界人懇談会代表世話人の伊東前自民党総務会長ら。同25分、戸塚進也代議士。同29分、板垣正参院議員。同46分、村岡郵政相。同58分、公邸。6時、奥田自民党国会対策委員長、新旧国対副委員長。塩川官房長官同席。9時、高田内閣広報官。同17分、橋本自民党幹事長、糸山英太郎代議士ら加わる。10時2分、熊川次男代議士加わる。

1989年6月27日(火)

前日に引き続き、宗教団体の幹部と会っています。

この日は、全日本仏教会、神社本庁、神道政治連盟、世界救世教、仏所護念会です。

さらに翌日には、霊友会、実践倫理宏正会、教派神道連合会、日本キリスト教連合会、新日本宗教団体連合会の代表と会談しています。

神道、仏教、キリスト教、新興宗教。さまざまな団体に協力を求める。「なんでもあり」の自民党を象徴するような行動録になっています。

この日は、宇野首相に「四極フォーラム日本会議」の代表世話人らが面会したという記述もあります。

これは、硬直化したサミットの活性化を目指して、1982年に日米カナダ欧州の四極の代表が集まって形成した組織です。

1989年の年次総会は3月にベルギーのブリュッセルで開かれ、これを受けて開かれた日本会議の「日本会議アピール」を宇野首相に届けに来たのです。

四極フォーラムは、その後、冷戦が終わったのを受けて、1991年に「グローバル・フォーラム」に衣替えします。参加国も、アジアや南米、中東欧、ロシアの代表が参加するようになっていきます。1996年からは、運営主体が日本の組織となりました。

第10章

湾岸戦争に対応できず

——海部俊樹

首相は、その政治的実力よりも、国民受けがいいかどうかで選ばれる。このところ何代か、そうした選ばれ方が続いたと考えられていますが、実は、もうこの頃から始まっていたのです。

竹下内閣がリクルート事件と消費税問題で支持率が下がると、消去法で宇野内閣が成立しましたが、これまた女性スキャンダルが出ると、次には、恐妻家として知られ、「絶対スキャンダルの出ない男」として、海部俊樹が選ばれました。

海部は早稲田大学雄弁会出身で、竹下派の同窓の竹下、渡部恒三、小渕恵三と親しいという点も決め手になりました。

海部は雄弁会時代、「海部の前に海部なく、海部の後に海部なし」と会長が評したほどの演説上手で知られました。

衆議院議員に当選すると、師匠の三木武夫から、「君は早口だから、間の取り方を学ぶように」と言われ、上野の本牧亭に通って落語の間の取り方を研究したほどです。

その一方で、「演説は上手だが、後に何も残らない」と評されることもありました。初当選した選挙のときのスローガンが「財布は落としても海部は落とすな」というほど、軽薄な面があったからです。

自民党内では弱小勢力の三木派、後継の河本派に所属しました。派閥の領袖の河本敏夫は、事実上のオーナーだった三光汽船の倒産の責任をとる形で総裁選挙に出られない状態だったこともあり、海部の出馬を促しました。

出身母体が弱小勢力だったこと、最大勢力の竹下派の支援を受けていたことなどから、海部内閣は竹下派の傀儡《かいらい》政権でした。

それでも就任当時58歳。初めての昭和生まれの若い首相であること、弁舌さわやかであることなどから国民の支持は高く、政権は2年3か月続きました。

自身の内閣の山下徳夫官房長官の女性スキャンダルが表面化すると、森山真弓を女性初の官房長官にするなど、女性の支持を意識した政治を進めました。

しかし、国際情勢に疎く、政治的決断力のないことがわかってしまいます。それが湾岸戦争への対応でした。

1990年、イラク軍がクウェートに侵攻すると、翌年、米軍を中心とする多国籍軍がイラクを攻撃しました。これが湾岸戦争の勃発です。

このとき日本は多国籍軍に対して、当初90億ドル

もの支援をしましたが、「日本は金を出すだけだ」と低い評価しか得られませんでした。湾岸戦争後、クウェート政府はアメリカの新聞に、支援してくれた国家への感謝広告を掲載しましたが、この中に日本の名前がなかったのです。

また、この頃政治改革への動きが高まりますが、海部首相は、自民党内をまとめることができずに法案は廃案となってしまいます。これに怒った海部首相は１９９１年の秋、衆議院を解散しようとしますが、竹下派の逆鱗に触れて断念。11月に内閣総辞職を余儀なくされます。

これにより、「衆議院を自ら解散できない首相は力がない」という評価が定まります。２００９年、麻生首相が自らの手で衆議院を解散することに固執した理由のひとつではないかと私は考えています。

海部は3年後、新生党の小沢一郎の誘いに乗って自民党を飛び出し、首相候補となりますが、自民党は社会党の村山富市を首相候補に担ぎ出したために敗北。新生党から変わった新進党の党首に就任しますが、新進党解体後、自民党に復党しました。

２００９年8月の衆議院総選挙に海部は立候補しますが、敗北。「総理経験者が落選した」と話題になりました。

動静 9日

海部首相【午前】9時7分、自宅に近藤鉄雄代議士。同13分、自宅前で報道各社のインタビュー。同33分、虎ノ門のホテルオークラ別館。近藤代議士。
【午後】0時52分、国会。1時1分、衆院本会議。同37分、国会内の自民党総裁室で近藤代議士。同46分、愛知県の鈴木礼治知事、児島貢県議会議長。同48分、川添利幸・中央大学長。3時31分、衆院本会議。同43分、ホテルオークラ別館。5時32分、衆院本会議。同38分、大臣室で宇野前首相と引き継ぎ。奥田敬和、玉沢徳一郎自民党正副国会対策委員長同席。同47分から衆参両院正副議長や各党をあいさつ回り。6時31分、自民党本部。同36分、総務会。同52分、官邸。同53分、近藤代議士。7時30分、山下徳夫代議士。8時1分、石原官房副長官。9時56分、自民党の小沢幹事長、三塚政調会長、長田参院議員会長。10時6分、唐沢総務会長。同26分、経済評論家の高原須美子さんを皮切りに新閣僚の呼び込みが始まる。11時43分、山下長官が閣僚名簿の発表などを終えて戻る。同49分、閣僚呼び込みを終え、党四役が出る。10日午前0時16分、私邸。近藤代議士。

1989年8月9日（水）

首相に指名され、海部内閣の組閣が行われました。時刻を見ると、海部首相が組閣作業のために首相官邸に入ったのは午後6時52分。その後、大臣の呼び込みが始まったのは午後10時26分でした。3時間以上かかっています。誰をどの大臣にするか、なかなかまとまらなかったことがうかがえます。

この当時の内閣は、各派閥から何人の大臣を出すかが、大きな焦点でした。自民党政権時代、当選回数が6回に達すると、「大臣適齢期」。ベテラン議員として大臣になれると期待が高まります。本人が所属している派閥でも、「今回の内閣では、この人を大臣にしてほしい」という要望を出します。各派閥の要望にどこまで応え、後にしこりを残さないようにするのが首相の手腕の見せ所でした。

大臣に必要な能力が問われことはなく、当選回数と派閥のバランスばかりが優先された結果、官主導と呼ばれる体制が築かれていたのです。

海部内閣では、海部選出に力を尽くした竹下、安倍、旧中曽根派が主要ポストを分け合っています。これぞ論功行賞です。

それでも海部首相本人の強い希望で、女性閣僚が2人誕生しています。森山真弓環境庁長官と、経済評論家の高原須美子経済企画庁長官です。環境庁と経済企画庁という〝軽量官庁〟ではありますが。

動静　21日

首相【午前】8時58分、自民党本部。9時1分、総裁室で党基本問題調査会の長谷川峻会長から総裁公選制度の改正答申を受ける。同26分、丸の内の東商ビルでの日本商工会議所総会であいさつ。同54分、官邸。同56分、立石電機の立石義雄社長。10時14分、大食堂でテレビ朝日の「総理と語る」の録画撮り。【午後】0時1分、ワイゲル西独蔵相。同56分、自民党の中村喜四郎総務局長。1時16分、オーストラリアのピーコック自由党首。同47分、伊藤正己前最高裁判事。2時1分、大ホールで「活力ある地域づくりに関する懇談会」の初会合。4時5分、園部逸夫最高裁判事。同20分、フィンランドのホルケリ首相。オパス駐日大使ら同席。5時、石原官房副長官。同4分、水野総務庁長官。同15分、公邸。6時30分、紀尾井町のホテルニューオータニで国際民主同盟（IDU）党首会議のカクテル・レセプション。7時43分、官邸。8時16分、大食堂で首相主催夕食会。サッチャー英首相、クエール米副大統領出席。9時45分、公邸。

1989年9月21日（木）

午前中、首相官邸の大食堂でテレビ朝日の「総理と語る」を収録しています。この番組は、ＮＨＫと民放各局が持ち回りで制作します。この日は作家の曽野綾子さんが対談相手の１人でした。

就任から40日あまりたった感想を聞かれ、「相談相手がいないまま孤独な決断をすることがある」という趣旨の発言をしています。首相の座は孤独なのです。

午後には「活力ある地域づくりに関する懇談会」の初会合が開かれています。座長は日経連の鈴木永二会長です。竹下内閣当時の「ふるさと創生」事業のその後を話し合うものです。海部首相の私的懇談会ですが、「竹下元首相の理念は引き継ぎますよ」という、竹下派への配慮がうかがえます。

この日、東京で「国際民主同盟」の党首会議が開かれたため、来日したアメリカのクエール副大統領やイギリスのサッチャー首相と会談しています。夜は首相主催の夕食会。首相の仕事も多彩です。

国際民主同盟は１９８３年に設立されました。保守主義を標榜するという共通点のある西側諸国の政党が加盟しています。本部はロンドンにあり、アメリカは共和党、イギリスは保守党が加盟しています。現在の議長は、オーストラリアのジョン・ハワード前首相です。

ちなみに、この当時は自民党も加盟していたのですが、現在は離れています。

動静 10日

首相 午前中は、宿泊していた虎ノ門のホテルオークラで、水泳など。午後3時、外務省の有馬北米局長、谷野アジア局長。4時28分、公邸。5時15分、長谷川峻代議士夫妻。6時24分、東京・神南の国立代々木競技場第一体育館で幸世夫人とともにオペラ「アイーダ」を鑑賞。7時43分、公邸。8時23分、米国のスコウクロフト大統領補佐官、イーグルバーガー国務副長官。アマコスト米駐日大使同席。

1989年12月10日(日)

「宿泊していた虎ノ門のホテルオークラで、水泳など」とあります。

海部首相は、ホテルオークラを定宿にしていて、仕事が立て込んだりしたときに、自宅にも公邸にも帰らず、ホテルに宿泊しています。わざわざホテルに泊まるのは、どうしてなのか。ホテル宿泊時には、ホテル内の施設で、水泳をしたり体操をしたりしています。体力維持に努めているようです。

麻生首相は、早朝ウォーキングでしたが、海部首相はホテルで水泳。こちらの方が、よほどセレブですね。

夕方からはオペラ「アイーダ」を奥さんと鑑賞しています。

夜に公邸でアメリカのスコウクロフト大統領補佐官やイーグルバーガー国務副長官と会っています。スコウクロフト補佐官は国家安全保障担当です。このメンバーは、中国で鄧小平前中央軍事委員会主席と会い、米中関係正常化に向けて話し合っていました。その内容を、同盟国の日本に伝えるために、帰路立ち寄ったものです。

この年の6月、中国では民主化を求める学生たちの動きを、鄧小平の命令を受けた人民解放軍の戦車が踏み潰すという「天安門事件」が起きています。この動きを強く非難したアメリカと中国の関係は冷え切っていました。しかし、アメリカとしても、いつまでも中国と緊張関係を続けておくことは得策ではないと判断したのです。

1990年1月1日(月)・2日(火)

新年元日は首相官邸中庭で年始客と懇談しています。午後からは箱根のプリンスホテルへ。首相官邸の職員が正月休みをとれるように、この時期、首相は官邸を離れることを求められるからです。

翌2日は芦ノ湖で遊覧船に乗るとは、なんとものんびりしています。河野洋平代議士が付き添っているのは、河野代議士が神奈川県選出だからですね。その後、箱根駅伝の往路のゴール地点で駅伝を観戦しています。

首相はイメージが大切。若々しくスポーツ好きのイメージを広げるためにも、正月恒例の箱根駅伝の観戦は、箱根での正月休みを取れるし、テレビニュースにもなるし、一石二鳥です。

ちなみに、このとき往路優勝は大東文化大学。翌日の復路優勝は中央大学で、総合優勝は大東文化大学です。

海部首相は、実はこの2日が59歳の誕生日。記者団から新年の抱負を聞かれると、「改めてといっても…。一生懸命やります」という、つまらない決意表明になってしまっています。

夜は、河野夫妻の他に、やはり神奈川県選出の小泉純一郎・自民党全国組織委員長が加わって食事をしています。

動静 1・2日

首相（1日）午前10時50分、官邸中庭で年始客と懇談。自民党の小沢幹事長、森山官房長官、渡部自治相、後藤法相、福島労相、江藤運輸相、鹿野農水相ら。午後1時10分、公邸。3時20分、小和田外務審議官。5時50分、幸世夫人らと神奈川県箱根町の箱根プリンスホテル。

（2日）午前11時38分、河野洋平代議士、青木半治日本体育協会会長と懇談。正午、河野氏らと遊覧船で芦ノ湖一周。午後0時45分、箱根町の大学駅伝ゴール地点。休憩のあと観戦。2時20分、箱根プリンスホテル。5時40分、小泉純一郎自民党全国組織委員長。6時15分、河野代議士夫妻も加わり夕食。

動静 5・6日

首相（5日）【午前】11時、公邸で大島官房副長官。同20分、坂本官房長官加わる。同30分、森田内閣情報調査室長加わる。同48分、森田室長出る。

【午後】0時10分、森田室長加わる。同18分、大島副長官出る。同20分、森田室長出る。同43分、森田室長加わる。同50分、大島副長官加わる。1時2分、森田室長出る。同25分、石原官房副長官加わる。同57分、中山外相、外務省の栗山外務事務次官、小和田外務審議官、渡辺中近東アフリカ局長加わる。2時26分、有馬内閣外政審議室長加わる。3時1分、石原副長官出る。同2分、中山外相、栗山次官ら外務省関係者出る。同12分、坂本長官出る。6時8分、石原副長官。同30分、武藤通産相加わる。同52分、中山外相、橋本蔵相加わる。同58分、坂本長官加わる。7時43分、中山外相、橋本蔵相、武藤通産相出る。同46分、松浦外務省北米局長加わる。8時、ブッシュ米大統領と電話会談。同30分、松浦北米局長出る。同40分、坂本長官出る。

（6日）【午前】6時4分、羽田空港。同16分、全日空特別機で同空港発。7時23分、広島空港着。同40分、広島市中区の平和記念公園で広島市原爆死没者慰霊式並びに平和祈念式。8時57分、平和記念資料館視察。9時36分、同市内の原爆養護ホーム「舟入むつみ園」慰問。10時17分、広島グランドホテル。同46分、記者会見。11時10分、竹下虎之助広島県知事、荒木武広島市長らの陳情を受ける。同33分、被爆者代表から要望を聞く会。

【午後】0時17分、昼食。津島厚相ら同席。同55分、広島空港。1時6分、全日空特別機で同空港発。2時17分、羽田空港着。3時5分、公邸。4時53分、東五反田の「イマジカ」で映画「天と地と」観賞。幸世夫人、石原官房副長官夫妻、角川春樹・角川書店社長ら同席。7時28分、北青山のレストランで家族らと夕食。9時47分、公邸。

1990年8月5日(日)・6日(月)

8月2日、イラク軍がクウェートを侵攻しました。その前から中東訪問を予定していた海部内閣にとっては衝撃です。

5日は日曜日にもかかわらず、官房長官や官房副長官が駆けつけ、内閣情報調査室長は一日中、出たり入ったりを繰り返しています。情報収集に当たっては首相に報告している様子がわかります。内閣情報調査室には、アメリカCIAからの情報が、それなりに届くからです。

午後からは外務省幹部も詰め掛けています。夜にはアメリカのブッシュ大統領との電話会談もありました。パパ・ブッシュ大統領は、イラク包囲網を築くために、各国の協力を求めていました。

アメリカのブッシュ大統領は、しばしば海部首相に電話をかけてきていまして、これを海部首相は「ブッシュホン」と称しました。

こうした時期に、海部首相は8月16日からトルコ、サウジアラビア、オマーン、ヨルダン、エジプトの5か国を訪問することになっていました。

本来なら、イラク包囲網形成に協力するなど、国際的影響力と国際プレゼンスを発揮する機会でしたが、そもそも「イラク軍侵攻」の一報を聞いたときに、「それでどうしたの?」と聞き返したと言われる海部首相には、それだけの力もセンスもなく、「時期が悪い」ということになり、中東歴訪は10月に延期されました。

動静 15日

首相【午前】8時9分、順天堂大付属順天堂医院。安倍晋太郎氏の弔問。31分、公邸。10時31分、官邸。報道各社のインタビュー。42分、多田首席内閣参事官。11時、防衛庁の畠山防衛、坪井人事両局長。55分、稲橋総理府賞勲局長。

【午後】0時26分、坂本官房長官と昼食。1時、韓日議員連盟の鄭石謨幹事長ら。原田憲、戸塚進也両代議士同席。36分、東京会館。日経連総会。2時8分、官邸。13分、経済企画庁の勝村、星野新旧次官。3時1分、大島官房副長官。4分、栗山外務次官。4時5分、田中誠一松山市長。関谷郵政相ら同席。15分、文部省の国分次官、坂元官房長。29分、民社党の大内委員長、中野政審会長ら。51分、村岡運輸相、今枝運輸政務次官。58分、高島肇久NHK報道局長ら。5時1分、初村滝一郎参院議員。40分、公邸。6時7分、渋谷区富ケ谷の安倍氏宅で仮通夜。7時24分、公邸。

1991年5月15日（水）

この日、安倍晋太郎が入院先の順天堂大学附属順天堂医院で、すい臓がんのために死去しました。67歳でした。

安倍は、竹下登、宮沢喜一と共に「ニューリーダー」と呼ばれ、やがては首相になる人材と自他共に認めていました。やがては首相になる逸材という意味で「プリンス」とも呼ばれましたが、人がいいことから、「プリンスはプリンスでも甘いプリンスメロン」と揶揄されました。

毎日新聞の記者でしたが、岸信介の長女・洋子と結婚し、政治家の道に入ります。

首相目前にして、秘書がリクルートコスモスから未公開株の譲渡を受けていたことが判明し、首相の座が遠のきます。

再起を期して安倍派の拡大に力を入れていましたが、病に倒れました。

海部首相は、朝は病院に弔問に行き、夜は仮通夜に出席しています。午前中に総理府賞勲局長が官邸に来ているのは、安倍に勲一等旭日桐花大綬章を贈ることを決めたからで、その手続きです。

夕方にはＮＨＫの高島肇久報道局長が来ています。「ＮＨＫニュース21」のキャスターを務めた高島氏は、このとき報道局長就任の挨拶です。ＮＨＫに限らず、新聞・民放各社とも、編集局長や報道局長、あるいは政治部長に就任すると、首相に挨拶するために訪問する慣例があるからです。

第11章

政治改革で蹉跌

——宮沢喜一

海部退陣の後の自民党総裁選挙には、宮沢喜一、渡辺美智雄、三塚博の3人が立候補しました。

大派閥の竹下派は、独自候補の擁立をせず、誰を支持するかを検討することになりました。この際、竹下派の小沢一郎会長代行が、3人の候補を自分の事務所で面接し、結果を金丸信会長に報告。派として宮沢支持を決め、これが宮沢総裁実現の決め手になりました。

小沢一郎は自分の事務所で3人の候補と面接したことから、「若輩者の小沢が、年配の3人を呼びつけた」と受け止められ、「傲岸不遜の小沢一郎」のイメージが定着しました。小沢に言わせると、「事務所にうかがいますというので、お待ちした」ということになるのですが。

宮沢は早くから将来のホープとして首相候補の呼び声が高かったのですが、田中角栄とはそりが合わず、田中派と距離を置いていたため、首相にはなれないままでした。田中派から飛び出した竹下派によって首相の座に押し上げられたのです。

東京帝国大学法学部から大蔵省という典型的なエリートコースを歩んだ宮沢は、池田勇人元首相が大蔵大臣だったときから秘書官として仕え、池田内閣の政策立案に当たりました。

歴代の首相の中では群を抜いて知性派で、英語も堪能。「ニューヨークタイムズ」を愛読し、英字ニュース週刊誌『タイム』をいつも小脇に抱えている姿は、「嫌味」と受け止める人も多かったようです。

初めて会う新聞記者などには、「君は何年の卒?」という質問をよくしていました。相手が東京大学を

郵便はがき

料金受取人払郵便

芝支店承認

7351

差出有効期間
平成23年2月
28日まで
切手はいりません

105-8790

107

東京都港区芝3-4-11
芝シティビル

株式会社ビジネス社

愛読者係 行

ご住所 〒 TEL : ( ) FAX : ( )			
フリガナ お名前		年齢 歳	性別 男・女
ご職業	メールアドレスまたはFAX メールまたはFAXによる新刊案内をご希望の方は、ご記入下さい。		
お買い上げ日・書店名 年 月 日	市区 町村		書店

ご購読ありがとうございました。今後の出版企画の参考に
致したいと存じますので、ぜひご意見をお聞かせください。

書籍名

お買い求めの動機
1　書店で見て　　2　新聞広告（紙名　　　　　　　　　）
3　書評・新刊紹介（掲載紙名　　　　　　　　　）
4　知人・同僚のすすめ　　5　上司、先生のすすめ　　6　その他

本書の装幀（カバー），デザインなどに関するご感想
1　洒落ていた　　2　めだっていた　　3　タイトルがよい
4　まあまあ　　5　よくない　　6　その他(　　　　　　　　　)

本書の定価についてご意見をお聞かせください
1　高い　　2　安い　　3　手ごろ　　4　その他(　　　　　　　　　)

本書についてご意見をお聞かせください

どんな出版をご希望ですか（著者、テーマなど）

卒業していることを当然の前提としての質問だったのです。

その一方、なかなかの酒乱で、酒の席での失敗もよくありました。

本人は自民党の中では護憲派で、自衛隊の海外派遣には慎重でしたが、宮沢内閣成立の立役者になった竹下派の小沢一郎などに押されて、PKO（国連平和維持活動）に自衛隊を派遣できるようにする「PKO協力法案」を国会に提出。1992年6月に成立させています。

宮沢内閣の後半は、「政治改革」が大きなテーマになりました。

1992年1月、元北海道・沖縄開発庁長官の阿部文男代議士が、鉄骨加工メーカーから9000万円を受け取っていた収賄の容疑で東京地検特捜部に逮捕されました。

さらに、この年の9月、竹下派の金丸信会長に東京佐川急便から5億円の不正献金が行われていたことが判明。金丸は議員を辞職し、派閥も離脱しました。このとき金丸

は、東京地検特捜部の出頭要請に応じず、「5億円を受領して政治資金規正法に違反した」という上申書を提出して、罰金20万円の略式命令を受けました。

これに対して東京地検は金丸の取調べをせず、上申書の提出だけで事件を処理したため、東京地検に対する激しい世論の批判が起きました。

その後、東京地検特捜部は、金丸の脱税容疑をつかみ、翌1993年3月、4億円の脱税容疑で金丸を逮捕しました。

金丸は過去の政治献金で多額の無記名債券を購入。時価1000万円の金塊も発見されました。有力政治家の蓄財の実態に世論は沸騰。政治改革を求める声が高まりました。

金丸の議員辞職で、会長不在となった竹下派は、小沢一郎のグループと、小渕恵三、橋本龍太郎のグループが対立します。金丸が議員辞職した直後の92年10月、小沢グループ欠席のまま、竹下派の会長に小渕恵三が就任し、竹下派は分裂しました。

政治改革を求める世論に押された宮沢は、1993年5月、テレビ番組「総理と語る」で、政治改革をやる気があるのかと田原総一朗が追及したのに対して、「どうしても今国会でやらねばならない」と断言しました。

しかし、自民党内の反対で政治改革法案の取りまとめに失敗してしまいます。

これに対して、野党は内閣不信任決議案を提出。自民党内の小沢グループが内閣不信任案に賛成したため、6月18日、不信任案が可決されてしまいました。

宮沢は直ちに衆議院を解散しますが、テレビで「政治改革を断行する。私は嘘は言わない」とまで言ったのに果たせなかったとして、「嘘つき解散」とも呼ばれました。

小沢グループは自民党を離党して「新生党」を結成。内閣不信任案には賛成しなかった武村正義のグループも自民党を離党して「新党さきがけ」を結成しました。いまの鳩山由紀夫首相も、このとき武村と行動を共にして自民党を離党しています。

この結果、自民党は過半数割れの状態で選挙に突入。選挙では現有議席を1議席増やす善戦ぶりだったのですが、過半数を割ったことで、下野します。

選挙後は、小沢一郎が中心となって反自民の細川連立政権が誕生。自民党からの政権交代が実現したのです。

ただし、2009年8月の選挙によって起きた政権交代とは異なり、自民党は過半数を割り込んだものの、第一党の地位は占めていました。

動静 5日

宮沢首相【午前】9時26分、国会。44分、自民党参院議員総会であいさつ。54分、国会内の自民党総裁室で自民党渡辺派の渡辺美智雄会長。10時28分、一番町の宮沢事務所。11時30分、国会。31分、国会内の自民党幹事長室で、綿貫、小渕新旧幹事長。32分、山東前科技庁長官。36分、小里前労相、野田毅代議士。44分、鳩山邦夫代議士。46分、佐藤守良代議士。47分、中西啓介代議士。48分、渡辺美智雄氏。53分、自民党代議士会であいさつ。

【午後】0時3分、衆院本会議。15分、一番町の宮沢事務所。56分、石原官房副長官、多田首席内閣参事官。59分、加藤紘一代議士加わる。1時42分、加藤代議士、石原副長官残る。48分、加藤代議士残る。2時49分、国会。51分、自民党幹事長室で綿貫幹事長。56分、野田毅代議士、坂本前官房長官。58分、谷川和穂代議士。3時3分、衆院本会議。35分、衆院本会議で首相に指名。37分、大臣室で海部前首相。45分から衆参両院正副議長、各党などをあいさつ回り。4時34分、首相官邸。36分、加藤紘一代議士。47分から自民党の綿貫幹事長、原参院議員会長、佐藤総務会長、森政調会長が次々に加わる。6時3分、田原隆代議士を皮切りに新閣僚の呼び込みが始まる。34分、閣僚呼び込みを終え、党四役が出る。49分、稲橋総理府次長ら。52分、加藤紘一官房長官、近藤元次官房副長官。57分、多田首席内閣参事官ら。8時58分、皇居。国政報告、任命式、認証式。11時15分、官邸。22分、加藤官房長官ら。36分、閣議。56分、新閣僚が記念撮影。(6日)午前0時23分、神宮前の自宅。

1991年11月5日(火)

宮沢内閣発足の日です。午後、衆議院本会議で首相に指名された後、夕方から組閣に入りました。

新しい内閣では、リクルートとの関係が問題になっていったんは公職を退いた人たちが相次いで復活を果たしています。

そもそも宮沢首相自身、本人名義でリクルートコスモスの未公開株1万株の譲渡を受けた他、献金やパーティー券の購入で1億円を受け取っていたことが判明して、3年前に大蔵大臣を辞任しています。その本人が首相になったのですから、他の関係者も復権するはずです。本人や家族の名義で未公開株を受け取っていた議員が大臣に就任しました。

渡辺美智雄が外務大臣、渡辺秀央が郵政大臣、加藤紘一が官房長官です。

また、自民党の最高顧問を辞任・自民党の離党していた中曽根康弘は、この年の4月に自民党に復党していましたが、最高顧問にも復帰しました。首相辞任後、自民党の最高顧問への就任を辞退していた竹下登も、最高顧問に就任しました。

この他、森喜朗は自民党政調会長に就任しています。

リクルート事件に関連して竹下内閣が退陣に追い込まれ、多くの実力者が公職を退いたのに、1回、海部内閣を挟めば、何事もなかったかのように復権してくる。当時は、こんなことが許されていたのです。

動静 22日

首相【午前】8時10分、国会。20分、三重野日銀総裁。31分、月例経済報告関係閣僚会議。9時4分、閣議。19分、鳩山文相。21分、綿貫自民党幹事長。30分、官邸。32分、外務省の小和田次官、谷野アジア局長。加藤官房長官同席。10時、山本和郎広島テレビ社長。15分、JR東日本の山下勇会長、住田正二社長。39分、永野健日経連会長。11時、近藤次郎日本学術会議会長。30分、立石義雄オムロン社長ら。奥田幹生代議士同席。41分、李源京・韓国大統領特使。加藤長官ら同席。

【午後】0時10分、増岡自民党国対委員長。加藤長官同席。39分、加藤長官。49分、記者団と懇談。1時1分、弥富人事院総裁。30分、森田内閣情報調査室長。2時20分、小林インド大使ら南西アジア大使会議出席大使。43分、岡崎タイ大使。3時、小和田外務次官。4時11分、防衛庁の日吉次官、畠山防衛局長。5時28分、チェイニー米国防長官。加藤長官ら同席。6時37分、赤坂の「重箱」。渡辺副総理・外相と会食。8時37分、自宅。

1991年11月22日(金)

小泉内閣のときから、毎日夕方、首相が記者の質問にテレビの前で答えることが慣例になりました。テレビ画面を通じて国民に直接語りかけようという小泉戦略で、後継の首相たちも、この方法を踏襲しています。

しかし、古い首相官邸時代は、首相が外へ出るたびに、近くで待機していた記者たちが首相を取り囲み、歩きながら会話をしていました。首相の番をするので「首相番」(通称バンキシャ)と呼ばれました。地方の支局から東京の政治部に転勤してきたばかりの、20代後半から30前後の記者たちです。

宮沢首相は、首相就任当初、廊下で記者が話しかけると、「僕は立ち話はしません」「廊下で重要な話はしない」と言い続けてきました。

そこで番記者たちが、「立ち話がダメなら座って話を聞きたい」と申し入れたところ、この日初めて首相が喫煙室のソファに座り、記者と懇談しました。首相としても、記者たちと険悪な関係になるのは得策ではないと考えたのでしょう。

この日はチェイニー米国防長官と会っています。この人は、その後、ブッシュ前大統領の下で副大統領を務めることになります。

夜は赤坂の「重箱」で会食です。ここはウナギ料理の高級料亭。宮沢首相は昼食の会食に使うことが多いのですが、この日は夜に利用しています。

動静 23日

首相 【午前】9時40分、自宅近くの公園を散歩。10時50分、鈴木元首相のさち夫人ら。
【午後】5時28分、皇居。新嘗祭(にいなめさい)神殿の儀「夕の儀」。8時15分、帝国ホテル。25分、「いとこ会」に出席。宮沢弘参院議員、宮沢泰・元駐西独大使、小川平二・元文相、小川元・前代議士ら同席。9時52分、自宅。58分、宮沢泰氏夫妻。

1991年11月23日(土)

勤労感謝の日は、そもそも皇室行事の「新嘗祭《にいなめさい》」に由来します。新嘗祭は、天皇が、その年に収穫された五穀を神に捧げて収穫を感謝する行事です。それが、戦後は勤労感謝の日として国民の祝日になりました。

宮沢首相は、この新嘗祭の行事に出席しています。夜は帝国ホテルで「いとこ会」の会食に出ています。宮沢喜一、弘、泰の3兄弟は、いずれも東京大学を卒業した秀才兄弟として知られています。

宮沢弘は、自治省の官僚を経て、広島県知事を務めた後、当時は自民党の参議院議員でした。泰は、外務省に入り、西ドイツ大使などを務めました。

宮沢兄弟の母は、戦前に司法大臣や鉄道大臣を務めた小川平吉の次女です。ここに出てくる小川平二は、母の弟で、文部大臣などを経験しました。

また、小川元は、平二の兄の一平の息子で、これまた代議士を務めました。

ちなみに、宮沢弘の長男・洋一は、やはり東京大学法学部を卒業後、大蔵省を経て、宮沢喜一が比例区に回った後の小選挙区の地盤を継いで自民党の代議士になりましたが、2009年8月の衆議院総選挙で落選しています。

まさに「宮沢一族」は政治家一族でもあるのです。

動静 2日

首相【午前】7時56分、赤坂プリンスホテル。政財界、文化人らとの勉強会「自由社会研究会」。9時16分、国会。19分、浦上浩リョービ社長、レノン米クレムソン大総長。40分、衆院国際平和協力特別委員会。
【午後】0時11分、政府・自民党首脳会議。33分、前田耕一時事通信社長。38分、加藤官房長官、近藤副長官。1時、衆院国際平和協力特別委。3時44分、官邸。4時30分、松永前駐米大使。56分、森田内閣情報調査室長。5時5分、ホテルオークラ。散髪。6時21分、赤坂の「重箱」。浜田卓二郎代議士、渡辺恒雄読売新聞社長、笹川陽平日本船舶振興会理事長と会食。8時33分、自宅。

1991年12月2日(月)

勉強熱心な宮沢首相は、早朝から赤坂プリンスホテルで勉強会に出席しています。国会議員とりわけ与党議員は、朝食を兼ねた勉強会をホテルで開くことが多いのです。ここで学者を招いたり、省庁の幹部から課題についてレクチャーを受けたりします。

夕方になると、今度はホテルオークラで散髪です。小泉首相もホテルで散髪をすることで有名でした。政治家は本当によくホテルを利用します。

ここに出てくる衆院国際平和協力特別委とは、PKO（国連平和維持活動）に自衛隊を派遣できるようにする「PKO協力法案」を審議している委員会です。

さて、首相が利用するのはホテルばかりではありませんね。夜は先月に引き続いて赤坂の高級料亭「重箱」で会食しています。ここは、昼も夜も一種類のコース料理のみ。味も値段も高級なことで知られています。

会食相手に渡辺恒雄読売新聞社長、笹川陽平日本船舶振興会理事長の名前があります。

渡辺社長は、「ナベツネ」と呼ばれる新聞業界の大物。「生涯新聞記者」を標榜し、社長になっても、政治家との交流（取材）を続け、時に政治に介入するなどの行動力を持っています。

それだけに、そのパワーには誰しも感心するものの、「新聞記者としての一線を越えている」という批判もまたしばしば受けることになります。

動静 6日

首相【午前】8時41分、国会。9時、閣議。21分、加藤官房長官、近藤、石原両副長官。25分、外務省の丹波国連局長、柳井条約局長と野村PKO準備室長。11時28分、参院国際平和協力特別委員会。

【午後】0時32分、佐藤信二、戸塚進也、中島源太郎各代議士。加藤長官同席。40分、加藤長官。1時1分、参院国際平和協力特別委。6時2分、鵜野俊雄ヒロテック社長。12分、衆院本会議。8時16分、官邸。41分、銀座の「吉兆」。首相を囲む経済人の集まり「大樹会」の斎藤英四郎経団連名誉会長、杉浦敏介日本長期信用銀行相談役らと会食。10時31分、自宅。

1991年12月6日（金）

宮沢首相は、財界人との付き合いが多く、ゴルフや会食の相手として多くの財界人の名前が出てきます。

この日は銀座の「吉兆」で、首相を囲む財界人の集まり「大樹会」に出席しています。首相を囲む会を作りたがる財界人は多いのですが、まさに「寄らば大樹の陰」なのでしょうか。

ここに名前の出てくる杉浦敏介日本長期信用銀行相談役は、「長銀のドン」と呼ばれた人物です。１９５２年に日本勧業銀行（現在のみずほフィナンシャルグループ）などが中心となって日本長期信用銀行が設立されると、勧業銀行から参加し、専務、副頭取を経て１９７１年から78年まで頭取を務めました。

その後も会長や相談役などで銀行に残り、20年近くも経営トップの座に君臨します。

とりわけ不動産業への積極的な貸し出しを進めましたが、バブル崩壊後は多くが不良債権化。日本長期信用銀行は経営破綻し、公的資金の導入で、新生銀行に生まれ変わります。

杉浦相談役は、経営破綻前の１９９２年に退職して退職金９億７０００万円を手にしましたが、長銀破綻後、自宅を売却して2億円を返還しました。

この頃は、すでに長銀は多額の不良債権に苦しんでいたはずです。大蔵大臣も務め、金融に詳しい宮沢首相と、どんな話をしていたのでしょうか。

動静 20日

首相【午前】7時35分、官邸。50分、土地対策関係閣僚会議。8時19分、勝村経企次官。30分、国会。9時、閣議。57分、渡部通産相。33分、谷川科技庁長官。35分、近藤労相。36分、中曽根元首相、小沢辰男代議士ら。加藤官房長官同席。10時3分、参院国際平和協力特別委員会。

【午後】0時7分、官邸。9分、首相主催のそばを食べる会。羽田蔵相、加藤長官、石原副長官同席。36分、塩川自治相。58分、国会。1時3分、参院国際平和協力特別委。2時32分、官邸。52分、浜田卓二郎代議士。3時39分、山本学駐アルゼンチン大使。41分、田中常雄駐メキシコ大使ら中南米大使会議出席の大使らと懇談。近藤、石原副長官同席。4時14分、朝日小学生新聞など子供記者のインタビュー。5時15分、宮沢喜一後援会の内海康仁青年部長ら。23分、大山広司自民党広島県連幹事長ら。6時34分、築地の「吉兆」。梅棹忠夫国立民族学博物館長らと会食。8時24分、官邸。9時、外務省の松浦北米局長、林経済局長ら。28分、ブッシュ米大統領と電話。56分、自宅。

1991年12月20日(金)

首相によって、食事の好みは異なります。カレーライスが好きな首相は、記者たちとカレーライスを食べる会を開いたりするのですが、宮沢首相はそばが好きだったのでしょうか。官邸で「そばを食べる会」が開かれています。同席者の記載がないのでわかりませんが、新規の訪問者名がないので、官邸に詰めている記者たちか、官邸の職員と一緒だったのでしょう。

一時帰国中のアルゼンチンやメキシコの駐在大使が来ています。外務省は毎年、中東やアフリカなど地域別に、その地域の駐在大使を日本に集めて会議を開きます。このときは中南米大使会議が開かれたようです。

「朝日小学生新聞など子供記者のインタビュー」という記載があります。小学生新聞などを読んでいる子どもたちが、首相にインタビューをしたのですね。

このとき子どもたちから、「どうしたら首相になれますか」という質問を受けた宮沢首相、言葉に詰まって、うまく答えられなかったそうです。子どもには説明できないような経緯がいろいろあったのでしょうか。

夜は再び築地の「吉兆」です。前回の記述では銀座の「吉兆」となっています。店の住所は銀座なのですが、築地と呼ばれることもあるので、この表現になったのでしょう。

夜はブッシュ米大統領と電話会談です。1月にブッシュ訪日を控えての打ち合わせでしょう。

動静 8日

首相【午前】9時34分、迎賓館。10時、ブッシュ米大統領歓迎行事。26分、官邸。31分、外務省の小和田次官、松浦北米局長。43分、加藤官房長官加わる。11時15分、迎賓館。30分、ブッシュ大統領との個別会談。【午後】0時19分、渡部通産相・モスバカー米商務長官らの全体会議に立ち寄り、あいさつ。28分、ブッシュ大統領、スコウクロフト大統領補佐官、渡辺外務審議官と打ち合わせ。30分、日米全体会合。1時41分、ワーキングランチ。2時40分、渡辺副総理・外相、加藤長官ら。56分、官邸。3時24分、棚橋通産次官。51分、自民党本部。55分、金丸信元副総理。4時34分、官邸。42分、加藤長官。5時11分、近藤官房副長官。42分、近藤副長官。6時11分、加藤長官。45分、麻生太郎代議士。7時、ブッシュ大統領夫妻を出迎え。4分、招待客とあいさつ。32分、歓迎夕食会。8時42分、夕食会でスピーチ。9時40分、自宅。

1992年1月8日(水)

ブッシュ大統領が訪日し、日米首脳会談が開かれました。

会談のテーマは「グローバル・パートナーシップ」(地球規模の協力)。大きく出たものです。冷戦後の世界秩序をどう打ち立てるのか、日米の思惑が交錯します。

宮沢首相は、「冷戦後の世界に民主主義を広げるためのグローバル・パートナーシップ」を主張したのに対して、ブッシュ大統領は、パートナーシップに関して、「安全保障だけでなく、貿易、経済などあらゆる分野にあてはまる」と切り返しました。日本からアメリカへの大量の輸出という貿易不均衡を解消しようというアメリカの思惑が見える会談でした。

夜は歓迎夕食会です。ここに記載はありませんが、席上、ブッシュ大統領が突然倒れて、嘔吐。救急車で病院に運ばれるというハプニングがありました。

ブッシュ大統領は風邪気味で来日。ハードなスケジュールをこなしているうちに、とうとう倒れてしまったというのが真相のようで、翌日には再び首脳会談をこなしています。

米大統領倒れる。世界に衝撃が走りました。ニュースでは、座ったまま倒れこんだブッシュ大統領を宮沢首相が支える映像が流れました。

大統領が救急車で運ばれた後も、歓迎夕食会は続行。バーバラ夫人は、落ち着いて挨拶をして、その〝肝っ玉母さん〟ぶりを印象づけました。

動静 14日

首相【午前】10時8分、日本エアシステム特別機で羽田空港発。11時46分、長崎空港。

【午後】0時、ヘリコプターで雲仙・普賢岳の噴火被災地を視察。東家嘉幸国土庁長官、髙田勇長崎県知事ら同行。1時、同県島原市の島原工業高校グラウンドで陸上自衛隊島原災害派遣隊を激励。17分、同市の九十九ホテル。34分、髙田知事、鐘ケ江管一同市長らが概況説明。2時6分、鐘ケ江秋和・上木場復興実行委員長ら被災住民代表と懇談。39分、同市の霊丘公園の仮設住宅で被災住民の見舞い。53分、同市の遊砂地建設予定地を視察。3時7分、深江町の農地復旧予定地を視察。34分、同町の池平仮設住宅で被災住民の見舞い。4時10分、九十九ホテル。42分、記者会見。5時5分、髙田知事らと懇談。東家長官ら同席。6時35分、日本エアシステム特別機で長崎空港発。7時58分、羽田空港。8時38分、自宅。

1992年3月14日(土)

長崎の雲仙普賢岳視察で日帰りしています。使用している「日本エアシステム」は、その後、日本航空と合併しました。

噴火で避難を余儀なくされた住民と懇談したり、災害派遣されている自衛隊員を激励したりした後、地元自治体の要望も聞いています。

長崎県島原市の雲仙普賢岳は、1990年11月に噴火活動を始めて、断続的に噴火を繰り返し、翌91年になると、噴火の規模が大きくなりました。

普賢岳のマグマは粘りが強く、噴火口で外気にあたると、すぐに固まって「溶岩ドーム」を形成します。この溶岩ドームが、下から上がってきた新しいマグマに押されると、崩壊。溶岩ドームの下に溜まっていた火山ガスが溶岩と共に流れ下る火砕流が発生するようになります。

1991年6月3日には、大火砕流が発生。取材していた報道陣や、報道陣がチャーターしたタクシーの運転手、火山学者、警戒中の警察官、消防団員など計43人の死者行方不明者を出す大惨事になりました。

噴火や火砕流の危険のある地域から避難した住民は最大で1万1000人にも及びました。

宮沢首相が視察に訪れたこの時点では、噴火活動は小康状態になっていましたが、噴火活動はその後も1995年3月まで継続しました。

動静 15日

首相【午前】8時8分、長野県軽井沢町の別荘発。11分、JR軽井沢駅。12分、鳩山邦夫文相。18分、同駅発。10時15分、上野駅着。30分、東京都中央区の聖路加国際病院で故稲葉修元法相の遺族を弔問。47分、虎ノ門のホテルオークラ。11時39分、日本武道館。全国戦没者追悼式。

【午後】1時6分、ホテルオークラ。21分、平岩外四経団連会長。加藤紘一官房長官同席。2時4分、報道機関の首相官邸担当記者と昼食。加藤長官、石原信雄官房副長官同席。3時20分、同ホテル内で散髪。4時43分、上野駅。5時、同駅発。6時32分、車内で石川六郎日商会頭。52分、軽井沢駅着。58分、軽井沢町の別荘。7時30分、同町内の加藤達雄カトーレック社長の別荘で加藤氏と夕食。10時28分、別荘。

1992年8月15日（土）

宮沢首相は、軽井沢と箱根に別荘を持っていました。冬は箱根、夏は軽井沢。多くの人が憧れるライフスタイルです。この年の8月も、軽井沢の別荘で、ゴルフをしたり、読書をしたりと、優雅な夏休みを過ごしています。

軽井沢には、他にも有力政治家や財界人の別荘が多数あり、別荘の間を行き来して密談することもあるようですが。

8月15日は終戦の日。全国戦没者追悼式に出席のため、一時帰京しています。長野新幹線は、まだ工事中で開通していませんから、軽井沢から東京までは信越本線です。同じく軽井沢に鳩山家の別荘があるので、鳩山邦夫文部大臣が一緒です。

終戦の日には靖国神社に参拝する政治家もいます。宮沢内閣でも15人の大臣が参拝していますが、宮沢首相は参拝していません。

帰京に合わせて、宮沢首相は、記者と昼食をとったり、ホテルオークラの行きつけの理容室で散髪をしたりと慌しく過ごした後、再び軽井沢に戻ります。今度は石川六郎日本商工会議所会頭と一緒です。石川六郎氏は、ここでは日本商工会議所会頭という肩書きになっていますが、鹿島建設会長です。石川氏は、東京高等師範学校附属小学校（現在の筑波大学附属小学校）で宮沢の6年下でした。

鹿島との関係が深い宮沢は、軽井沢に別荘がありながら、「ホテル鹿島ノ森」にもしばしば宿泊しています。

動静 29日

首相【午前】8時50分、ホテルニューオータニ。9時6分、旧ソ連支援東京会議。46分、官邸。11時15分、ローレンス・イーグルバーガー米国務長官代行。マイケル・アマコスト駐日大使、佐藤行雄外務省北米局長ら同席。

【午後】0時3分、深谷隆司、渡海紀三朗両代議士。14分、近藤元次官房副長官。1時、水野清代議士。2時24分、ウズベキスタンのアブドルハシム・ムタロフ首相ら。3時1分、ロシアのアレクサンドル・ショーヒン副首相。ルードビック・チジョフ駐日大使ら同席。4時15分、金田雅喬内閣情報調査室長。45分、キルギスタンのトゥルスンベク・チンギシェフ首相ら。5時13分、池田行彦代議士。15分、近藤副長官。18分、池田代議士。48分、石原信雄官房副長官。6時25分、迎賓館。33分、旧ソ連支援東京会議歓迎レセプション。7時38分、自宅。

1992年10月29日(木)

旧ソ連を構成していて、ソ連崩壊と共に独立したウズベキスタン、キルギスタンの首相、それにロシアの副首相らが宮沢首相を訪問しています。

ソ連(ソビエト社会主義共和国連邦)は、1991年12月末で消滅し、12の共和国に分かれました。ソ連崩壊直前の8月に、リトアニア、ラトビア、エストニアのバルト三国は既に独立を果たしていました。

ソ連の国際的権益の多くはロシアが継承し、駐日ソ連大使館は、駐日ロシア大使館に衣替えしました。ロシア以外の各国は、経済力が弱く、独り立ちできるか危ぶまれる状態だったため、アメリカ、ヨーロッパ、日本が資金援助することになりました。そのための旧ソ連支援東京会議が開かれたのです。

この会議で、日本政府は、ウクライナ、カザフスタン、ウズベキスタンに大使館を、ベラルーシに駐在官事務所を設置する方針を明らかにしています。

その後も旧ソ連圏諸国に関しては日本の大使館の設置が進んでいますが、一部の国に関しては、いまも大使館がなく、駐ロシア大使館や近隣の日本大使館が兼務しています。

ちなみに、「キルギスタン」は、その後、国名をキルギスに変更しています。「スタン」(国という意味)とつく国に非民主的な国が多いので、それを嫌ったからだと駐日キルギス大使館の書記官が私に説明してくれましたが、それが本当の理由かどうかは不明です。

動静　4日

首相　午前9時11分、宿泊先の長野県軽井沢町のホテル鹿島ノ森を出て、近くの軽井沢ゴルフ倶楽部。河合良一コマツ会長らとプレー。午後3時38分、ホテルに戻る。10時2分、ホテル発。5日午前0時18分、官邸。21分、河野洋平、近藤元次、石原信雄正副官房長官、小和田恒外務事務次官、柳井俊二国際平和協力本部事務局長ら。

1993年5月4日(火)

5月の連休をホテル鹿島ノ森で過ごしていました。前にも触れたように、宮沢首相は軽井沢に別荘を持っていますが、鹿島建設が建設・所有するこのホテルにしばしば宿泊しています。

午前中はゴルフをしていたのですが、午後になると、急遽東京に戻り、深夜官邸で緊急会議を開いています。この日、カンボジア再建に当たっていたUNTAC（国連カンボジア暫定行政機構）の文民警察隊の車列が反政府ゲリラのポル・ポト派に襲われ、日本から派遣されていた岡山県警の高田晴行警部補が死亡したからです。

カンボジアでは、長年続いていた内戦が1991年に終結し、92年からUNTACによる統治が始まり、5月23日から選挙が予定されていました。UNTAC代表が日本人の明石康氏だったこともあり、日本から自衛隊1800人、警察官75人が派遣されていましたが、一部ではポル・ポト派の残党による襲撃が続いていました。

PKO（国連平和維持活動）には危険が伴うという当たり前の事実を、私たちに突きつけた衝撃的な事件でした。

また、前月には、国連ボランティアとしてカンボジアに入っていた中田厚仁さんが、何者かに銃撃されて死亡しています。厚仁さんの遺志を継ぎ、父親の武仁さんも、その後国連ボランティアとして活動するようになります。

動静 8日

首相【午前】8時32分、迎賓館。9時28分、東京サミット首脳・外相会合。11時30分、首脳会合。
【午後】0時50分、サミット首脳ワーキング・ランチ。2時27分、日本人文民警察官の山崎裕人隊長ら帰国あいさつ。村田敬次郎自治相ら。河野洋平官房長官同席。3時20分、サミット全体会合。4時47分、官邸。5時18分、斉藤邦彦外務審議官ら。河野長官同席。24分、武藤嘉文外相加わる。59分、エリツィン・ロシア大統領と首脳会談。6時52分、斉藤外務審議官ら。7時19分、皇居。サミット首脳歓迎夕食会。10時56分、自宅。

1993年7月8日（木）

前月に国会で内閣不信任案が、自民党内からの賛成も出て可決され、選挙戦に突入した中で、サミットが東京で開かれました。

選挙後には総辞職に追い込まれることが確実な首相が主催では、サミットでの発言に迫力を欠いてしまいますが、日本の首相は次々に代わることが世界の常識ですから、各国の首脳にとっては構わないことかもしれません。

宮沢首相としては、選挙の行方が気にかかるところですが、サミット議長としての仕事が優先です。

この年のサミットにアメリカから出席したのはクリントン大統領でした。サミット参加国は7か国。その後正式参加することになるロシアは、この時点では会議に一部参加するオブザーバーの形で、G7プラス1という呼ばれ方をしました。

ロシアは、エリツィン大統領のもとで、社会主義から資本主義への苦しい道程の最中です。国有企業を民営化する国家再建に苦労するロシアをどう支援していくかも話し合われました。

日程の合間を縫って、カンボジアに派遣されていた文民警察官の山崎隊長らが帰国報告です。同僚の高田警部補が殉職しているだけに、手放しで喜ぶわけにはいかない帰国報告でしたが、カンボジアでは選挙が無事に行われて新政権が発足。これ以降、カンボジアの国内情勢は安定に向かいます。

第12章

「見た目」が一番

——細川護熙

1955年に保守合同で自由民主党が結成されて以来、自民党は常に政権を維持してきました。自民党と社会党という二大政党が対立しあう政治構造は、「五五年体制」と呼ばれました。

しかし実際には、自民党が圧倒的多数を占め、社会党は、全体の議席のかろうじて3分の1を確保する程度でした。二大政党というよりは、1対0・5政党というのが実態だったのです。

社会党は、この現実に安住し、本気で政権を獲りに行こうとはしていませんでした。その証拠に、そもそも選挙で全員当選しても過半数にはいかない程度の人数しか候補者を立てていなかったのです。

この現実が、大きく動きました。宮沢内閣不信任案が可決されると、宮沢首相は衆議院を解散します。

しかし、自民党から小沢グループが離脱して新生党を設立する一方、武村正義や鳩山由紀夫も自民党を離党して新党さきがけを結成した結果、自民党は過半数割れします。

選挙の結果も、過半数を回復することができませんでした。

その結果、自民党以外の政党が集まれば、共産党抜きでも政権を獲得できる状況が生まれたのです。

ここで動いたのが、策士・小沢一郎です。

自民党とは別の立場で新しい保守政党を目指した細川護熙を首相に担ぎ上げたのです。

熊本県知事だった細川は、参議院選挙で日本新党を結成して4議席を獲得し、その実績を背景に衆議院選挙に臨みました。その結果、35議席も獲得したのです。

細川は、肥後熊本藩主の直系の〝お殿様〟。母方の祖父は戦前・戦中に首相を務めた近衛文麿という毛並みの良さです。

朝日新聞記者を経て1969年の衆議院選挙では落選しますが、2年後の参議院選挙で自民党から立候補して当選。2期目の途中で辞任して熊本県知事に当選します。当時は全国最年少知事でした。

2期8年務めると、「権不十年」（長く権力を持つと腐敗するので、10年以上いるべきではない）と言って辞任。今度は日本新党を結成して国政に転身しました。

衆議院選挙で自民党が過半数を獲得できなかったことから、細川は武村の新党さきがけと共に自民党との連立政権を考えていましたが、小沢が細川を首相にした連立政権を持ちかけたことで、これに乗りました。

その結果、細川護熙首相、武村正義官房長官の連立政権が実現しました。連立に加わったのは、新生党、社会党、新党さきがけ、公明党、民社党、社民連、民改連の計8党派でした。反自民・非共産の連

立政権の誕生です。これにより、38年間続いた自民党政権が、いったん終わりを告げました。

宮沢政権が、「政治改革」の実現を約束しながら果たせなかったために政権を失った以上、細川連立政権の最大の目標は、政治改革の実現でした。内閣発足後の記者会見で細川首相は、「政治改革法案が年内に実現しなければ責任をとる」と断言。退路を断ちました。

政治改革法案では、これまでの中選挙区制の衆議院を、小選挙区比例代表並立制にする案をまとめ、衆議院を通過させました。小選挙区250、比例代表250という割合です。

しかし参議院では社会党の一部議員が、「小選挙区の比率が高くては少数政党が不利になり、社会党衰退につながる」として反対に回り、法案は否決されます。

すると、細川首相は、小選挙区の比率を高めるという自民党案を丸呑みして、自民党の賛成をとりつけ、法案を成立させてしまいました。

法案に反対した社会党の一部議員は、法案を否決したことで、結果として、かえって不利な法律の成立に手を貸したことになります。これ以降、社会党は、小選挙区で敗北し、議席を失って行く道を辿るのです。

政治改革法案の成立で、「小選挙区300、比例代表200」の選挙制度になりました。その後、比例代表は180に削減され、現在に至ります。

政治改革を実現した段階で、細川内閣は、次の目標を失います。連立与党の間で十分な根回しをしないまま、唐突に「国民福祉税」7％導入を宣言して社会党や新党さきがけの反発を受け、撤回すると、連立政権の求心力は急速に低下します。

さらに、細川首相自身が東京佐川急便から1億円を借入金の名目で受け取っていたのではないかという疑惑を野党・自民党から追及されると、政権を投げ出してしまいました。

よく言えば権力に執着しなかったのですが、無責任な政権投げ出しという批判も受けました。

任期中には、ガットのウルグアイ・ラウンド（多角的貿易交渉）で米市場の自由化を迫られ、日本政府がこれまで認めなかった米の輸入について、部分開放を認める決定もしています。

細川首相は、記者会見を初めて立ったまま行ったり、質問する記者をボールペンで指名したりするなど、垢抜けたパフォーマンスは、国民の熱狂的な支持を集めました。

とりわけAPECでの長いマフラーを垂らしたお洒落な姿は評判になりました。

しかし、この態度は、「見た目ばかりを気にする」という批判を浴びたりもしました。

首相を退任すると、政治からも引退し、玄人はだしの陶芸の道に入っています。

政界引退にあたっての記者会見では、先祖の細川ガラシャの辞世の句を披露しています。

ちりぬべき　時知りてこそ　世の中の　花も花なれ　人も人なれ

動静 9日

首相【午前】宿泊先のホテルオークラから、8時52分、官邸。9時4分、山花貞夫社会党委員長、羽田孜新生党党首、石田幸四郎公明党委員長、大内啓伍民社党委員長、武村正義新党さきがけ代表との連立与党五会派党首会談。32分、新閣僚呼び込み。石原信雄官房副長官同席。

【午後】0時7分、武村官房長官。24分、石原官房副長官加わる。45分、報道各社インタビュー。56分、皇居。任命式、認証式。3時35分、官邸。38分、閣僚の補職辞令交付。4時2分、閣議。33分、鳩山由紀夫、石原両官房副長官、大出峻郎内閣法制局長官。辞令交付。40分、金泳三韓国大統領と電話会談。54分、官邸中庭で閣僚と記念撮影。5時24分、園田博之、簗瀬進両代議士。35分、鳩山副長官加わる。49分、武村長官加わる。53分、石原副長官加わる。6時6分、奥田敬和衆院議運委員長加わる。16分、斎藤次郎大蔵次官ら。7時、ホテルオークラ。

1993年8月9日(月)

細川内閣の組閣が行われました。８つの政治党派の連立ですから、どの党がどのポストに人を出すか、容易にはまとまりませんでした。組閣直前に、連立与党五会派党首会談が開かれています。

大蔵大臣（いまの財務大臣）には、藤井裕久が任命されています。鳩山内閣と同じなのですね。このとき鳩山由紀夫は官房副長官に就任しています。

従来ですと、内閣のメンバーは、官邸正面玄関の階段に並んで記念撮影をして終わりですが、演出に凝る細川首相は、閣僚を官邸中庭に連れ出し、報道カメラマンの注文に答えてポーズを決めました。背景に真夏の緑が映え、清新なイメージを作り出します。

中庭での記念撮影は、極めて珍しいことでした。撮影会の後は、羽田副総理・外相の音頭で日本酒で乾杯しました。手元のグラスを掲げた光景は、シャンパンでの乾杯のように見えましたが、「日本の内閣なのだから日本酒」という姿勢まで見せています。このイメージ戦略が、「政権交代したのだ」という強烈な印象を国民に与えました。

その一方で、組閣には当たっては、新生党の小沢一郎・代表幹事が、新生党から官房長官を送り込もうとして、新党さきがけの武村正義が反発し、武村官房長官になるなど、早くも小沢対武村の対立の芽が出ています。

動静 10日

首相【午前】宿泊先のホテルオークラで資料整理などして過ごす。

【午後】1時28分、官邸。57分、武村正義、鳩山由紀夫、石原信雄正副官房長官。2時3分、記者会見。3時5分、宇野収関経連会長。10分、武村長官。24分、小粥正巳公正取引委員長。27分、金丸三郎元参院議員。56分、東京・三番町の桂宮家。4時12分、東京・元赤坂の高円宮家、三笠宮家、三笠宮寛仁家、秩父宮家、秋篠宮家、東宮仮御所。58分、渋谷区の常陸宮家。5時26分、東京・高輪の高松宮家。49分、佳代子夫人らと東京・北品川の細川家墓参。6時14分、ホテルオークラ。

1993年8月10日（火）

細川首相も、ホテルオークラを定宿にしているようです。永田町周辺には、他にもホテルがあるのに、政治家はホテルオークラ好きが多いのですね。

記者会見の後は、各宮家に挨拶に回り、東京・北品川の細川家の墓に参っています。墓参りといえば、鳩山首相も、首相就任が確実になると、鳩山家の墓に参りました。ご先祖さまに報告したくなるのですね。

記者会見では、連立政権は「野合」ではないかという批判もあるが、という質問が飛び出しています。保守の新生党から社会党までが一緒になったのですから、当然の質問でした。

これに対して細川首相は、「日本の政治の成熟のためには過渡的な段階としてやむを得ないであろう」と答えています。全面否定していないところが、正直です。

政治改革については、公約であり、できなければ政治責任をとると明言しました。

さらに、「先の戦争をどう認識しているか」との問いには、「私自身は侵略戦争であった、間違った戦争であったと認識している」と答えました。「侵略戦争」だったと明言したことに、自民党内からは反発が出ましたが、アジア各国からは好意的に受け止められました。

反自民の内閣が誕生したことで、自民党は野党に転落。自民党の新しい総裁には河野洋平、幹事長には森喜朗が就任しました。

動静 14日

首相【午前】宿泊先のホテルオークラから10時53分、東京・高輪の品川プリンスホテル。ホテル内で宮城淳早稲田大教授とテニス。
【午後】0時18分、ホテルオークラ。

1993年8月14日(土)

首相に就任して最初の休日は、ホテルでテニスです。なんとも優雅ですね。若きスポーツマンのイメージを国民に見せようとする意図が感じられます。

この後も、プロのテニスプレーヤーとテニスをするなど、「首相動静」欄には、しばしばテニスの文字が登場します。ゴルフが多かった歴代の首相とはだいぶ違います。

また細川首相は、首相就任前に、土曜、日曜はなるべくプライバシーを大切にしたいと側近に語っていました。過去の首相にはない発想で、その後の小泉首相にも相通じるところがあります。

さらに細川首相は、「料亭政治」の悪いイメージを打破しようと考えていました。日本新党結成後、社会党の書記長と都内の小料理屋で会談したことが報じられると、「日本新党も料亭政治をやるのか」という抗議が殺到したからです。

「密室」のイメージが付きまとう高級料亭での会食を避け、ホテルのレストランを利用するようになります。高級ホテルのレストランですと、料亭並みの値段がする上、個室を利用すれば「密室」を作り出せるのですが、ここでもイメージが大切なのですね。

細川内閣誕生以後、政治家が銀座や赤坂周辺の料亭で会食する光景はめっきり減り、折からの不況もあって、高級料亭が次々と姿を消していくことになります。

動静 15・16日

首相（15日）【午前】宿泊先のホテルオークラから11時35分、千代田区の日本武道館。全国戦没者追悼式であいさつ。

【午後】1時11分、ホテルオークラ。3時5分、武村正義官房長官。10分、鳩山由紀夫、石原信雄両官房副長官、羽毛田信吾首席内閣参事官、田中秀征代議士加わり、勉強会。5時57分、勉強会終了。同ホテル泊。

（16日）【午前】宿泊先のホテルオークラから10時3分、東京・元赤坂の前田外科病院。健康診断。

【午後】0時20分、ホテルオークラ。1時30分、上智大OBの集まり「ソフィア会」の諸橋晋六・三菱商事会長らと懇談。2時5分、首相公邸。30分、東京・六本木の自宅。5時、長野県・軽井沢町の別荘。6時30分、同町のホテル鹿島の森。両親、長女智子さんと夕食。8時10分、ホテル内のラウンジ。25分、松永信雄政府代表。10時10分、内田健三東海大教授。11時15分、別荘。

1993年8月15日（土）・16日（日）

夏は軽井沢の別荘で休養するけれど、東京ではホテルオークラに宿泊する。別世界の人間のような気がしてきます。

8月15日は終戦の日。戦没者追悼式で挨拶し、宿泊先のホテルオークラに戻っています。旧盆でもあり、総理官邸や公邸の職員が夏休みを取りやすいようにホテル暮らしを強いられるのが、日本の首相の実態でもあるのですが。

細川首相は、元赤坂の前田外科病院（現・赤坂見附前田病院）がかかりつけ医のようです。定期的に、ここで健康診断を受けています。

細川首相は上智大学出身。16日午後からは上智大学OBの集まり「ソフィア会」の人たちと懇談しています。上智大学の英語名が「ソフィア・ユニバーシティ」であることから、この会の名がついたのでしょう。

六本木の自宅に立ち寄った後は、再び軽井沢へ。別荘で休んだ後は、ホテル鹿島ノ森で夕食をとっています。

東京ではホテルオークラをたびたび利用し、夏は軽井沢の別荘へ。でも、別荘があってもホテル鹿島ノ森を利用する。こんなところは、宮沢前首相とよく似た行動様式です。日本の保守政治家の典型的な生活行動パターンなのでしょうか。

この翌日は、宮沢前首相に会っています。夏の軽井沢は、大勢の政治家が避暑に来ているので、〝軽井沢会談〟も実現するのですね。

動静 18日

首相【午前】宿泊先の長野県軽井沢町の別荘で、新聞の切り抜きなどをして過ごす。
【午後】1時、同町の軽井沢プリンスホテル。長女の智子さんと昼食。4時5分、公邸。7時1分、官邸。3分、武村正義官房長官、鳩山由紀夫、石原信雄両副長官、田中秀征首相特別補佐、羽毛田信吾首席内閣参事官。9時47分、公邸。

1993年8月18日(水)

別荘で、「新聞の切り抜きなどをして過ごす」とあります。新聞のスクラップを実行していたのでしょうか。新聞の切り抜きという部分だけは、私と行動様式が同じ。急に親近感を覚えます。

細川首相の軽井沢での夏休みは、この日まで。今回は2泊3日という短い日程でした。軽井沢では、側近の田中秀征・首相特別補佐と、秋の国会での所信表明演説の準備に時間をかけたようです。別荘を出るときに、「忙しくて、おいしい空気を吸う暇もなかった」とぼやいたそうです。

また、女優の吉永小百合さんとは、別荘が隣同士。軽井沢滞在中は、吉永さんとも会ったそうです。忙しいばかりではなかったようですね。それを知ると、急に細川首相への親近感が薄らぎます。

軽井沢プリンスホテルで長女と昼食をとった後は、東京へ。この日から、総理公邸に入りました。自宅から出て、ホテルオークラ暮らしもやめ、今後は、総理官邸に隣接した公邸で生活します。

公邸から官邸へは廊下を通るだけで行き来可能です。出勤時間がかからないので、宵っ張りの朝寝坊の細川首相にはぴったりです。

官邸では、武村正義官房長官に鳩山由紀夫官房副長官、田中秀征らと会っています。ここでも、所信表明演説の草稿作りに取りかかっています。

動静 3日

首相【午前】7時43分、東京・六本木の臨時ヘリポート。9時23分、陸上自衛隊のヘリコプターで福島県川俣町の臨時ヘリポート着。47分、同町内で冷害の水田を視察。10時52分、福島市内で水田視察。11時32分、同市の陸上自衛隊福島駐屯地。39分、佐藤栄佐久福島県知事らから冷害の概要説明。

【午後】1時23分、陸上自衛隊のヘリコプターで東京・六本木のヘリポート着。38分、公邸。7時38分、迎賓館。マハティール・マレーシア首相夫妻と夕食会。9時13分、公邸。

1993年10月3日(日)

陸上自衛隊のヘリコプターで福島県川俣町に入り、冷害の水田を視察した後、福島県知事から冷害の概要について説明を受けています。

この年は、エルニーニョ現象の影響から、梅雨前線が長期間日本列島に留まり、日照不足と長雨で米が記録的な不作になりました。この年の全国の作況指数は74。「著しい不良」という評価でした。とりわけ東北地方は、全国平均を下回り、深刻な状態でした。

日本全体では、年間1000万トンの需要に対して、収穫量は800万トンにも達しませんでした。食糧庁は、米の保管に費用がかかり過ぎるとして、前年から米の備蓄量を減らしていたこともあって、前代未聞の米不足に陥りました。

細川内閣は、緊急事態だとして、タイ、中国、アメリカから計260万トンの米を輸入することを決めました。

しかし、タイから輸入した米は、日本産のジャポニカ米ではなく、タイ米だったことから、「パサパサする」「においがきつい」などと不評で、大騒ぎになりました。タイ米は、チャーハンやカレーの付け合せとして食べるタイプで、日本の米のような炊き方ではパサつくのは当然なのですが、食べ方を知らない人が多かったのです。

この米不足が引き金となり、細川内閣は、米輸入の部分開放に踏み切らざるをえなくなるのです。

動静 25日

首相【午前】9時30分、官邸。46分、石原信雄官房副長官。10時15分、遠藤実・在ジュネーブ国際機関政府代表部大使。30分、総務庁の増島俊之次官、八木俊道行政管理局長。11時5分、東京・一番町の宮沢喜一前首相事務所で同前首相と会談。

【午後】0時、官邸。7分、政府・与党首脳会議。1時13分、東京・平河町の中曽根康弘元首相事務所で同元首相と会談。2時、東京・紀尾井町の福田赳夫元首相事務所で同元首相と会談。46分、東京・永田町の竹下登元首相事務所で同元首相と会談。3時27分、官邸。33分、石原副長官、谷野作太郎内閣外政審議室長。小倉和夫外務省経済局長。4時43分、シュミットハルダー・スイス国民議会下院議長。5時23分、サーレム・クウェート前副首相・外相。54分、地方主権全国フォーラム実行委員会の工藤欣一委員長ら。59分、日本新党の小沢鋭仁、長浜博行両代議士。8時12分、公邸。

1993年10月25日(月)

難問山積で困ったときは、先輩のお知恵拝借でいく。細川首相は、この路線をとったようです。この日、午前は宮沢喜一、午後は中曽根康弘、福田赳夫、竹下登の各大臣経験者を個人事務所に訪ね、会談しています。

政治改革法案やコメ市場の開放問題など難問を抱え、先輩のアドバイスを求めたのです。とはいえ、先輩たちは全員自民党員。それに対して、細川首相は、自民党を飛び出して日本新党を設立し、反自民の党派をまとめて首相になりました。立場が相反する人たちに会って、役に立つことがあるのか、と思ってしまいます。

おそらく細川首相は、独特の〝懐柔策〟に出たのでしょう。

「どうかご指導ください」と言って現職の首相が教えを請いに来れば、首相経験者としては悪い気がしません。「がんばれよ」と励ますことになるでしょう。

そうなれば、自民党の実力者たちばかりですから、自民党が細川内閣攻撃をヒートアップさせた場合、「いい加減に矛を収めるように」というアドバイスをする可能性があります。それがねらいだったのではないでしょうか。いわば〝爺殺し〟です。

その成果でしょうか、福田元首相は、政治改革関連法案の成立については、河野洋平自民党総裁とじっくり話し合って決着をつけるべきだと細川首相にアドバイスしています。

動静 8日

首相 【午前】8時58分、国会。9時1分、閣議。19分、物価問題に関する関係閣僚会議。45分、官邸。10時42分、澄野滋日銀政策委員。藤井蔵相、武村官房長官同席。11時50分、ペーターセン・デンマーク外相。

【午後】0時13分、石原官房副長官。40分、霞が関の中央合同庁舎四号館で政府税制調査会総会。52分、官邸。1時4分、緊急政府・与党首脳会議で辞意表明。25分、石原副長官、日本新党の小沢鋭仁、牧野聖修代議士。38分、日本新党の寺澤芳男参院議員加わる。43分、日本新党の河村たかし代議士加わる。48分、武村長官。2時18分、臨時閣議。3時2分、記者会見。4時12分、日本新党本部。50分、官邸。6時23分、武村長官。7時、リレハンメルオリンピック入賞者表彰。35分、公邸。45分、六本木の中華料理店で佳代子夫人、秘書官らと慰労会。9時41分、公邸。

1994年4月8日(金)

全国に衝撃が走った1日でした。細川首相が突然辞意を表明したのです。

この日は、午後から緊急の政府与党首脳会議が開かれ、席上、細川首相は辞意を表明しました。このことは、会議から出てきた社会党の村山富市委員長が、報道陣に伝えました。

当時の様子のニュース映像が残っています。村山委員長が、「総理は辞めるそうじゃ」と伝えると、各社の記者は、一斉に走り出します。当時は携帯電話などありませんから(肩掛けタイプの大きなショルダーホンしかなかった)、記者たちは、記者クラブの電話めがけて走ったのです。

当時、細川首相は、東京佐川急便から1億円を借り入れるという形で現金を受けていたのではないかという疑惑の追及を受けていました。これについて細川首相は、「1億円は完済している」と説明していました。

ところが、この日の記者会見で、それとは別に、「事務所が私個人の資金を古くからの友人に預けて運用してもらっていたが、その運用に法的に問題があった疑いも判明した」というのです。

東京佐川急便からの1億円借り入れ問題は、野党になった自民党が厳しく追及していました。その上に、連立与党内部の亀裂が拡大し、細川首相としては、耐え切れずに政権を投げ出してしまったのです。

第13章

連立政権崩壊

――羽田孜

細川首相の突然の政権投げ出しで連立政権が混乱する中、後を継いだのが羽田孜でした。「孜《つとむ》」という名は、父親で自民党代議士だった羽田武嗣郎の恩師で哲学者の阿部次郎が名づけました。

成城大学を出て小田急バスに入社。普通のサラリーマンをしていましたが、父親が病に倒れたため、後援会の要請で政治家に転身した二世議員です。

1969年の衆議院選挙で長野県から初当選し、当時の田中派に所属します。このとき、岩手県から初当選し、やはり田中派に入った小沢一郎と盟友になり、その後の政治活動を共にすることになります。

性格は温厚で、多くの人に愛されますが、自民党で大蔵大臣を務めた当時は、国会演説で「追加予算」を「おいかよさん」と読むなど、その能力にクエスチョンマークがつくこともありました。まあ、漢字が読めなくても首相になった人がいますから、いいのかもしれませんが。

金のかからない政治にするためには、選挙制度改革が必要であり、そのためには中選挙区制度から小選挙区を中心とした選挙制度にするべきだと考え、自民党内部で政治改革をめざします。しかし、宮沢内閣が政治改革を断念すると、これに怒って、小沢一郎と共に自民党を飛び出して新生党を結成。党首に就任します。

大平内閣の時代に、省エネルギー対策として、夏場の半袖スーツが開発されて以降、羽田は、夏場は必ずこの「省エネスーツ」を着用。これがトレードマークになりました。

1994年4月、羽田内閣の誕生に当たって、それまで細川首相を支えてきた新党さきがけは、「閣外協力」の姿勢を打ち出し、政権から離脱します。

政権発足の当日、民社党の大内啓伍委員長の呼びかけに新生党の小沢一郎代表幹事が乗り、社会党に相談しないまま、公明党以外の各党派が統一会派「改新」を結成します。

統一会派は政党ではなく、国会内での会派です。連立与党の中では社会党議員の数が多く、社会党の反対で連立政権の政策や行動が決まらないことが多く、これに業を煮やした大内と小沢が、社会党抜きで一大勢力を結成し、連立与党内での主導権をとろうとしたのです。

しかし、これには社会党が猛反発。羽田内閣発足当日の深夜、社会党は連立政権から離脱してしまいます。羽田内閣は、いきなり少数与党で政治に取り組まなければならなくなったのです。

6月になると、野党の自民党が、内閣不信任案を提出します。

このままでは不信任が決議されると考えた羽田は、一時は衆議院解散も考えますが、小沢が

反対して、総辞職の道を選びます。

　この時点では、羽田が政治生命を賭けていた選挙制度改革の小選挙区の区割りができていませんでした。このため、このときに選挙をすれば中選挙区制のままとなります。せっかく成立させた小選挙区比例代表並立制での選挙ではなくなってしまい、政治改革（選挙制度改革）を訴えてきた自分の主張と異なる行動をとることになってしまいます。

　また、中選挙区制度で当選してきた議員たちが、選挙制度を中選挙に戻してしまう可能性も捨てきれず、解散に踏み切ることができなかったのです。

　このとき自民党は、長年の宿敵だったはずの社会党と水面下で接触。自民党、社会党、新党さきがけの3党で連立政権を組み、村山富市社会党委員長を首相にするという密約を結んでいました。

　社会党の中では、羽田が責任をとって総辞職すれば、社会党として再び羽田と組んで連立政権に復帰しようという動きもありましたが、村山委員長ほか幹部は、自民党と連立を組む道を選びました。

　羽田首相の在職は、わずか64日。宇野内閣より短命内閣になってしまいました。

　その後、羽田は新進党、太陽党、民政党を経て1998年に民主党に合流します。新進党時代に、盟友・小沢と袂を分かちますが、民主党で再び同じ政党に所属することになりました。

　2009年8月の衆議院選挙で、遂に政権交代。羽田がめざした「政権交代が可能になる選挙制度改革」が、実を結んだのです。

動静 25日

羽田新首相【午前】9時59分、官邸。10時1分、臨時閣議。内閣総辞職決定。14分、細川首相。41分、外務省。44分、閣議後の記者会見。11時35分、東祥三外務政務次官、斉藤邦彦外務事務次官らと臨時幹部会。

【午後】0時59分、国会。1時3分、衆院本会議。首相に指名される。39分から衆参両院正副議長、議会運営委員長、各会派にあいさつ回り。3時31分、官邸。4時20分、羽毛田信吾・首席内閣参事官。35分、羽毛田首席内閣参事官。7時21分、石原官房副長官。8時30分、連立与党首会議。(26日)午前1時18分、小沢新生党代表幹事加わる。23分、米沢民社党書記長加わる。26分、太田誠一自由党代表幹事加わる。

1994年4月25日(月)

羽田も外務大臣として加わっていた細川内閣が総辞職。午後の衆議院本会議で首相に指名されました。その後、国会内で各会派に挨拶回りです。

午後、新党みらいの鹿野道彦代表、北川正恭幹事長と会談しています。新党みらいは、10日前に自民党から飛び出した国会議員5人が結成したばかりのミニ政党です。新生党と自民党の間に立って、第三勢力を目指し、羽田内閣では閣外協力の道を進みます。その後は、自由改革連合を経て、新進党に合流します。

北川正恭は、その後三重県知事を経て、早稲田大学大学院教授に。日本の選挙にマニフェストを導入する立役者になります。

夜になると、統一会派「改新」の発足会に出席しています。

ところが、問題なのが、この「改新」。新生党、日本新党、民社党、自由党、改革の会が一緒になって、総勢130人の統一会派を結成しましたが、社会党には声をかけませんでした。連立政権の中で、数で社会党を上回り、主導権をとろうとしたことは明白でした。

これに社会党が猛反発。急遽協議をした結果、深夜になって村山委員長が記者会見。羽田内閣には参加せずに、連立政権から離脱することを発表します。

細川政権で小沢一郎の強引な手口に反発を強めてきた社会党が、遂にキレたのです。

動静 28日

羽田首相【午前】8時28分、皇居。36分、任命式。9時9分、官邸。27分、米大使館。モンデール駐日米大使ら。故ニクソン元米大統領弔問。36分、官邸。38分、栗本慎一郎、古賀敬章両代議士。45分、石原官房副長官。10時33分、社会党の村山富市委員長、久保亘書記長と会談。【午後】0時5分、地方制度調査会第一回総会。1時7分、小沢一郎新生党代表幹事。30分、熊谷通産相加わる。33分、石原副長官加わる。35分、北村直人代議士加わる。2時38分、新閣僚呼び込み。4時38分、石原副長官。58分、皇居。5時6分、認証式。6時56分、官邸。7時14分、新閣僚に辞令交付。28分、初閣議。8時24分、記者会見。10時28分、東京・渋谷の知人・正木烝司氏宅。11時45分、九段の議員宿舎。

1994年4月28日（木）

一緒に連立政権を組んできた社会党が離脱することになったため、組閣ができなくなり、この日は羽田孜ひとりが皇居で首相に任命されました。

午前中に社会党の村山委員長、久保亘書記長と会談しています。羽田首相としては、最後まで社会党を連立政権につなぎとめておきたかったのですが、希望は叶わず、「これからもご協力を」と呼びかけました。

午後になって、ようやく組閣が始まります。新党さきがけは閣外協力に転じ、社会党は連立を離脱したので、その分だけ大臣ポストが空きました。

官房長官や大蔵大臣、通産大臣などの要職は新生党が占め、運輸、郵政、建設などの「事業官庁」（利権官庁とも）は公明党が占め、「新生・公明内閣」の色彩が濃くなりました。

しかも、自民党出身者が内閣の過半数を占め、細川政権の「非自民」連立政権のイメージとは大きく異なる内閣の顔ぶれとなりました。

組閣に当たっては、新生党の小沢一郎が影響力を発揮。日頃から「小沢がシナリオを書き、自分が演じる」と言ってきた羽田首相に対して、記者会見で「小沢との二重権力になるのではないか」という質問が出ています。

２００９年９月の鳩山内閣の組閣を彷彿とさせる光景です。小沢が動くと、いまも昔も、「二重権力」という言葉が飛び出してくるのです。

動静 29日

首相【午前】議員宿舎で引っ越し準備など。
【午後】1時10分、三番町の桂宮家。22分、元赤坂の赤坂御用地。秋篠宮家など。56分、渋谷区の常陸宮家。2時12分、高輪の高松宮家。30分、日比谷公園。第五回森と花の祭典視察。54分、公邸。3時30分、山野正義・山野学苑理事長。44分、吉村午良・長野県知事。4時31分、作曲家の三枝成彰氏。

1994年4月29日(金)

東京九段の議員宿舎住まいから、総理公邸に引っ越しです。

議員会館では妻の綏子《やすこ》さんと2人暮らしでしたが、公邸では長男で財団勤務の雄一郎氏と3人で住むことになります。

ちなみに雄一郎氏は、1999年の参議院補欠選挙で民主党から立候補して当選しています。三世議員ということになります。父親と同じく夏場は省エネスーツを着用しています。

細川首相が、公邸暮らしを「カゴの鳥でした」と息苦しさを述懐していただけに、羽田首相も、住み心地の悪さを心配しているようでした。

引っ越しに当たって綏子夫人は、「米国に留学中の次男が、短命政権と報道されていることを知って、『一度公邸に住みたいけど、間に合うかな』と電話してきた」というエピソードを披露して、記者たちの笑いを誘っています。自虐的なギャグというよりは、自分たちを笑いの対象にできる度量の広さが、首相夫人には求められるようです。

総理官邸は「出る」という噂の絶えない所だけに、入居に当たって、綏子夫人は神主のお祓《はら》いを受けています。夫人はクリスチャンのはずですが、ここでは神主のお出ましです。息子の雄一郎氏も、官邸の周囲に塩をまいていたということです。

夕方から作曲家の三枝成彰氏と会っています。親しい友人で、しばしば会っています。

動静 7日

羽田首相 午後5時20分、羽田空港着。52分、皇居。欧州歴訪から帰国報告の記帳。6時5分、公邸。熊谷官房長官、北村副長官、羽毛田信吾首席内閣参事官。9時22分、官邸。25分、永野法相。熊谷、北村正副長官同席。10時20分、羽毛田参事官。30分、公邸。11時52分、官邸。熊谷、北村正副長官。(8日)午前0時7分、中井洽代議士。17分、公邸。

1994年5月7日(土)

ヨーロッパ訪問から帰国し、皇居で帰国報告の記帳をした後は、官邸で永野法相と会っています。永野法相を更迭するためです。

永野茂門《しげと》法務大臣は、就任早々、毎日新聞のインタビューで「南京大虐殺はでっち上げだと思う」と発言しました。

これが、羽田首相の留守中に大問題となり、中国などアジア各国の強い反発を買います。

永野法相は、終戦時は陸軍大尉で、戦後陸上自衛隊に入り、陸上幕僚長まで務めて退官。自民党の参議院議員から新生党に移っていました。

自衛官出身者が大臣になったことについて、憲法の「文民規定」(「内閣総理大臣その他の国務大臣は、文民でなければならない」)に反するのではないかという批判もあったのですが、羽田政権は、文民規定には違反しないとして大臣に任命しました。

永野法相としては、持論を述べたまでのことでしょうが、大臣就任の記者会見での発言が問題になって大臣を辞任ないしは更迭されるというケースは、しばしば起きています。自分の置かれている立場がわからない人物が多いということなのでしょう。

羽田首相は、帰国した日に永野法相を更迭。わずか11日間の大臣でした。

後任には中井洽《ひろし》代議士が任命されました。中井代議士は、2009年9月の鳩山内閣で、国家公安委員長兼拉致問題担当大臣に就任しています。

動静 15日

首相【午前】10時10分、長野県上田市立二中卒業生同期会の東海忠氏ら。

【午後】3時4分、銀座の東京セントラル美術館。選抜大道展授賞式。川上景年書作展を鑑賞。4時13分、新宿駅西口。連立与党街頭キャンペーンで演説。5時12分、神楽坂の神楽坂飯店。7時8分、公邸。

1994年5月15日(日)

日曜日とあって、中学の同期生と会ったり、美術館を訪れたりというスケジュールですが、新宿駅西口で「連立与党街頭キャンペーン」の一環として演説もしています。

羽田首相は、首相指名の当日に社会党が連立与党から離脱したこともあって、少数与党の悲哀に苦しんできました。

この日は、首相就任以来初めての街頭演説でしたが、これ以降、毎週のように街頭演説をして、直接国民の支持を訴えるという方針を打ち出します。国会内では少数でも、国民の大多数の支持が得られれば、政権を維持できると考えたのでしょうか。いや、そうとでも考えなければ、とてもやっていけなかったのかもしれません。

この日の演説で、羽田首相は、「野党が一緒になって内閣不信任案を出されたら、いっぺんに倒れてしまう内閣であることは間違いない」と言いながらも、「私は決して悲観していない。大きな困難な仕事ができる政権ではないかと思っている」と訴えました。

演説が終わると、突然車から降りて、聴衆と握手して回る一幕もあったと、新聞は伝えています。

この頃、羽田内閣や与党の中には、統一会派「改新」を解体して、社会党の連立復帰を目指すべきではないかという議論が起きていました。羽田首相としても、少数内閣は、それまでの辛抱だという思いがあったのかもしれません。

動静 25日

首相【午前】9時31分、官邸。32分、小沢一郎新生党代表幹事。50分、政府・与党首脳会議。10時13分、熊谷、北村正副官房長官、羽毛田信吾首席内閣参事官。11時20分、記者会見。46分、臨時閣議。

【午後】0時4分、佐藤北海道・沖縄開発庁長官、石井自治相。32分、渡部恒三新生党代表幹事代行。43分、熊谷、北村正副長官加わる。1時7分、北沢俊美農水政務次官。14分、熊谷長官、杉山憲夫衆院議員。2時20分、北村副長官。39分、公邸。6時15分、韓国の金泳三大統領と電話会談。7時13分、弟の羽田宏氏ら。52分、高坂正堯京大教授。9時3分、母の羽田としさん、弟の神津進氏ら。

1994年6月25日(土)

遂に自民党が内閣不信任決議案を国会に提出する動きに出ます。

これに対して羽田政権は、社会党の連立政権復帰で少数与党状態を脱し、連立政権を維持しようと画策します。

羽田内閣の働きかけを受け、社会党の村山委員長は、いったん復帰に向けた政権協議に入りました。

この中で村山委員長は、「自主的総辞職が前提」「羽田首相の次が羽田首相というのはダメ」と主張。いったん総辞職した後、社会党に復帰してもらい、連立与党として改めて羽田首相実現を考えていた与党は、遂に社会党の復帰をあきらめます。

羽田首相としては、解散・総選挙に傾きますが、小沢一郎が反対します。小沢としては、自民党の一部を引き込んで、政界再編成を実現するチャンスと考えたからです。

また、羽田首相にしても、ここで総選挙を実施すれば、旧来の中選挙区制になってしまいます。それでは、政治改革を主張してきた自分の意図と異なる結果になってしまいます。

かくて、羽田内閣は総辞職します。小沢一郎は、自民党の首相経験者である海部俊樹を連立与党の首相候補にするというウルトラCに出ますが、自民党は、社会党、新党さきがけと組んで社会党の村山委員長を首相に立てるという、さらに上を行く奇策で、政権復帰を果たしてしまうのです。

第14章

一将功なって万骨枯る

——村山富市

まさか自民党と社会党が手を組んで、社会党委員長が首相になるとは。驚天動地の事態が起きました。「五五年体制」といって、自民党と社会党が対立していたのは、実はポーズだけの茶番だったのかと思わずにはいられない、意外な結果となりました。

自民党は、政権与党であることが、存在価値でした。野党に転落した途端、議員がボロボロと脱落して与党側に走ります。このままでは自民党がもたないという危機感から、社会党と手を組みます。

一方の社会党は、奇妙な動きをします。社会党は、右派と左派の対立が続いてきましたが、右派は反自民の立場から新生党などとの連立継続を求めました。ところが左派は、小沢一郎憎しから、反小沢の立場で自民党と手を結んだのです。右派と左派が、ここでは立場を逆転させました。

社会党の首相誕生は、戦後すぐの片山哲内閣以来47年ぶりのことでした。

片山内閣のときは、少数与党とはいえ、総選挙で躍進しての政権獲得でした。

一方、このときは、前年の総選挙で社会党が大きく議席を減らしました。議席を減らし、日本新党などが躍進した結果、連立政権が誕生し、回りまわって社会党政権誕生となります。つまり今回は、選挙で議席を減らしたことで、首相を出すことができたのです。なんとも皮肉なことでした。

大分県の漁師の息子として生まれた村山富市は、苦学して明治大学を卒業後、郷里に帰り、市議会議員、県議会議員を経て、1972年、衆議院議員に当選します。権力欲に欠けていますが、その人柄の良さから人望があり、周囲に押されて、いつのまにか衆議院議員となり、社会党委員長にまでなっていました。「トンちゃん」と呼ばれ、長い眉毛はトレードマークになりました。

大分の実家は、傾いたような木造の質素な建物で、映像が報道されると、国民は、その清廉な生活ぶりに好感を抱きます。

社会党の首相が誕生しただけでも驚きでしたが、村山首相は、それまでの社会党の路線を、一気に変換させます。自衛隊違憲論を取り下げ、日米安保反対の立場から日米安保維持へと立場を変えたのです。とりわけ国会での所信表明演説では、「安保堅持」とまで言い切ってしまいました。実際は、「安保維持」と言うつもりが、口が滑ったということのようでしたが。

首相就任直後にイタリアのナポリで開かれたサミットに出席した村山首相は、食べ慣れないイタリア料理に当たったのか、腹痛を訴えて緊急入院するという有様でした。

しかし、このサミットでアメリカのクリントン大統領と会った村山首相は、自分の生い立ちを訥々《とつとつ》と説明。「民主主義の実現を目指してきただけだ」と述べ、「村山は社会主義者だ」として警戒していたアメリカ側を驚かせ、安心させました。日米首脳会談は、予定時間をオーバー。会談後、クリントン大統領は、「それを聞きたかったのだ」と述べて、満足した様子だったということです。

社会党の路線転換は、これまで社会党を支持してきた人たちを落胆させます。これ以降、社会党は急激に勢力を失っていくのです。首相は出したが、勢力は壊滅状態。まさに「一将功なって万骨枯る」となったのです。

それでも社会党らしさを発揮したこともあります。長年自民党政権では実現しなかった被爆者援護法を制定し、水俣病患者の全面救済にも道を開きました。

さらに、「過去のアジアへの侵略と植民地支配」を謝罪する「村山談話」を発表。その後の歴代首相は、自民党出身であっても、「村山談話の通り」という立場をとります。

その一方で、1995年1月に発生した阪神・淡路大震災では、自衛隊の指揮官として自衛隊を直ちに出動させるべきだったのに、事態を静観するばかりで、初動に大きな遅れをとりました。

同年7月の参議院選挙で、連立与党は過半数を確保したものの、社会党は惨敗。責任を感じた村山首相は、1996年の正月明けに、突如引退を表明。自民党の橋本龍太郎に首相の座を譲ります。

この結果、自民党の復権に手を貸したという批判も受けることになります。社会党は、村山政権後、党名を「社会民主党」に変更しました。

首相動静 4日

【午前】8時56分、官邸。9時、斎藤次郎大蔵次官ら。五十嵐官房長官同席。45分、寺村信行・浜本英輔、新旧国税庁長官。49分、藤井威内閣内政審議室長。10時30分、玉沢防衛庁長官、畠山蕃防衛次官ら。45分、平岡敬広島市長。55分、斎藤大蔵次官ら。11時35分、土井定包・新谷勝、日本証券業協会新旧会長。54分、芦田甚之助連合会長代行ら。五十嵐長官、浜本労相同席。

【午後】0時5分、事務次官会議。44分、中川和雄大阪府知事。井上一成代議士同席。58分、石原官房副長官。1時2分、河野外相らとサミット勉強会。3時31分、河野外相、武村蔵相、橋本通産相、五十嵐長官らとサミット関係閣僚会議。4時5分、園田官房副長官加わる。50分、小粥正巳公正取引委員長。54分、村上健一科学技術次官。5時22分、豊田計全国農業協同組合中央会会長ら。30分、稲葉興作日商会頭。40分、豊田章一郎経団連会長。6時、岡野加穂留明治大学長ら。13分、永野健日経連会長。26分、柳井俊二外務省総合外交政策局長。29分、明石康旧ユーゴスラビア問題国連事務総長特別代表と電話。40分、緒方貞子国連難民高等弁務官と電話。7時4分、久保亘社会党書記長。8時12分、公邸。

1994年7月4日(月)

大蔵省や防衛庁、科学技術庁の事務次官、日本証券業協会会長や日商（日本商工会議所）会頭、経団連会長など、社会党委員長時代には、あまり縁のなかったであろう人たちと次々に会っています。

首相になったからこその出会いというわけですが、首相が一から勉強していかなければならない危うさも感じてしまいます。

それを象徴するのが、「河野外相らとサミット勉強会」という記述です。イタリアのナポリで開かれるサミットを直前に控えているこの時期、泥縄式の勉強ぶりがわかります。

村山首相は、国内派。海外旅行はほとんど経験がなく、「国際会議に出席するのは初めてだ」と自認するほどですから、国際社会が抱える問題、日本の立場、日本の国益など、必死になって勉強しているのでしょう。

勉強会に出席した人たちは、お世辞もあるのでしょうが、「熱心に話を聞き、飲み込みも早い」と評価しています。

明石康旧ユーゴスラビア問題国連事務総長特別代表や緒方貞子国連難民高等弁務官と電話で話をしているのも、サミットと関係があるのかもしれません。

村山首相は、首相就任後、明治大学の岡野加穂留学長としばしば会うようになります。岡野学長は政治学者。村山首相は明治大学卒ですから、そのよしみもあって、知恵袋になったようです。

首相動静 3日

【午前】10時29分、官邸。31分、福島譲二熊本県知事。46分、梶本幸治全電通委員長ら。11時4分、林貞行外務審議官。石原官房副長官ら同席。38分、谷野作太郎内閣外政審議室長。【午後】0時1分、国際文化交流に関する懇談会の有馬朗人座長らと会食。園田、石原両副長官ら同席。2時25分、菅野寿参院議員。39分、中川和雄大阪府知事、川上哲郎関西経済連合会会長。3時1分、熊野英昭通産次官ら。45分、佐藤三吾参院議員。52分、片倉邦雄駐エジプト大使。56分、斉藤邦彦外務次官ら。5時25分、田口健二、池端清一、森井忠良、五島正規各代議士。6時19分、銀座のおでん屋「やす幸」で秘書官と会食。8時10分、虎ノ門のホテルオークラ。ホテル内の日本料理店「山里」で山口総務庁長官、大出郵政相、浜本労相、五十嵐官房長官。50分、野坂建設相加わる。21時57分、公邸。

1994年8月3日（水）

全電通の委員長に会っているのが、社会党委員長らしいですね。全電通は日本電電公社時代の名前。この後ＮＴＴ労組に名前を変えます。村山委員長は、連合の幹部と会うなど、労働界の代表ともしばしば会っています。

その一方で、関西経済連合会の会長とも会っています。村山首相の人脈が一気に広がっていく様子がわかります。

夕方になると、銀座のおでん屋で秘書官と会食。おでん屋が登場するのが、庶民派・社会党委員長らしいですね。この「首相動静」の欄におでん屋が登場するのは、他には記憶がありません。

首相はこの後、ホテルオークラの高級料理店「山里」で会食する予定になっているのに、その前に秘書官とおでん屋に寄るというのは、それほど空腹だったのか、高級料理店は性に合わないので、その前に腹ごしらえをしておこうとしたのか、その点はわかりませんが。

ちなみに、「山里」は歴代の首相がよく利用する料理店です。銀座や赤坂の料亭ですと、「料亭政治」の悪いイメージがありますが、シティホテルの中の料亭だと、そんなイメージはありません。入り口がホテルのロビーから奥まった場所1か所だけなので警備がしやすいという利点もあります。個室が多数あるので、実は密談にも便利なのです。

首相になると、これまで縁のなかった料亭やホテルでの会食が激増しています。

首相動静 12日

【午前】8時59分、官邸。9時1分、月例経済報告等関係閣僚会議。38分、男女共同参画推進本部会議。10時、閣議。40分、参院愛知選挙区再選挙に立候補予定の水野時朗氏に推薦状交付。河野副総理・外相、武村蔵相、小渕恵三自民党副総裁ら同席。45分、渇水対策関係閣僚会合。11時10分、樋口広太郎防衛問題懇談会座長らが報告書提出。五十嵐官房長官、玉沢防衛庁長官同席。29分、「原爆の子記念財団」感想文コンテスト受賞者のセレナ・コングさんら。43分、加藤紘一自民党政調会長。

【午後】0時、武田誠三農政審議会会長らが報告書提出。11分、石原官房副長官。1時16分、藤井威内閣内政審議室長。34分、鳩山由紀夫新党さきがけ代表幹事。2時6分、公邸。4時5分、鈴木勝也国際平和協力本部事務局長、須藤隆也外務省中近東アフリカ局長ら。5時57分、静養先の神奈川県箱根町のホテル。

1994年8月12日（金）

午前中に「渇水対策関係閣僚会合」が開かれています。この年は、西日本を中心に春から降水が少なく、梅雨も空梅雨でした。その一方、西日本では記録的な高温の日が続き、九州北部から瀬戸内海沿岸、東海地方、さらに関東地方では各地で給水制限がとられています。

農作物の被害も出たため、対策が話し合われたようです。

この日から村山首相は夏休み入りです。官邸や公邸の職員の夏休みのために東京を離れてくださいと言われたのですが、歴代の首相と異なり、村山首相は別荘を持っていませんし、定宿にしているホテルもありません。

首相としては、地元・大分の別府温泉で妻のヨシヱさんと過ごしたかったようですが、ヨシヱさんの体調が思わしくなく、首相就任直後のお国入りは「解散総選挙が近い」と邪推されるのでやめたほうがいいと周辺から進言されて、断念しました。

そこで官邸のスタッフが、日光の公務員共済の保養所を候補にしたのですが、首相にはふさわしくないということになり、結局、夏休みは箱根プリンスホテルの中の和風別館である「龍宮殿」に宿泊することになりました。わざわざ和風別館に泊まるのは、首相は洋風のホテルが苦手なのでしょうか。

この夏休みは、次女の由利さん一家と一緒。ゴルフをするわけでもありませんので、孫たちとゆっくり静養することになりました。

1994年9月3日(土)

首相動静　3日

【午前】9時25分、社会党本部。36分、中央執行委員会。10時5分、臨時党大会。11時58分、両院議員総会。

【午後】0時11分、大出郵政相、野坂建設相、浜本労相、五十嵐官房長官、山口総務庁長官。16分、久保亘社会党書記長。49分、久保書記長、山花貞夫代議士。53分、五十嵐長官。58分、議員総会。1時25分、党大会。55分、野坂建設相、山口総務庁長官、伊藤茂、中西績介代議士ら。2時25分、公邸。57

記者団　党大会の質疑を聞いた感想は。

首相　いやいや、あれぐらいの議論はある。当然じゃわ。

（午後3時前、公邸で）

この頃は、時々首相と記者団のやりとりが掲載されています。いまのようにテレビカメラの前で首相が語ることは滅多になかったので、首相の肉声を紙面で聞かせる試みです。

この日は、社会党の臨時党大会が開かれ、村山首相も出席しています。

村山委員長が首相に就任した途端に自衛隊合憲、安保条約堅持を打ち出したことに対して、社会党員がどういう態度をとるかが注目されました。

大会では、地方の代議員から不満が噴出しました。「政権に合わせて党の方針を変えるというのは本末転倒だ。自社の選挙協力は必ず行き詰まる」「古い支持者ほど社会党が自民党にのみ込まれるという懸念を持っている。日の丸は侵略戦争のシンボルであり、君が代は天皇神格化の道具だった」「護憲政党の基本政策が力を発揮できるときに、自民党と変わらない政策を打ち出すことは容認できない」

こうした中央への批判が出たものの、最終的には、村山首相が打ち出した方針を党大会で追認しました。大会に先立ち、国会議員は、系列の代議員たちに、方針転換を承認するように必死に働きかけた成果が出たのです。

これにより、自民党、新党さきがけとの連立政権は安定に向かいますが、その一方で、社会党の存在意義が薄れることにもつながり、これが社会党の党勢縮小、党の分裂へとつながっていくのです。

首相動静 10・11日

（10日）午後4時15分、公邸に大出郵政相、浜本労相、野坂建設相、山口総務庁長官、五十嵐官房長官。

（11日）【午前】8時10分、国会。16分、閣議。9時1分、衆院予算委員会。

【午後】0時5分、園田官房副長官、大出峻郎内閣法制局長官。1時3分、衆院予算委員会。6時5分、官邸。15分、那須誠ルワンダ難民救援先遣隊長、鈴木勝也総理府国際平和協力本部事務局長ら。7時17分、公邸。

記者団「野党はやはり公約違反を突いてきましたね」

首相「う〜ん。でもわたしが間違っていれば、それは国民の皆さんが判断することです」

1994年10月11日（火）

衆議院予算委員会で、社会党の公約違反に対する野党の追及が続きました。

社会党は、前年7月の総選挙で、「現状の自衛隊は違憲状態」「（国連常任理事国入りは）目指すべきだとは考えない」「（消費税は）税率は上げるべきではない」という公約を打ち出していました。

ところが、連立政権に入って首相になった途端、村山首相は、自衛隊は合憲、国連常任理事国入りを目指す、消費税を引き上げるなどと態度を一変させたことに批判が相次いだのです。

この日、野党の民社党の中野寛成書記長は、『政権を取れなかったから公約（の実現）は遅れます』ということはある。しかし『政権を取ったから公約を変えます』というのでは吉本（興業）の漫才のようになってしまう」と追及しました。

これに対して村山首相は、「公約したことがどう実行されるかは、事態に対応したアプローチがあってもいい」と反論しました。

つまり、公約は公約で、状況が変わったら対応を変えるのは裁量権だと主張したのです。しかし、これでは今後、政党の公約はまったく信用されなくなります。社会党への国民の支持が落ちていくのは当然のことでした。

２００９年9月に誕生した民主党政権が、マニフェスト（政権公約）の実現に力を入れるのは、こうした前例があるからなのです。

首相動静 26日

【午前】8時、ホテルオークラ。歌田勝弘・味の素名誉会長・相談役、経済評論家の田中直毅氏らと朝食会。五十嵐官房長官同席。9時43分、官邸。10時25分、高村経企庁長官。54分、増井正駐ザンビア、林安秀駐パプアニューギニア両大使。11時33分、21世紀地球環境懇話会の近藤次郎座長ら。

【午後】0時2分、政府与党首脳連絡会議。41分、社会党の久保亘書記長、青木薪次参院議員、五十嵐長官。1時6分、河野副総理・外相、武村蔵相、五十嵐長官。32分、「全国昭和市長会」会長の山西敏一・大阪府柏原市長ら。2時10分、中川秀直、早川勝、鈴木恒夫各首相補佐。4時10分、時野谷敦外務省北米局長。46分、全国中小企業団体連合会会長の和田貞夫代議士ら。5時、園田官房副長官。4分、田英夫参院議員。6時5分、飯田橋のホテルグランドパレス。「村山総理を励ます在京大分県人有志の集い」に出席。7時11分、公邸。30分、「社会党と連帯する労働組合会議」の横村良夫会長ら。

記者団「最近、夜の会合で料亭を使う回数が増えているが」

首相「そんなことはない。カウンターとかホテルとかでもやってるし。ホテルでやった方が高いんじゃろ。（リラックスできるのは）やっぱり大衆料理店じゃな」

記者団「では山花（貞夫・新民連会長）さんと大衆料理店で話したら、社会党内も丸く収まるのでは」

首相「うん。そういう機会を作ってもいいな」

（午後0時40分、官邸で）

1994年12月26日（月）

ホテルオークラで、歌田勝弘・味の素名誉会長・相談役や経済評論家の田中直毅氏らと朝食会を開いています。

首相を囲む財界人の会は、自民党の首相時代は、しばしば開かれていますが、社会党出身の首相とあってパイプがなかったことから、歌田会長や田中氏、それに中村一郎・第一勧業銀行相談役の3人が世話人となって、7月から定期的に朝食会を兼ねた勉強会を開くようになったのです。

これまでの出席メンバーは、NTT社長、東京海上火災保険社長、野村証券社長、日本航空社長、日本郵船社長、昭和電工社長など、現役の社長が目立ちます。従来の自民党とのつながりの深い財界人がほとんど加わっていないのが特徴です。

財界に知り合いがほとんどなく、経済情勢にも疎かった首相としては、現役の経営者たちの生の声を聞いて、日本経済の現状を勉強したいということのようです。

夜はホテルで開かれた「村山総理を励ます在京大分県人有志の集い」に出席しています。首相になると、いろいろな関係が生まれるということがわかります。

記者団から、「夜の会合で料亭を使う回数が増えているが」という質問が出ています。料亭政治とは無縁だったはずの人が、という思いからでしょう。これには、「ホテルでやった方が高いんじゃろ」と、麻生前首相とは正反対の答えが返ってきました。

首相動静 17日

【午前】8時26分、官邸。9時20分、月例経済報告関係閣僚会議。10時4分、閣議。39分、河野副総理・外相、玉沢防衛庁長官、五十嵐官房長官。46分、五十嵐長官。11時5分、二十一世紀地球環境懇話会。31分、河野外相、武村蔵相。35分、五十嵐長官加わる。

【午後】0時7分、政府与党首脳連絡会議。2時4分、柿沢弘治、粟本慎一郎、石井紘基、小泉晨一各代議士。7分、河野外相、武村蔵相、五十嵐長官ら。3時20分、河野外相、武村蔵相、五十嵐長官ら。45分、石原官房副長官。4時、兵庫県南部地震に関する記者会見。30分、シャリカシュビリ米統合参謀本部議長、モンデール米駐日大使ら。52分、大田昌秀沖縄県知事。5時6分、渡部昇一上智大教授、加藤寛慶大名誉教授、作家の堺屋太一氏ら。30分、井上裕参院議員ら。7時33分、公邸。

記者団「山花さんらが会派離脱届を出しましたが」

首相「中執でこれから議論して、一定の方針を見いだしてほしい。でも方向もそう違わないし、そういうことにならないようにもう少し話をしてほしい」

（午前11時半ごろ、首相官邸で）

1995年1月17日（火）

午前中は月例経済報告関係閣僚会議、二十一世紀地球環境懇話会、午後は政府与党首脳連絡会議が開かれています。

これだけ見ると、何事もなかったかのようですが、午後4時になって、「兵庫県南部地震に関する記者会見」が入っています。

この日は阪神・淡路大震災発生の日だったのです。首相動静を見ると、淡々と通常の予定をこなしています。首相として、あるいは内閣として緊急事態に対応しようという動きがまったく見られません。

周囲にも、それをアドバイスする人がいなかったことが、これでわかります。

この日は、警察庁から首相秘書として出向していた人物が、身内の不幸で地方に里帰りしていて近くにおらず、首相に危機管理について進言するスタッフがいなかったという不幸な偶然があったのですが、官邸のお粗末な対応が浮き彫りになりました。

なんと総理官邸には当直すらいなかったのです。この地震がきっかけとなって、当直制度が新設されるのですが。

この日は朝からNHKが予定の番組をすべて中止して、緊急事態を放送していました。もし、首相ないしは内閣のメンバーが直ちに緊急閣議を招集して自衛隊の災害出動を命じ、全国に警察官、消防士の応援出動を要請していれば、事態はかなり変わり、地震の犠牲者を少しでも減らすことにつながったのかもしれないのですが。

首相動静 20日

【午前】9時33分、官邸。10時、宮崎弘道・ベルリン日独センター総裁。野村一成外務省欧亜局長同席。13分、五十嵐官房長官。45分、斎藤邦彦労働次官。11時3分、五十嵐長官。11時9分、村上健一科学技術次官ら。

【午後】0時8分、野中自治相、五十嵐長官。32分、亀井運輸相加わる。1時15分、北山愛郎元代議士。48分、末沢昌二駐ウクライナ大使、野村欧亜局長。3時12分、木村守男青森県知事。4時1分、松永信雄政府代表。31分、田中科技庁長官。37分、野中自治相、五十嵐長官加わる。51分、豊田章一郎経団連会長。山口総務庁長官、五十嵐官房長官同席。5時6分、五十嵐長官。6時51分、報道各社のインタビュー。55分、公邸。7時、野坂建設相、渡辺嘉蔵社会党総務局長。

記者団「今日の事件について、情報収集も含めた初動態勢について、どう評価されますか」

首相「すぐ、連絡をとった。救助体制も、しっかりやったと思うし、それなりにやれたと思う。どういう意味で聞かれるのか分からないが、それなりにできたと思いますよ」

（午後7時ごろ、官邸で）

1995年3月20日(月)

この日の首相動静を見ただけでは、何が起きたかは、まったくわかりません。首相や内閣が、何か行動を起こしているのかどうかも伝わってきません。

記者団が、「今日の事件について、情報収集も含めた初動態勢について、どう評価されますか」と聞いています。

「今日の事件」。この日は、実はオウム真理教による「地下鉄サリン事件」が起きた日だったのです。首相や内閣の動きからでは、危機意識がまったく感じられません。それが、記者団の質問になったようです。

質問のトーンから、記者の批判的なニュアンスを感じ取ったのでしょう。村山首相は、「どういう意味で聞かれるのか分からないが、それなりにできたと思いますよ」と答えています。

警視庁による捜査が近づいていることを知ったオウム真理教は、捜査を撹乱させるために、地下鉄日比谷線、丸ノ内線、千代田線の計5本の電車内で猛毒のサリンを発生させました。乗客や駅員約5500人が治療を受けるという一大テロ事件で、12人が死亡しました。この3つの路線は、いずれも警視庁や警察庁の本部が近い霞ヶ関駅を通っており、警視庁や警察庁職員に大きな打撃を与えることも目的のひとつでした。

初期の情報収集や初動捜査は警視庁に任せるしかありませんが、この日も、危機意識の欠如を感じさせます。

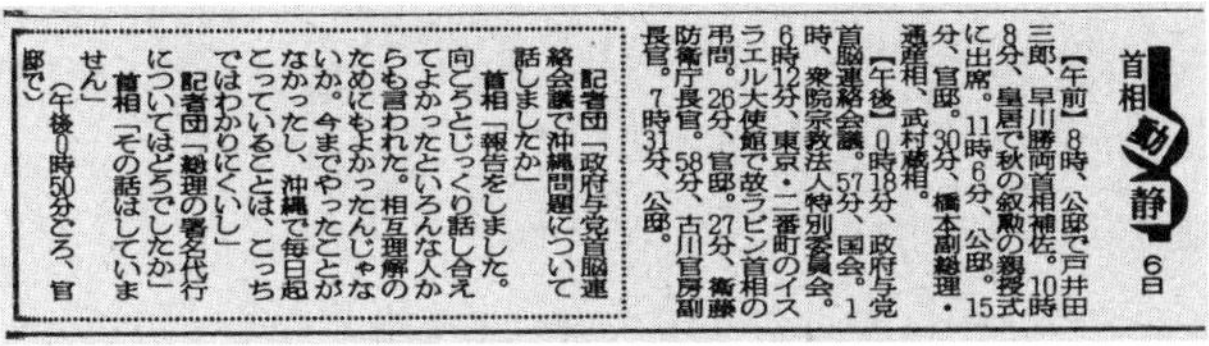

首相動静 6日

【午前】8時、公邸で戸井田三郎、早川勝両首相補佐。10時8分、皇居で秋の叙勲の親授式に出席。11時6分、公邸。15分、官邸。30分、橋本副総理・通産相、武村蔵相。

【午後】0時18分、政府与党首脳連絡会議。57分、国会。1時、衆院宗教法人特別委員会。6時12分、東京・二番町のイスラエル大使館で故ラビン首相の弔問。26分、官邸。27分、衛藤防衛庁長官。58分、古川官房副長官。7時31分、公邸。

記者団「政府与党首脳連絡会議で沖縄問題について話しましたか」

首相「報告をしました。向こうとじっくり話し合えてよかったといろんな人からも言われた。相互理解のためにもよかったんじゃないか。今までやったことがなかったし、沖縄で毎日起こっていることは、こっちではわかりにくいし」

記者団「総理の署名代行についてはどうでしたか」

首相「その話はしていません」

（午後0時50分ごろ、官邸で）

1995年11月6日(月)

「イスラエル大使館で故ラビン首相の弔問」とあります。前日、ラビン首相は、中東和平に反対するユダヤ人過激派によって暗殺されました。この日が国葬でした。

中東和平を推進し、ノーベル平和賞を受賞したラビン首相の暗殺は、国際社会に大きな衝撃を与えました。

エルサレムで行われた国葬には、アメリカからクリントン大統領の他、ブッシュ、カーターの大統領経験者も出席しました。ドイツ、フランスは、どちらも大統領と首相が出席。ロシア、イギリス、カナダ、オーストラリアからは首相が出席しました。

国連のガリ事務総長も、エジプトのムバラク大統領、ヨルダンのフセイン国王も、初めてイスラエルを訪問しました。エジプト、ヨルダンの両国は、長らくイスラエルと対立を続け、イスラエルと和平を結んだ後も、首脳がイスラエルを訪問することはありませんでした。弔問外交が実現したのです。

この際、弔問外交を展開しようと考えた海外の首脳は多く、海外からの訪問者は2500人に達しました。

これに対して、政府からは河野外務大臣が出席しただけ。この外交センスのなさには驚かされます。記者団からの質問も、沖縄の米軍基地の土地を日本の地権者から国が借り上げる問題での首相署名について問いただしただけで、イスラエルになぜ行かなかったかという質問はありませんでした。

首相動静 5日

【午前】8時25分、公邸で野坂官房長官。53分、久保亘社会党書記長加わる。9時55分、官邸。10時、閣議。11分、橋本副総理・通産相、武村蔵相、野坂長官。37分、園田官房副長官。45分、渡辺嘉蔵社会党総務局長。51分、園田副長官。56分、ホテルオークラの佐藤晃一会長、大崎磐夫社長。11時4分、社会党本部。22分、官邸。32分、久保書記長。46分、野坂長官加わる。58分、橋本通産相、自民党の加藤紘一幹事長、さきがけの鳩山由紀夫代表幹事加わる。

【午後】0時3分、武村蔵相加わる。23分、古川官房副長官加わる。57分、園田副長官加わる。2時1分、久保書記長。30分、臨時閣議。53分、河野外相、武村蔵相。3時31分、記者会見。4時5分、早川勝首相補佐。16分、自民党の野中広務幹事長代理、亀井静香組織広報本部長。30分、大蔵省の小川是、篠沢恭助新旧次官。38分、五十嵐広三前官房長官。47分、岡野加穂留明治大学長。5時4分、桜井新代議士。9分、松井隆宇宙開発事業団理事長ら。17分、山口鶴男元総務庁長官。30分、社会党大分県本部の久原和弘書記長ら。38分、古川副長官。6時4分、社会党本部。33分、六本木の中華料理店で秘書官らと会食。8時55分、公邸。56分、戸井田三郎首相補佐。

1996年1月5日(金)

年明け早々、村山首相が突然の辞意表明です。突然のことに、連立を組んでいる自民党や新党さきがけのメンバーが続々と官邸に詰めかけている様子がわかります。

午後になって、記者会見を開き、辞意表明に至った理由を説明しています。記者が、「辞任表明になぜ今日を選んだのか」と聞くと、村山首相は、こう答えました。

「元旦の休みに青空を見上げながら、来し方を振り返った。戦後50年の節目に与えられた歴史的役割はある程度、なすべきことをした。ようやく明るい日差しも見えてきたのではないか。人心を一新して、新たな態勢、陣容で当面する課題に取り組んでもらうことが、より清新な力を作り出すことになるのではないか、と考えた」

これでは答えになっていませんね。要するに、首相の仕事に疲れたのでしょう。

この日の退陣表明の前から、内輪では、「疲れた」「やめたい」などという発言が飛び出していました。

首相になったことで、自衛隊は違憲、安保も反対、消費税上げ反対という社会党の基本原則をすべて投げ捨てることになりました。社会党の存在意義、歴史的立場をひっくり返し、党の内外から厳しい批判を浴びました。もともと権力に執着しない人ですから、さっさと政権を投げ出したくなったのでしょう。

首相がまたも替わります。再び自民党の首相が誕生するのです。

第15章 「嫌味な男」か「龍さま」か ——橋本龍太郎

女性ファンからは「龍さま」と愛される一方、政策通を鼻にかけ、「上から目線」の態度だとして「嫌味な男」と受け止める男性もいた――これが橋本龍太郎の二面性です。

行財政改革を断行し、「金融ビッグバン」を開始し、消費税を上げるなど、現在につながるさまざまな課題に取り組みました。その一方、いまの「格差問題」の多くは、橋本内閣時代に始まっているという指摘もあります。

細川内閣、羽田内閣で自民党が野党だった時代、自民党の総裁は河野洋平でした。村山富市を担いで政権に復帰した後も、しばらくは河野総裁。村山は、首相の座を、自民党内ではリベラル派の河野に禅譲したかったようですが、果たせませんでした。

村山政権の途中の1995年9月の自民党総裁選挙に河野は立候補せず、橋本が総裁に就任。村山内閣では副総理でした。村山が突然首相を辞めたことで、橋本首相が誕生したのです。

野党になった自民党が、宿敵・社会党と組んでも政権に復帰しようとした戦略が、遂に実を結んだのです。

橋本内閣は、発足早々、行政改革、財政改革、経済改革、金融改革、社会保障改革の5つの改革を実行すると宣言。その後、教育改革も含めた6大改革の実行を課題として設定しました。

首相に就任するとすぐ、アメリカのクリントン大統領との間で沖縄の米軍普天間基地の返還を取り付けました。ただし、その後の内閣での実行は遅々として進んでいませんが。

4月にクリントン大統領が訪日すると、日米安保

の「新ガイドライン」（日米防衛協力の新指針）を発表。日米の安全保障同盟の管轄を、それまでの「極東」から、「アジア・太平洋」にまで拡大させました。当時多くの日本人が気づきませんでしたが、「アジア」には西アジアも含まれます。西アジアとは、要するに中東地域です。

さまざまな規制のあった金融界について、いわゆる「金融ビッグバン」を実施します。規制を緩和して競争原理を導入。「護送船団方式」と呼ばれた金融機関保護を廃止し、いわば弱肉強食の原理で金融界を再編成しようとしたのです。その結果、これ以降、日本の金融界は、銀行も保険会社も合併の動きが進みます。

財政改革では、１９９７年4月1日から消費税を5%にアップさせました。しかし、これをきっかけに、いったん上向きかけていた景気が失速します。98年5月には、新党さきがけと社民党が連立から離脱。自民党単独内閣で7月の参議院選挙に突入しますが惨敗し、責任をとって首相を辞任しました。

その後、２００１年の自民党総裁選挙に再び立候補しますが、小泉純一郎に大差で敗れました。

山登りが趣味で、写真の腕前は本格派。剣道五段（２００５年、六段に昇段）の硬派という側面もありました。

橋本の父親は厚生大臣も勤めた橋本龍伍。橋本本人は、麻布中学・高校から慶応大学を出て呉羽紡績（いまの東洋紡）に入社したサラリーマンでしたが、父の死去で、父親の地盤から立候補して当選した二世議員です。

父親は、弟の方を後継政治家にすることを考え、有権者が投票用紙に書きやすい名前にしようと「大二郎」にしたといわれていますが、父親が亡くなった当時、大二郎はまだ高校生。政治家になる気のなかった兄・龍太郎が立候補しました。

初当選は26歳。選挙後の国会初登庁に母親の正さんが付き添ったため、「幼稚園児のような国会議員」と嘲笑されました。

正さんは、龍太郎にとって継母で、高知県知事を務めた大二郎は異母弟になります。

龍太郎が首相に就任した当時、正さんは長期入院中。龍太郎は、毎週のように母親の見舞いに病院を訪れ、その親孝行ぶりが話題になりました。

しかし、正さんとの関係については、1998年7月に開かれた「少子化への対応を考える有識者会議」の初会合で、次のように語っています。「生まれて5か月目に母を亡くした。継母とは戦時中、一緒に疎開してからなじむようになったが、弟が生まれ、両親の関心が弟に移ると、私はひねくれた。再び親になじむまで、だいぶロスタイムがあった」と。

無類の読書好きでもあり、週末は赤坂の書店「金松堂」を覗き、買い求めた本を持って母の見舞いに行き、ベッドの傍らで読書に耽《ふけ》るという行動パターンでした。

首相動静　20日

午前11時55分、東京・六本木の自宅。午後1時50分、国立国際医療センターで母の正さんを見舞う。3時38分、杉並区の本願寺築地別院和田堀廟所で故佐藤栄作元首相夫妻の墓参り。6時5分、静岡県沼津市の淡島ホテル。慶応義塾主催の「慶応インターナショナル・エグゼクティブ・プログラム」で講演。9時45分、JR東京駅。10時7分、ホテルニューオータニ。

1996年1月20日(土)

首相就任から10日目。土曜日とあって、新宿区戸山の国立国際医療センターに入院中の母親、正さんを見舞いに訪れています。

その後は、佐藤栄作元首相の墓前に首相就任挨拶です。橋本首相は、議員当選後、自民党内で佐藤派に所属しました。佐藤が政治上の師だったのです。久美子夫人との結婚の仲人も佐藤元首相が務めました。

首相就任前は、総理官邸を訪れても記者団の質問に答えようとしませんでしたが、首相就任後は、官邸の玄関を出るときなど、記者団とゆっくり立ち話をする機会が多くなりました。首相ともなると、記者との応対も大切と考えるようになったのでしょう。

夕方からは、静岡県沼津市の駿河湾に浮かぶ無人島に建設されたリゾートホテル「淡島ホテル」で行われた慶応義塾主催の講演会で講演しています。首相就任10日目というタイミングですから、おそらく首相就任が決まる前から予定されていたことなのでしょう。

講演会では、住専問題を取り上げ、「国民の理解を得られるように努力していく」と語っています。

当時は、住専（住宅金融専門会社）8社が、多額の不良債権を抱え、これをどうするかが大きな問題になっていました。結局は、7社を破たん処理し、処理しきれなかった不良債権の穴埋めに公的資金（国民の税金）6850億円が投入され、国民の厳しい批判を浴びることになります。

首相動静　7日

【午前】7時58分、官邸。9時48分、国会。10時16分、衆院予算委員会。

【午後】0時19分、東京・九段南の九段会館。北方領土返還要求全国大会。37分、国会。1時2分、衆院予算委。6時31分、東京・池上本門寺。大野明参院議員の通夜に参列。7時7分、官邸。20分、レーク米大統領補佐官と会談。モンデール駐日米大使ら同席。8時31分、公邸。

記者団「今日で公邸住まいが二週間ですが、慣れましたか」

首相「全然賦いもしなかったよ。フォーリー米前下院議長と話したとき、米国の皮肉屋はホワイトハウスは米国一華麗な牢獄（ろうごく）だと。公邸も日本一華麗な牢獄かどうか……。警護の諸君も苦労してくれているのは分かるんだけど、いつも警護されていると精神的にね」

（正午すぎ、国会で）

1996年2月7日（水）

午後、北方領土返還要求全国大会に出席しています。橋本首相は、首相就任後、北方領土問題の解決にも意欲を見せ、ロシアのエリツィン大統領との間で、北方領土返還に関して、かなり前進した話し合いをするのですが、参議院選挙敗北の責任をとって辞職したため、解決できないままに終わりました。

この日はレーク米大統領補佐官が訪問し、モンデール駐日米大使も同席しています。4月にクリントン大統領が訪日するので、それを前にした打ち合わせです。

後になって判明するのですが、このとき、沖縄の米軍普天間基地の全面返還問題について話を詰めていたのです。

橋本首相に関しても、「首相動静」の欄に、首相と記者団のやりとりが時々紹介されています。首相の人柄などが垣間見えて、なかなか資料的価値の高いものになっています。

小泉首相以降は、毎日テレビカメラの前で首相が記者の質問に答えるようになりましたが、そのやりとりを、新聞でもきちんと取り上げれば資料的価値があると思うのですが。

橋本首相も、自宅から総理公邸に移りました。住み心地を記者が質問しています。

ホワイトハウスは米国一華麗な牢獄だという表現を紹介していますが、総理公邸に関しては、「日本一華麗な牢獄かどうか」と言葉を濁しています。とても「華麗」とは呼べない建物でしたから。

首相動静 1日

【午前】9時22分、東京・東五反田のインドネシア大使館で故スハルト大統領夫人の弔問記帳。45分、公邸。10時45分、東京・代々木公園で連合系のメーデー中央大会に出席。11時34分、公邸。

【午後】0時52分、自民党本部で総選挙新顔立候補予定者と写真撮影。1時12分、官邸。29分、村岡兼造自民党国対委員長。2時7分、林貞行外務事務次官。3時、愛知万博の誘致のPRビデオ収録。3時39分、水野清自民党行政改革推進本部長。4時、古川官房副長官、村田直昭防衛事務次官、諸冨増夫防衛施設庁長官。5時16分、梶山官房長官加わる。42分、公邸。6時4分、通産省別館の剣道場で同省職員らとけいこ。7時4分、公邸。

1996年5月1日（水）

代々木公園で行われたメーデー中央大会に出席しています。

かつて自民党の首相がメーデーに参加することなど考えられなかったのですが、主催者の連合が支援する社民党と連立を組んでいること、連合が、強硬な反自民の姿勢を示さなくなったことなどから、出席するようになっています。

午後は自民党本部で総選挙新顔立候補予定者と写真撮影。この年、実際に総選挙が実施されたのは10月ですが、この頃から準備が進められていたことがわかります。自民党公認で立候補する以上、橋本首相と握手している写真が威力を発揮します。

これが麻生内閣末期のように首相の人気がないと、候補者は首相とのツーショットを避け、別の有力者との写真を撮りたがります。麻生内閣のときは舛添要一厚生労働大臣が引っ張りだこでした。橋本首相は、この当時高い人気を誇っていましたから、候補者からの人気も高かったのです。

夕方になると、通産省別館の剣道場で剣道の稽古をしています。通産省はいまの経済産業省。まさか別館に剣道場まで持っているとは知りませんでした。これが警察なら剣道場の存在は理解できるのですが。

橋本首相は錬士五段（当時）。それだけの経験と能力があるのですが、稽古をするのは前年の9月以来だというのですから、国民向けのパフォーマンスが見え見えです。

首相動静　14日

午前中は、東京・戸山の国立国際医療センターで検査。
午後3時52分、同センターを退院。4時8分、紀尾井町のホテルニューオータニで散髪。5時24分、公邸。55分、通産省別館剣道場で剣道。7時12分、同省内の中華料理店で警視庁剣道指導室教師の西川清紀氏らと会食。9時27分、公邸。

1996年8月14日(水)

8月10日からこの日まで、国立国際医療センターに検査入院していました。要するに人間ドック入りです。

橋本首相は、いわゆる厚生族。厚生大臣を務めたこともあり、厚生省管轄の国立国際医療センターをいつも利用しています。母親の正さんも、ここに入院しています。人間ドック入りしている間は、いつでも見舞いできる環境にあったというわけです。

人間ドック入りがお盆にかかっているのは、官邸や公邸の職員が夏休みをとりやすいようにという配慮でしょう。歴代の首相は、この時期別荘やホテルなどを使いますが、橋本首相は国際医療センターに入院というわけです。

ただし、退院後、さらに夏休みをとり、20日からの中南米諸国歴訪に備えることになっています。

橋本首相の散髪はホテルニューオータニの理容店です。歴代の首相は、みんなホテル内の理容店を使うのです。

夕方からは、再び通産省別館剣道場で稽古です。首相に就任した途端、しきりに剣道場通いをするようになるのですから、おかしなものですね。竹下首相や宮沢首相はゴルフでした。これは趣味と健康のためでしょうが、中曽根首相の座禅、細川首相のテニス、橋本首相の剣道となりますと、そこにパフォーマンスの色彩が強くなります。

首相動静

▼20日

【午前】11時8分、公邸前で報道各社のインタビュー。15分、皇居。皇后誕生日の祝賀に出席。

【午後】0時8分、公邸。1時24分、東京・紀尾井町のホテルニューオータニ。散髪。47分、村上正邦参院自民党幹事長。2時33分、公邸。3時12分、東京・戸山の国立国際医療センター。母、正さんの見舞い。46分、公邸。8時、梶山官房長官。9時2分、村上参院党幹事長。14分、野中広務党幹事長代理。18分、塩川正十郎党総務会長加わる。33分、加藤紘一幹事長。10時、野中氏。19分、小杉隆副幹事長ら。30分、テレビ、ラジオ各社の番組出演。11時32分、亀井静香組織広報本部長、野中氏、村上氏。35分、加藤氏。45分、深谷隆司党都連会長。49分、白川勝彦総務局長。

▼21日

【午前】0時6分、野中氏。22分、小杉氏。2時、白川氏。15分、公邸。

1996年10月20日(日)

選挙制度が「小選挙区比例代表並立制」に変わってから初の衆議院総選挙の投票日です。小選挙区の定員300人はいまと変わりませんが、比例代表の定員は、現在の180人に対して、このときは200人でした。

橋本首相は、この日夜のテレビ各社の選挙特番への出演を前に散髪を済ませています。正さんの見舞いも終えて、用意万端整ったという形で開票速報に臨みます。

選挙の結果、自民党は239議席を獲得。過半数には達しませんでしたが、選挙前の議席を大幅に伸ばしました。前回3年前の総選挙では定員が511で、自民党の獲得議席は223でした。総定員が減る中で議席を増やしたのですから、大善戦です。

社民党は選挙前の30議席から15議席へ、新党さきがけは9議席から2議席へと惨敗を喫しましたが、自民党は両党と閣外協力を続けて過半数を維持しました。

新生党から生まれ変わった新進党や、新しく結成された民主党はブームを起こせませんでした。社民党は、民主党に移った議員や、方針転換に反発して飛び出した人たちが結成した新社会党と、3つの党に分かれました。社民党への不満票を集めた共産党は15議席から26議席に躍進しました。

自民党はこの後、新進党所属議員を切り崩し、選挙を経ることなく1997年には過半数を回復します。

首相動静 19日

【午前】8時25分、官邸。26分、梶山官房長官、古川官房副長官、三井康有内閣安全保障室長、林貞行外務事務次官、太田義武首席内閣参事官、上村知昭内閣広報官。30分、与謝野官房副長官加わる。9時17分、山本博四国経済連合会会長ら西日本経済協議会のメンバー。28分、国会等移転審議会委員に辞令交付。伊藤国土庁長官、梶山、古川正副長官同席。37分、梶山長官。47分、第一回国会等移転審議会であいさつ。10時14分、芦田甚之助連合会長ら連合幹部との会見。梶山長官、岡野労相ら同席。50分、外務省の在ペルー日本大使公邸占拠事件対策本部。11時23分、宮内庁。27分、鎌倉節宮内庁長官。

【午後】0時4分、外務省の対策本部。29分、官邸。37分、梶山長官。1時9分、東京・大手町の経団連会館。経団連評議員会であいさつ。1時33分、官邸。37分、大蔵省の小川是事務次官、小村武主計局長、伏屋和彦理財局長。2時30分、在ペルー日本大使公邸占拠事件対策本部会議。55分、白川国家公安委員長。3時6分、太田首席内閣参事官。14分、梶山長官加わる。37分、三井安全保障室長、秋山昌広防衛庁防衛局長。5時、外務省の対策本部。6時58分、官邸。18分、梶山長官。8時18分、外務省の対策本部。9時51分、官邸。10時、経済対策閣僚会議。16分、梶山長官。20分、閣議。11時1分、外務省の対策本部。

▼20日

【午前】0時13分、公邸。

1996年12月19日（木）

午前中に、「国会等移転審議会委員に辞令交付」とあります。いわゆる「首都機能移転」を検討する委員会です。

この当時は、過密化した東京の首都機能を地方に移転する計画が現実味を帯びて検討されていました。中でも福島や北関東の那須、岐阜など有力な具体名が出ていたのです。その後、国家財政が逼迫《ひっぱく》して、とてもそんな費用は負担できないということになり、いつしか立ち消えになりました。

午後は、「在ペルー日本大使公邸占拠事件対策本部」の会議が開かれています。

この2日前、南米ペルーの首都リマの日本大使公邸で、天皇誕生日のレセプションが開かれていたところに、反政府武装組織のメンバー14人が乱入・占拠。レセプションに参加していた600人を人質にとりました。武装グループは、逮捕されている仲間の釈放や身代金の支払いを要求しました。

これ以後、翌年4月22日に事件が解決するまで、橋本内閣は、この事件に振り回されます。最終的にはアルベルト・フジモリ大統領の指揮の下、特殊部隊が突入して武装グループ全員を射殺しました。この際、人質1人と特殊部隊員2人が死亡しました。

当時、橋本首相は、外務省に設置された対策本部に銀座の木村屋で自ら購入したあんパンを大量に差し入れたことから、「あんパン総理」と揶揄されることもありました。

首相動静 26日

午後2時43分、東京・内幸町の帝国ホテル。4時、長男龍氏の結婚式。5時30分、結婚披露宴。竹下登元首相、梶山静六官房長官、加藤紘一自民党幹事長ら列席。9時17分、公邸。

1997年7月26日（土）

帝国ホテルで長男・龍《りょう》氏の結婚式と結婚披露宴です。

政治家の息子それも現職首相の長男の結婚式とあって、披露宴には１７０人も出席しました。前年には橋本首相の次男・岳の結婚式も開かれていますが、出席者は、そのときの3倍です。

ただし、長男は岡山県内のバイオ技術メーカーのサラリーマン。新婦は同僚で、政治とはまったく関わりがないという理由で記者たちの取材はシャットアウトされました。

一方、前年に結婚した岳は、２００５年の衆議院総選挙で、父親の地盤を次いで出馬。小選挙区では敗れたものの比例代表で復活当選を果たしました。しかし、２００９年８月の選挙では、小選挙区で再び落選し、今度は比例代表でも復活を果たせませんでした。

政治家の子息の結婚披露宴となりますと、政治家仲間の座席をどう配置するかが大きな問題になります。

この日も、竹下登元首相、梶山静六官房長官、加藤紘一自民党幹事長らが列席したという表記があります。「自社さ」（自民党、社会党、新党さきがけ）による連立政権に熱心だった加藤紘一と、保守政党同士の連立を目指すべきだとして「自社さ」路線に批判的な梶山静六の間に、中間派の佐藤信二通産相が座るなど、政治的立場に配慮した座席配置だったそうです。

首相動静 8日

【午前】6時46分、JR東京駅。55分、東海道新幹線「のぞみ3号」で東京駅発。9時13分、JR京都駅。35分、京都・宝ケ池の国立京都国際会館。43分、ゴア米副大統領と会談。10時7分、気候変動枠組み条約第三回締約国会議の開会式。11時19分、京都駅。34分、東海道新幹線「ひかり104号」で京都駅発。

【午後】2時14分、東京駅。34分、官邸。56分、諸井虔地方分権推進委員長。3時49分、三塚蔵相。4時33分、畑恵参院議員。46分、国会。5時6分、自民党役員会。6時5分、東京・虎ノ門のホテルオークラ。武藤嘉文自民党代議士の在職三十年を祝う会。26分、公邸。

1997年12月8日(月)

この日、京都での「気候変動枠組み条約第三回締約国会議」開会式に出席しています。開会式に出席しただけで東京に戻っていますから、まさにトンボ帰りです。

奇妙な名称の会議ですが、要するに「地球温暖化防止国際会議」第3回大会のこと。

この会議が始まった当初は、「地球温暖化」に関して懐疑的な意見もあったことから、「気候変動」という表現を使ったためです。

開会式直前に、アメリカのゴア副大統領と会談となっていますが、所要時間から見て、単なる挨拶レベルだったようです。ゴア副大統領は、地球温暖化防止に熱心で、会議を成功させるために、アメリカから乗り込んできました。その後、温暖化防止を訴えた映画「不都合な真実」制作などが認められ、2007年にノーベル平和賞を受賞しています。

この会議で、先進国に二酸化炭素などの温室効果ガスの排出削減目標を義務付ける「京都議定書」が採択されます。議定書では、2008年から2012年までの5年間の平均で、先進国全体の温室効果ガス6種の合計排出量を、1990年に比べて少なくとも5%削減することを定めました。日本は、6%削減が国際公約です。

議定書採択のためにゴア副大統領は尽力しましたが、ブッシュ政権はこれを否定し、アメリカは枠組みから離脱してしまいました。条約自体は、2005年2月に発効しています。

首相動静 16日

【午前】9時27分、官邸。10時、外務省の丹波実外務審議官。42分、末次一郎安全保障問題研究会代表。11時37分、自民党の山崎拓政調会長。

【午後】0時16分、額賀官房副長官。52分、国会。1時2分、衆院本会議。3時18分、官邸。20分、鈴木宗男北海道・沖縄開発庁長官。56分、防衛庁の山本安正海上幕僚監部幕僚長ら。海上自衛隊遠洋練習航海部隊出発のあいさつ。4時10分、防衛庁の佐藤謙防衛局長、太田洋次運用局長、外務省の高野紀元北米局長、竹内行夫条約局長、加藤良三総合外交政策局長、江間清二内閣安保・危機管理室長。古川官房副長官同席。5時20分、自民党の加藤紘一幹事長。57分、東京・赤坂の東京全日空ホテル。東南アジア諸国連合（ASEAN）多国籍文化ミッションのレセプション。6時20分、官邸。30分、財政構造改革会議。8時5分、公邸。

記者 （十六日夜の財政構造改革）会議では総理の今までの主張とは違う発言が出そうだが。

首相 会議というのはいろんな意見が出るから会議なんだよ。上意下達が会議ではないよ。

（午後6時半前、官邸で）

1998年4月16日（木）

この日も多忙な1日。記者の質問に反論するなど、橋龍一流のすねた対応を示していますが、家庭では「普通のおじさん」になるそうです。

この日の朝日新聞の別の欄に、記者が久美子夫人への取材から、家庭での橋本首相の様子を描いています。

「夕方、待ちかねたように公邸に戻り、晩酌をして、後は読書。本はトム・クランシーの戦争小説だったり、三女の買ってきた漫画『おたんこナース』だったり。『乱読』が気分転換、ストレス解消になっている」

「帰ってすぐに靴下を脱ぐ。どうもこれがスイッチになって、首相からおじさんに切り替わるらしい」

記者は、橋本首相は夜の会合に出ることが少ないと書いています。確かに「首相動静」を見ても、料亭など夜の会合は滅多にありません。

夜の会合で自民党幹部を腹を割って本音で話し合うことが必要だと周囲から助言を受けることもあるようですが、首相は従おうとはしません。

子分を作れという忠告にも耳を貸さずにきました。その意味では、新しい時代の合理主義者の側面を見せています。古いタイプの政治家から新しいタイプへの過渡期の政治家なのかもしれません。

首相動静 18日

【午前】8時50分、東京・内藤町の新宿御苑。久美子夫人とともに首相主催の「桜を見る会」に出席。9時45分、JR東京駅。10時30分、特急「踊り子105号」で東京駅発。

【午後】0時24分、静岡県伊東市の伊豆急行川奈駅。35分、川奈ホテル。2時、久美子夫人とともにロシアのエリツィン大統領夫妻を出迎え。4時、同大統領と首脳会談。6時25分、同大統領とともにロシアからの研修生と懇談。45分、同大統領とともに地元の歓迎行事に出席。

1998年4月18日(土)

ロシアのエリツィン大統領を招いて静岡・伊東の川奈ホテルで首脳会談を開いています。

日本とロシアの間には、「平和条約」が存在しません。国交は正常化されたものの、領土問題が解決していないので、平和条約を結ぶに至らないのです。

それでも橋本・エリツィン時代に、日露関係は大きく進展しました。1997年11月には、ロシア・東シベリアのクラスノヤルスクで、2人が会談し、サウナに一緒に入って裸の付き合いをした結果、すっかり意気投合。「2000年までに平和条約を締結するよう全力をつくす」ことで合意しました。「平和条約を締結する」とは、要するに北方領土問題を解決する、という意味です。

北方領土問題について橋本内閣は、「北方領土返還」と表現すると、ロシア側に「領土を奪い返される」というイメージを与える可能性があるとして、「国境線を画定する」という言い方を使うようになりました。

クラスノヤルスクでの会談を踏まえ、日本はロシアへの資金援助を拡大し、サハリンの天然ガス開発にも出資しています。また、ロシアからの研修生を多数受け入れ、この日もロシアからの研修生と懇談しています。

首脳会談の席上、エリツィン大統領は、秋にモスクワを訪問するように要請しました。夏の参議院選挙敗北の責任をとって退陣しなければ、北方領土問題に大きな進展があったかもしれません。

第16章

「海の家のラーメン」

――小渕恵三

小渕恵三が自民党総裁に選ばれ、首相に指名を受けたとき、「人柄で選ばれた」と称されたものです。他人に対して怒ったり、悪口を言ったりすることがなく、与野党を問わず誰からも愛されました。

中選挙区時代、選挙区の群馬3区からは、同じ自民党の福田赳夫、中曽根康弘という大物が立候補していたため、小渕はいつも苦戦。辛うじて当選するという状態を繰り返していました。

そんな自分のことを小渕は、「福田さん、中曽根さんという大きなビルの谷間で小さな屋台を出しているラーメン屋のようなものだ」と称していました。

その一方で、首相に就任してしばらく経つと、タレントのビートたけしが、「海の家のラーメン」と称しました。そのココロは、「期待していなかったら、意外に良かった」というものです。

小渕首相が「人柄で選ばれた」と称されたのは、裏を返せば、「実力で選ばれたわけではない」という意味でもあります。国民の期待値が低かったのですが、いざ首相になると、なかなかの仕事ぶりを見せ、次第に評価が高くなっていったという意味なのです。

小渕は、早稲田大学大学院在学中に衆議院議員だった父・光平氏が死去したため、1963年の衆議院総選挙に立候補。26歳で当選した二世議員です。父親が病に倒れたり、死亡したりしたために地盤を継いで立候補というのは、羽田首相、橋本首相と同じパターンです。この後の、小泉純一郎、安倍晋三も同じパターンでした。二世議員の典型的なコースなのですね。

政界入りしてからは、田中派、竹下派に所属。竹下派には「7奉行」と呼ばれる7人の実力者がいて、小渕もそのひとりです。竹下は、「政策の橋本（龍太郎）」、「人柄の小渕」と呼んで、2人を重用しました。

1987年に竹下内閣が成立すると、官房長官に。1989年1月、昭和天皇が崩御すると、新しい元号である「平成」の文字が書かれた色紙を掲げて記者会見。この写真で、小渕は歴史に残ることになりました。地味な小渕が一躍脚光を浴びた瞬間でした。

橋本首相の辞意表明後、自民党の総裁選挙に立候補した小渕、梶山静六、小泉純一郎の3人について、当時自民党に所属していた田中真紀子が、「凡人」、「軍人」（梶山が陸軍士官学校出身だったから）、「変人」と評したことは、卓抜な表現として有名になりました。小渕は「凡人」だったのです。

小渕は、自民党内の派閥の力学から、「どの派閥にとっても害にならない」存在として支持され、総裁に就任します。

自民党は参議院選挙で敗北したため、

政権基盤が安定していません。そこで、新進党が分裂して誕生していた自由党、それに公明党との連立を組み、「自自公連立政権」を確立します。

連立政権の下で、金融安定のために大手銀行15行に対して公的資金を注入することや、国旗・国歌法の制定などを進めました。

首相になってからの小渕は、深夜早朝を問わず関係者に電話をかけて質問したり相談したりして、ブッシュホンならぬ「ブッチホン」と呼ばれました。

「ボキャ貧」(ボキャブラリーが貧困)と称されると、自分で「私はボキャ貧ですから」と公言したり、「中身のない真空総理」という批判を受けると、「なんでも吸収するから真空総理だ」と弁解したりすることもありました。就任直後、アメリカの「ニューヨーク・タイムズ」は「冷めたピザ」(まずくて食べられないの比喩)と称しましたが、小渕首相はこれを逆手にとって、ピザを持った写真でアメリカのニュース週刊誌に登場したり、記者団にピザを配ったりしました。こういうことをするので、憎めないキャラクターとして人気が出ていきます。

2000年の日本でのサミットの会場を沖縄に定め、西暦2000年を記念して発行された「2000円札」に沖縄の守礼門を描いたりさせましたが、本人は2000年4月2日、公邸で脳梗塞のために倒れ、意識を回復しないまま5月14日に死亡しました。念願のサミット出席は叶わなかったのです。

小渕の父親・光平も、脳梗塞で亡くなっています。

首相動静 30日

小渕新首相【午前】8時55分、官邸。58分、臨時閣議。9時11分、橋本前首相。25分、古川官房副長官加わる。53分、外務省。55分、記者会見。10時8分、外務省幹部とお別れ会。43分、大木前環境庁長官。51分、自民党本部。54分、自民党の森喜朗幹事長、池田行彦政調会長、深谷隆司総務会長。村岡兼造幹事長代理、野中広務前幹事長代理。11時1分、江利川毅首席内閣参事官加わる。3分、青木幹雄参院自民党幹事長加わる。13分、衆院第二議員会館の理髪店で散髪。43分、国会。46分、自民党群馬県連の岩井賢太郎幹事長ら。

【午後】0時24分、自民党両院議員総会。40分、自民党代議士会。1時4分、衆院本会議。44分、小泉前厚生相、鈴木前北海道・沖縄開発庁長官。45分、自民党の野中前幹事長代理、太田誠一副幹事長加わる。46分、森幹事長加わる。59分、森、野中氏ら残る。2時5分、竹下登元首相、久間前防衛庁長官ら。16分、古賀誠自民党国対委員長加わる。21分、鈴木前長官。30分、橋本前首相。3時25分、自民党代議士会。33分、衆院本会議。50分、野中前幹事長代理。51分、鈴木前長官加わる。4時22分、野中氏残る。51分、鈴木前長官。5時29分、鈴木前長官。33分、衆院本会議。38分、橋本前首相。50分、衆参両院正副議長、各会派へのあいさつ回り。6時28分、官邸。30分、自民党の森幹事長、池田政調会長、深谷総務会長、井上裕参院議員会長。31分、野中新官房長官加わる。46分、新閣僚の呼び込み。7時28分、江利川首席参事官。8時3分、江利川首席参事官。9時26分、皇居。首相の任命式と新閣僚の認証式。

31日【午前】0時1分、官邸。2分、報道各社のインタビュー。14分、鈴木、上杉、古川各官房副長官。20分、各閣僚に補職の辞令交付。30分、臨時閣議。59分、閣僚と記念撮影。

記者 これまで報道された以外に、あっと驚く閣僚人事はないですか。
小渕新首相 小渕恵三ぐらいじゃないか。
（午前11時10分、自民党本部で）

1998年7月30日(木)

小渕首相誕生の日です。平成になって10年。小渕首相は、平成になって実に9人目の首相です。

衆議院では小渕首相を指名しましたが、参議院では、野党が一致して民主党の菅直人代表を指名したため、衆議院は小渕恵三、参議院は菅直人を指名するという結果になりました。こうなると、憲法の規定により、両院協議会が開かれ、どちらを首相にするかを決めるのですが、当然のことながら、意見はまとまりません。そうなると、やはり憲法の規定により、衆議院の議決が優先。小渕首相が誕生しました。

小渕内閣は、宮沢喜一元首相を大蔵大臣に起用しました。首相経験者が、大臣として入るというのは、極めて異例です。このとき、日本経済は金融機関の経営状態が深刻になっていて、金融や財政に精通している人材が必要でした。しかし、元首相を引っ張ってこなければならないほど、自民党には人材が払底《ふってい》している証拠でもあります。

また、内閣の目玉人事として、37歳の野田聖子郵政大臣が誕生しました。このときから野田聖子という名前がクローズアップされました。その後、小泉内閣の郵政民営化に反対し、自民党から刺客を立てられることになるのですから、皮肉なものです。

記者団が、「あっと驚く閣僚人事はないですか」と聞いたのに対し、小渕首相は、「小渕恵三ぐらいじゃないか」。お見事な返答です。

首相動静 7日

【午前】8時10分、国会。19分、閣議。9時1分、衆院第二議員会館の理髪室で散髪。39分、官邸。10時16分、鈴木官房副長官。都甲岳洋駐ロシア大使。19分、鈴木副長官残る。37分、国会。39分、宮沢蔵相ら各閣僚。11時、第百四十三臨時国会開会式。14分、官邸。

【午後】0時4分、野中官房長官。48分、鈴木副長官。57分、国会。1時3分、衆院本会議。所信表明演説。45分、鈴木副長官。2時5分、参院本会議。39分、官邸。3時、全国町村会長の黒沢丈夫群馬県上野村長ら。13分、自民党の森喜朗幹事長、村岡兼造幹事長代理、久間章生経理局長、鴻池祥肇参院議員ら。22分、松本英昭自治事務次官ら。41分、有馬龍夫政府代表。43分、坪井栄孝日本医師会長ら。4時1分、秋山昌広防衛事務次官。25分、阿南惟茂外務省アジア局長ら。42分、康仁徳韓国統一部長官。鈴木副長官、末次一郎安全保障問題研究会代表同席。5時1分、証券取引等監視委員会の佐藤ギン子委員長。7分、松浦晃一郎駐仏大使。26分、桧田仁自民党代議士。29分、日野正晴金融監督庁長官。6時10分、野中長官。24分、日野長官。41分、滝上信光総務庁行政管理局長ら。7時25分、東京・西新宿の東京ヒルトンホテル。ジェームス三木氏のディナーショーであいさつ。8時30分、王子本町の私邸。

記者 所信表明演説で、強調したい部分はゆっくり読んでいたようですが、できはどうですか。
首相 だいぶヤジも飛んでいた。
記者 点数をつけるとすると、何点ですか。
首相 点数はつけない。
記者 緊張はしましたか。
首相 あんまりやったことないからな。選挙の応援演説とは違うな。
（午後1時半すぎ、国会内で）

1998年8月7日（金）

所信表明演説の日です。演説の前に衆議院第二議員会館の理髪室で散髪しています。これまでの首相たちが、ホテルの理容室に通っていたことを思うと、手近な場所でいいという小渕首相の庶民派感覚がうかがえます。でも、議員会館に理髪室があるのですね。これも驚きですが。

この後、「首相動静」を見て行くと、小渕首相は、数日おきに理髪室に行っています。「髪を自分で洗うのが面倒くさいから」というのが、その理由です。いやはや、なんとも。

前月に証券取引等監視委員会の委員長に就任したばかりの佐藤ギン子氏、6月に金融監督庁長官に就任したばかりの日野正晴氏が、それぞれ挨拶に来ています。

このうち金融監督庁は、「金融と財政の分離」の原則にもとづき、かつての大蔵省の金融機関を監督する機能を分離したもので、この後、金融庁に衣替えします。

こうした多忙な日程の後でも、小渕首相は、ジェームス三木氏のディナーショーで挨拶しています。小渕首相の行動を見ると、いささか腰が軽すぎるのではないかと思えるほど、さまざまなイベントに顔を出し、自分を売り込んでいます。小渕首相は、内閣発足時の内閣支持率が、朝日新聞調査で32％しかなかったことを気にしています。国民の支持を得ようと、必死になっているのだろうなあという心の内が読めてしまいます。

首相動静 31日

【午前】8時32分、官邸。34分、鈴木官房副長官。9時38分、上杉官房副長官。54分、国会。10時、衆院国鉄清算事業団・国有林野事業特別委員会。

【午後】0時6分、宮沢蔵相。30分、スパチャイ・タイ副首相。チャワット駐日タイ大使、登誠一郎内閣外政審議室長、阿南惟茂外務省アジア局長、今野秀洋通産省通商政策局長ら同席。1時、国鉄清算事業団・国有林野事業特別委。5時35分、官邸。55分、野中、古川正副官房長官、秋山昌広防衛事務次官。6時12分、野中長官残る。13分、鈴木、上杉両副長官加わる。23分、中央防災会議。7時18分、公邸。

記者　北朝鮮（朝鮮民主主義人民共和国）のミサイル試射の情報に接したのはいつですか。

首相　（スパチャイ・タイ）副首相との会談が終わって、（国鉄清算事業団・国有林野事業）特別委に出席する前に情報を得ました。十二時五十分すぎだったと思う。

記者　防衛庁の秋山昌広事務次官が、ミサイル試射の事前情報を得ていたと言っていましたが、首相の耳には入っていましたか。

首相　うーん。それはどうだったかな。（秘書官に耳打ちされ）それは聞いていた。前広に、だ。

（午後5時半ごろ、首相官邸で）

1998年8月31日(月)

この日、北朝鮮が弾道ミサイル「テポドン」1発を発射しました。

発射したのは2段式ミサイルと見られ、1段目は日本海に落ち、2段目は日本上空を飛び越えて三陸沖の太平洋に落ちました。

北朝鮮は、「人工衛星を打ち上げ、衛星は地球を周回する軌道に乗った」と発表しましたが、どこの国も人工衛星を確認できませんでした。人工衛星発射は口実で、ミサイルの発射実験だったのです。

小渕首相は、記者団の質問に対して、発射の情報を得たのは、国会の特別委員会に出席する前だったと明かしています。これほどの事態でも、通常通りのスケジュールをこなしていたことがわかります。

首相に会っている人物を見ると、午後5時55分になって、野中広務・官房長官、古川正・官房副長官と秋山昌広・防衛事務次官が官邸に来ています。おそらくこの時点で、詳しい報告と、今後の対応について話し合われたのでしょう。こんなに悠長な対応でいいのだろうかという疑問も湧きます。

記者が、「防衛庁の秋山昌広事務次官が、ミサイル試射の事前情報を得ていたと言っていましたが、首相の耳には入っていましたか」と問うたのに対して、最初は「うーん。それはどうだったかな」と答えています。実は知らなかったのか、知っていることを言わないほうがよいと返答に迷ったのか、その辺が不明です。国民に不安を与える応答です。

首相動静　5日

【午前】10時25分、公邸。27分、上毛新聞社の佐鳥達雄社長、鈴木豊美専務ら。
【午後】0時25分、東京・恵比寿の恵比寿ガーデンプレイス。上毛新聞社東京移動編集局「在京群馬県人ふるさと広場」の催し。1時17分、東京・丸の内の東京国際フォーラム。21分、鈴木官房副長官。23分、高村外相加わる。27分、西村六善外務省欧亜局長加わる。33分、故秋野豊さんを偲（しの）ぶ会。2時31分、東京・上野公園の東京都美術館。院展、二科展を見学。3時35分、公邸。6時25分、千鶴子夫人とともに東京・三田のピアニスト中村紘子さん方でホームコンサート。堺屋経済企画庁長官、森稔森ビル社長、関本忠弘NEC会長、柳井俊二外務事務次官ら同席。8時26分、額賀防衛庁長官加わる。10時32分、公邸。

1998年9月5日（土）

午前中は、地元群馬県の地方紙・上毛新聞社の社長や専務が訪ねています。首相としても、地元紙は大切な存在です。

午後からは、その上毛新聞社の「在京群馬県人ふるさと広場」の催しに出席しています。

その後は、丸の内の東京国際フォーラムでの「故秋野豊さんを偲ぶ会」に出ています。

秋野さんは、筑波大学の政治学の助教授から外務省に転身。この年の4月から外務省の国連タジキスタン監視団に政務官として参加しますが、7月20日、山岳地帯を走行中、身元不明の武装集団の襲撃にあい、ポーランドとウルグアイの軍事監視員、タジク人の運転手と共に死亡しています。

学者に飽き足らず、自分の専門知識を平和のために役立てようと中央アジアに志願して行ったのですが、帰らぬ人になってしまいました。

偲ぶ会に出た後は、上野公園の東京都美術館を回って、絵画の鑑賞。

いったん公邸に戻り、妻の千鶴子夫人と合流すると、今度は東京・三田のピアニスト中村紘子方でのホームコンサートに駆けつけています。なんとも贅沢なコンサートです。芸術の秋を満喫した1日でもあります。

ホームコンサートには、森ビル社長やNEC会長の他、経済企画庁長官、外務事務次官、防衛庁長官も出席しています。これは、中村さんの人脈の広さでしょうか。小渕首相の人脈の広さでもあります。

首相動静 26日

【午前】7時57分、東京・紀尾井町の赤坂プリンスホテル。大賀典雄ソニー会長ら政財界人でつくる「自由社会研究会」に出席。9時49分、官邸。10時25分、大塚義治厚生省官房長。50分、野中官房長官。11時10分、上杉官房副長官。

【午後】1時14分、鈴木官房副長官。37分、津守滋駐クウェート大使、天江喜七郎外務省中近東アフリカ局長ら。43分、登誠一郎内閣外政審議室長加わる。2時、サバハ・クウェート第一副首相と会談。シュヘイバー駐日クウェート大使、津守大使、天江局長、登室長ら同席。43分、平林博駐インド大使。3時18分、野中長官。47分、フィリピン人弁護士のレオカディオ・デ・アシス氏ら東南アジアの元留学生。4時1分、森金次郎日本税理士会連合会長ら。42分、野中長官。5時57分、東京・永田町のキャピトル東急ホテル。自民党の中川秀直衆院議運委員長、古賀誠国対委員長、村岡兼造幹事長代理、野中長官ら。6時37分、同ホテルで三塚博元蔵相、中尾栄一元建設相、瀬島龍三伊藤忠商事特別顧問。8時33分、公邸。

首相　君ら、いつもそこ（首相執務室前）に立っているのか。

記者　時々、座ったりすることもあります。

首相　そこのじゅうたんにはダニとかシラミがいるらしいよ。座ったことないから分からないけど。国会の赤じゅうたんにはいるらしいぞ。

（午後0時10分ごろ、首相官邸で）

1998年10月26日（月）

海外の日本大使館で勤務する大使の正式名称は「特命全権大使」。その国で、日本を代表する人です。というわけで、大使に発令されたり、大使の任を終えたりすると、首相に挨拶に訪れることになっています。首相動静を見ると、大使の来訪が多いのは、このケースがほとんどです。

夕方からは、永田町のキャピトル東急ホテルで自民党幹部などと会っています。このキャピトル東急の前身は東京ヒルトンホテル。ビートルズが来日したときに宿泊したホテルとして知られています。その後、ヒルトンの名前を冠したホテルは新宿にでき、こちらは、キャピトル東急になりました。首相官邸からも国会議事堂からも近く、政治家たちに重宝されましたが、老朽化したため、２００６年11月に営業を終了しました。

跡地には地上29階建ての複合ビルが２０１０年秋に完成し、この中に「ザ・キャピトルホテル東急」がオープンします。東急ホテルズのフラッグシップホテルです。

当時の総理官邸は、建て替え前のもの。総理執務室は2階にあり、首相番の記者たちは、2階の廊下に待機していました。この様子を見た小渕首相が、「君ら、いつもそこに立っているのか」と声をかけています。記者がこれだけ政治のトップに近い場所まで行けるのは世界でも珍しいことでしたが、新官邸に建て替えられてからは、首相に近づけなくなりました。

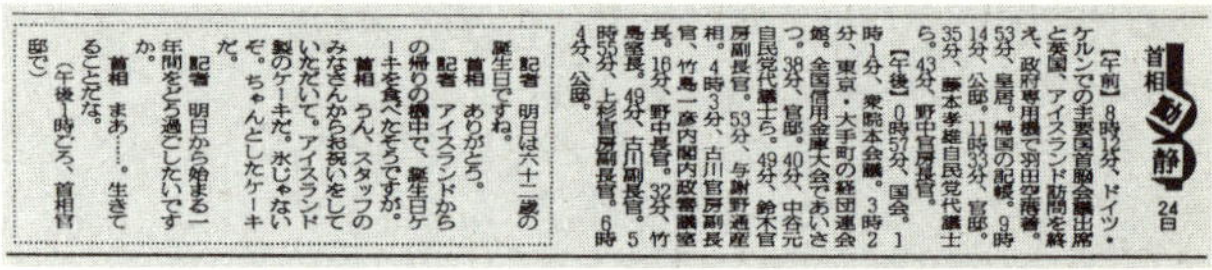

首相動静 24日

【午前】8時12分、ドイツ・ケルンでの主要国首脳会議出席と英国、アイスランド訪問を終え、政府専用機で羽田空港着。53分、皇居。帰国の記帳。9時14分、公邸。11時33分、官邸。35分、藤本孝雄自民党代議士ら。43分、野中官房長官。

【午後】0時57分、国会。1時1分、衆院本会議。3時21分、東京・大手町の経団連会館。全国信用金庫大会であいさつ。38分、官邸。40分、中谷元自民党代議士ら。49分、鈴木官房副長官。53分、与謝野通産相。4時3分、古川官房副長官、竹島一彦内閣内政審議室長。16分、野中長官。32分、竹島室長。49分、古川副長官。5時55分、上杉官房副長官。6時4分、公邸。

記者　明日は六十二歳の誕生日ですね。

首相　ありがとう。

記者　アイスランドからの帰りの機中で、誕生日ケーキを食べたそうですが。

首相　うん、スタッフのみなさんからお祝いをしていただいて。アイスランド製のケーキだ。氷じゃないぞ。ちゃんとしたケーキだ。

記者　明日から始まる一年間をどう過ごしたいですか。

首相　まあ……。生きてることだな。

（午後一時ごろ、首相官邸で）

1999年6月24日（木）

ドイツ・ケルンでの主要国首脳会議出席と英国、アイスランド訪問を終えて帰国しています。

帰国してもすぐには休めないのが首相のつらいところ。衆議院本会議に出席したり、全国信用金庫大会で挨拶したり。

小渕首相は、翌日が誕生日。記者たちが、「明日は六十二歳の誕生日ですね」と声をかけています。アイスランドからの帰りの機中で誕生日ケーキを食べたことについて、「アイスランド製のケーキだ。氷じゃないぞ。ちゃんとしたケーキだ」と話しているのは、氷と「アイスランド」をかけたジョークのつもりなのでしょう。

記者が、「明日から始まる一年間をどう過ごしたいですか」と尋ねていることに対する小渕首相の答えが、なにか暗示的です。

「まあ……。生きてることだな」

翌年の誕生日まで「生きてる」ことができなかったのですから。

小渕首相としては、「政治的に生きてる」という意味も込めて言ったのかもしれません。この年の9月には自民党総裁選を控えていましたから、小渕首相としては、総裁選で再選を果たし、なるべく長く首相を務めたいと考えていたはずです。

その一方で、首相という仕事の激務さに心身共に辛くなっていたのかもしれません。生きていくことすら大変なのです。

2000年1月17日(月)

阪神・淡路大震災から5年。神戸で開かれた犠牲者追悼式に出席しています。

その後、海上自衛隊の基地から陸上自衛隊のヘリコプターで滋賀県の航空自衛隊の基地へ。陸海空の3自衛隊を使っています。たまたまなのか、3つの自衛隊に小渕首相らしい気配りを見せたのか。

滋賀県新旭町の航空自衛隊饗庭野《あいばの》分屯基地での「対人地雷廃棄公開」に立ち会っています。これは、1997年にカナダのオタワで調印された「対人地雷全面禁止条約」を98年の9月に批准したことに伴うもので、この実現に取り組んできたNGO「地雷廃絶日本キャンペーン」の北川泰弘代表とも会っています。

この条約は、対人地雷の使用、開発、生産、貯蔵、保有、移譲などを全面的に禁止しています。条約を締結した国は、すべての対人地雷を廃棄することが義務付けられ、日本としても、自衛隊が保有していた100万個の地雷の爆破処理を始めたのです。

当初、「日本のように長い海岸線を持つ国では、自衛隊が専守防衛用に地雷を保有すべきだ」という議論もあったのですが、小渕首相の鶴の一声で、廃絶に進みました。地雷の処理は、2003年2月に訓練用を除いてすべて終了しています。

ただし、世界有数の地雷保有国で輸出国でもあるアメリカ、中国、ロシアなどが参加していないという問題が残っています。

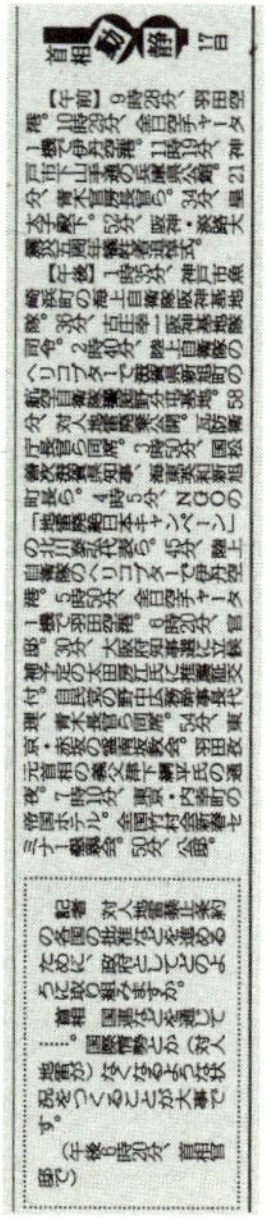
首相動静 17日

【午前】9時28分、羽田空港。10時29分、全日空チャーター1機で伊丹空港。11時19分、神戸市下山手通の兵庫県公館。21分、青木官房長官ら。34分、皇太子殿下。52分、阪神・淡路大震災五周年犠牲者追悼式。

【午後】1時35分、神戸市魚崎浜町の海上自衛隊阪神基地隊。36分、古庄幸一阪神基地隊司令。2時40分、陸上自衛隊のヘリコプターで滋賀県新旭町の航空自衛隊饗庭野分屯基地。58分、対人地雷廃棄公開。瓦防衛庁長官ら同席。3時50分、国松善次滋賀県知事、海東英和新旭町長ら。4時5分、NGOの「地雷廃絶日本キャンペーン」の北川泰弘代表ら。45分、陸上自衛隊のヘリコプターで伊丹空港。5時50分、全日空チャーター1機で羽田空港。6時20分、官邸。30分、大阪府知事選に立候補予定の太田房江氏に推薦証交付。自民党の野中広務幹事長代理、青木長官ら同席。54分、東京・赤坂の[illegible]南坂飲会。羽田孜元首相の義父岸下綱平氏の通夜。7時10分、東京・内幸町の帝国ホテル。全国竹村会新春セミナー懇親会。50分、公邸。

記者 対人地雷禁止条約の各国の批准などを進めるために、政府としてどのように取り組みますか。

首相 国連などを通じて……。国際情勢とか(対人地雷が)なくなるような状況をつくることが大事です。

(午後6時20分、首相官邸で)

首相動静　31日

【午前】8時7分、国会。9分、行政改革推進本部。24分、閣議。9時1分、深谷通産相。29分、官邸。10時59分、青木官房長官。11時7分、野中広務自民党幹事長代理加わる。17分、西原正、松本三郎新旧防衛大学校長。22分、宮下創平自民党代議士、日本画家の林和緒氏ら。

【午後】0時2分、松谷官房副長官。5分、青木長官加わる。7分、額賀官房副長官加わる。35分、ボーイスカウト「富士スカウト」のメンバー。56分、古川官房副長官。1時26分、森喜朗自民党幹事長。2時、有珠山噴火にかかる関係閣僚会議。55分、川島裕外務事務次官、高野幸二郎日朝国交正常化交渉担当大使、阿南惟茂内閣外政審議室長。3時40分、農水省の高木勇樹事務次官、樋口久俊畜産局長。4時5分、額賀副長官。16分、建設省の小野邦久事務次官、山本正堯都市局長。35分、東郷和彦外務省欧亜局長。37分、北方領土高校生弁論大会最優秀賞の北海高校一年渡辺裕美さんら。5時1分、鈴木宗男自民党総務局長。22分、青木長官。51分、東京・紀尾井町の赤坂プリンスホテル。53分、中曽根文相。6時1分、主要八カ国教育相会合（教育サミット）歓迎レセプション。43分、東京・麻布台の外務省飯倉公館。松浦晃一郎ユネスコ事務局長の歓迎レセプション。7時44分、官邸。46分、青木長官。8時3分、二階俊博運輸相。40分、青木長官。52分、額賀副長官加わる。9時17分、公邸。

記者　自由党が連立離脱の動きをみせていますが、首相は引き続き自自公三党の連立を維持したいのですか。それとも離脱はやむを得ないとの考えに傾いているのですか。

首相　まだ国会開会中で、特にいま重要法案が山積しているので与党三党結束して法案を成立させていくことに内閣としてご協力をいただきたい。

記者　党首会談の予定は。

首相　まだお聞きしていない。

記者　小沢党首と会談することになったら、選挙協力や政策合意の実現に向け新たな提案などをする考えはありますか。

首相　まだ会談のことを聞いていないので、その後のことも考えていない。聞いていないことを考えるのは私の能力を超えている。

記者　明日三党首で会談すると聞いていますが、小沢党首と個別に会う考えは。

首相　ですから、聞いていないんで、それ以上のことは承知していない。

（午前9時半ごろ、首相官邸で）

2000年3月31日（金）

この日は午後2時から「有珠山噴火にかかる関係閣僚会議」が開かれています。

北海道の洞爺湖の南に位置する有珠山は、3月27日から火山性の地震が多発するようになり、この日の午後1時7分に噴火しました。噴煙は3500メートルの高さにまで達し、噴石や降灰の被害を出しました。

気象庁は3月29日に「緊急火山情報」を出し、周辺の壮瞥町、虻田町（現在の洞爺湖町）、伊達市の住民1万人あまりが噴火前に避難していて、人的被害はありませんでした。

緊急火山情報は、それまで噴火が起きた後に出るものでした。噴火前に出されるのは初めてのことで、それだけ有珠山の噴火予知の研究が進んでいたことを示しています。周辺地域では、噴火が起きた場合、どの地区に被害が出るかをあらかじめ予測した「ハザードマップ」を作成していたこともあり、避難がスムーズに進みました。こうした事前の準備が進められていたこともあり、内閣も迅速に対応できたのでしょう。

その一方で、このとき中央政界でも激震が走っていました。それまで自民党と連立を組んでいた小沢一郎の自由党が、連立離脱の動きを見せていたからです。自由党の内部は、小沢に従うグループと自民党との連立に留まるグループに分裂する兆しも出ていました。小渕首相は、小沢自由党をなんとか連立政権に引き止めようと、心を痛めていました。

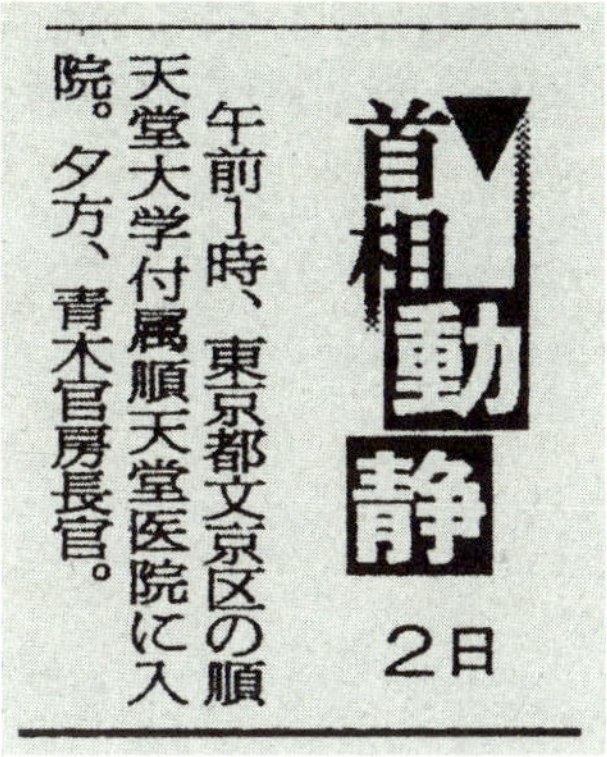
▼首相動静　2日

午前1時、東京都文京区の順天堂大学付属順天堂医院に入院。夕方、青木官房長官。

2000年4月2日(日)

小渕首相、突然の緊急入院です。

前日に連立からの離脱の方針を明らかにしていた小沢一郎と2人だけでの会談をした後、小渕首相は公邸に戻って休んでいましたが、舌がもつれるなどの異常な症状が出たため、家族がこっそり病院に運んでいました。

本来なら救急車で運ぶべきところでしたが、政治家にとって、救急車での緊急入院は政治生命の危機。マスコミや他の政治家に気づかれないようにとの隠密行動でした。

家族としては検査入院のつもりだったようですが、診断は脳梗塞。当分退院の見通しは立たないということになり、入院から22時間以上も経ってからの発表となりました。

日曜や祝日の首相の動静は、原則として通信社の配信で各社に知らされます。この日に関しては当初、「午前六時に起床。朝の来客なし」「午前中は来客なく、公邸で政策の勉強などして過ごす」「午後も来客なく、資料整理などして過ごす」という内容でした。

しかし実際には、入院していたのです。このままでは、月曜日になれば首相の異変が明るみに出てしまうと判断した青木幹雄官房長官が、この日の午後11時半になってようやく発表に踏み切りました。

首相の動静に関するマスコミ向け発表に偽りが混じることもあるのです。首相が入院しても、関係者の多くが知らされないままというのは、危機管理上、大きな問題なのですが。

▼首相動静 4日

小渕首相　東京都文京区の順天堂医院で、脳こうそくの治療。

青木首相臨時代理

【午前】8時19分、国会。39分、ダイオキシン対策関係閣僚会議。57分、閣議。9時25分、官邸。45分、記者会見。10時13分、綿貫民輔、村岡兼造、西田司各自民党代議士。19分、野呂田芳成自民党代議士加わる。20分、額賀官房副長官加わる。42分、額賀副長官。56分、古川官房副長官。11時9分、村上正邦参院自民党議員会長。29分、松谷官房副長官。33分、額賀副長官。

【午後】1時11分、森喜朗自民党幹事長。45分、古川副長官。48分、額賀副長官加わる。2時27分、東京都文京区の順天堂医院。小渕首相の見舞い。3時21分、官邸。25分、近藤茂夫内閣広報官。33分、額賀、古川両副長官。43分、松谷副長官加わる。58分、自民党の野中広務幹事長代理。4時27分、松谷副長官。38分、古川副長官。5時、記者会見。40分、松谷副長官。50分、松谷副長官。6時、額賀副長官。24分、古川副長官。59分、臨時閣議。7時19分、古川副長官。25分、記者会見。42分、額賀副長官。8時29分、東京・紀尾井町の赤坂プリンスホテル。官房長官担当記者と懇談。11時15分、参院麹町宿舎。

2000年4月4日(火)

小渕首相が入院したため、青木官房長官が首相臨時代理を務めています。「首相動静」欄も、小渕首相と青木首相臨時代理の2人が掲載されています。

午後、青木臨時代理は小渕首相の見舞いに病院へ。ここで主治医と小渕首相の千鶴子夫人と会っています。主治医から、小渕首相の意識が戻らないという容態を聞かされ、早期退院の見通しはないとの感触を得たようです。

午後6時59分、臨時閣議が開かれています。この場で、小渕内閣の総辞職を決めました。憲法第70条「内閣総理大臣が欠けたとき、(中略)内閣は、総辞職しなければならない」という規定があるからです。首相の意識が戻らない状態を、「内閣総理大臣が欠けたとき」に該当すると判断したのです。

小渕首相が入院した際、青木官房長官を首相臨時代理に指名したとされていますが、青木官房長官が病院に駆けつけた段階では、すでに小渕首相は意識がなかった可能性があり、青木官房長官に首相臨時代理の資格があったのか疑惑が持ち上がりましたが、青木氏が「本人から指名を受けた」と主張。これを覆す証拠もなく、そのままになりました。

首相が突然意識を失った場合、後継者は誰にするのかを事前に決めておけば問題のないことでした。ここでも、日本の内閣の危機管理の不備が露呈します。

小渕前首相は5月14日死去。前年の誕生日から1年「生きてる」ことができませんでした。

第17章 胃袋だけは天下一

――森喜朗

森喜朗首相の誕生には、正統性への疑惑がつきまといました。

小渕首相が脳梗塞に倒れると、青木官房長官は、ひそかに森幹事長、野中広務幹事長代理、亀井静香政調会長、村上正邦参議院議員会長の自民党4幹部を呼んで会談。この秘密会談で、森を小渕首相の後継者にすることを決めたことから、「五人組の密室会談」で誕生したと言われました。

自民党幹事長室の元室長・奥島貞雄氏によれば、「自民党総裁が病気のため、急遽後継を決めなければならない」場合は、「直前の総裁選で二位になった者が、後継総裁になる」という〝公式〟が成り立っていたといいます（奥島貞雄『自民党抗争史』）。それからすれば、今回の場合は、小渕再選の際に2位となった加藤紘一が資格者だというのです。

そうした議論が行われないまま、森首相が誕生したことは、森内閣発足時からのイメージの悪さにつながりました。

森喜朗は、石川県根上町（現在の能美市）の出身で、父親は、根上町の町長を長く務めました。ニューヨーク・ヤンキースで活躍する松井秀喜選手は、この町の出身です。

早稲田大学第二商学部（夜間学部）へはラグビー部の推薦で入学しますが、4か月で退部。早稲田大学卒業後は産経新聞社にコネ入社。入社試験では答案を白紙で出したことを自伝に書いています。

新聞記者も早々にやめて国会議員の秘書を務めた後、1969年の衆議院総選挙で旧石川1区から立候補してトップ当選。自民党内では福田派に所属します。

小渕内閣の末期に小沢の自由党は連立から離脱しましたが、自由党内部でも、小沢のやり方に反発する野田毅、扇千景などが飛び出して保守党を結成。自民党、公明党、保守党の「自公保」連立政権で森内閣を支えました。

森首相は、その失言の多さで歴史に（記憶に）残ります。就任早々には、「首相動静」について、「ああいうのはウソを言ってもいいんだろ」と発言して、当初から記者団との関係が悪くなります。

首相に就任してまもなくの２０００年5月には、神道政治連盟国会議員懇談会の記念式典で演説し、「日本の国は、まさに天皇を中心としている神の国であるということを国民の皆さんにしっかりと承知をしていただく」と発言して、大きな批判を浴びました。

また6月の衆議院総選挙では、「無党派層は（自民党に投票してくれないだろうから）投票に行かずに寝ていてくれればいい」と発言しました。

さらに、２００１年2月、ハワイ沖で愛媛県立宇和島水産高校の練習船「えひめ丸」がアメリカ軍の潜水艦に衝突されて沈没し、教師5人、生徒4人が死亡する事故が起きた際、事故の一報を聞きながらゴルフを続けたことから、世論の批判を浴びました。

しかもこのとき、首相専用車は帰してしまっていて、連絡は、首相の近くにいたSPの携帯電話でしかできないという、危機管理能力を疑わせました。

森首相は、連夜のように高級料亭に通いました。そのあまりの多さに、雑誌『文藝春秋』は、文芸評論家の福田和也氏が森首相の通う料亭やレストランで実際に食べてみるという企画を立てたほどです。福田氏は、こう書いています。

「首相の身辺をよく知る政治記者の方々からいろいろと取材をしたのだが、森首相は、映画や観劇、音楽、美術など文化方面にはまったく興味がない。本も全然読まない」

「では一体、何が森首相にとって一番大事なのか、という事を尋ねてみると、異口同音で食べること、食事であると云う」(『文藝春秋』2000年11月号)

というわけで、森首相が通う料亭や高級レストランを探訪した後、福田氏は、こう書いています。

「(森首相は)胃袋の大なるは確かなものの、はたして器量が大きいのか、志が高いのか低いのか、まったくないのか、問うも空しい。ただただ編集部の懐は痛み、私の胃袋は疲れました」

森首相の退任後も、自らの派閥から小泉純一郎、安倍晋三、福田康夫の3人の首相を出し、党内基盤の弱い麻生首相が誕生すると、これを支え、「キングメーカー」として自民党に君臨しています。

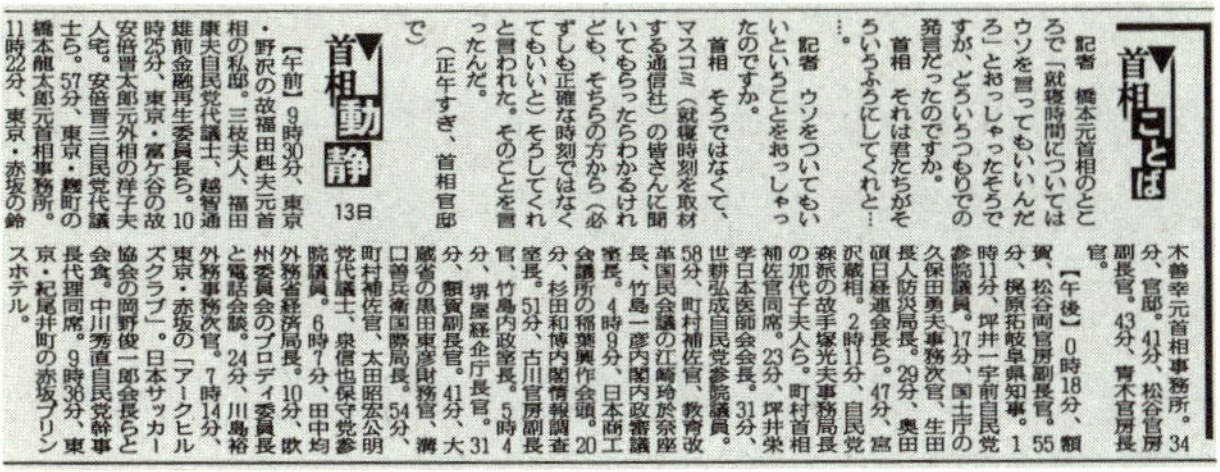

▼首相ことば

記者　橋本元首相のところで「就寝時間についてはウソを言ってもいいんだろ」とおっしゃったそうですが、どういうつもりでの発言だったのですか。

首相　それは君たちがそういうふうにしてくれと……。

記者　ウソをついてもいいということをおっしゃったのですか。

首相　そうではなくて、マスコミ（就寝時刻を取材する通信社）の皆さんに聞いてもらったらわかるけれども、そちらの方から（必ずしも正確な時刻ではなくてもいいと）そうしてくれと言われた。そのことを言ったんだ。

（正午すぎ、首相官邸で）

▼首相動静　13日

【午前】9時30分、東京・野沢の故福田赳夫元首相の私邸。三枝夫人、福田康夫自民党代議士、越智通雄前金融再生委員長ら。10時25分、東京・富ケ谷の故安倍晋太郎元外相の洋子夫人宅。安倍晋三自民党代議士ら。57分、東京・麹町の橋本龍太郎元首相事務所。11時22分、東京・赤坂の鈴木善幸元首相事務所。34分、官邸。41分、松谷官房副長官。43分、青木官房長官。

【午後】0時18分、額賀、松谷両官房副長官。55分、梶原拓岐阜県知事。1時11分、坪井一宇前自民党参院議員。17分、国土庁の久保田勇夫事務次官、生田長人防災局長。29分、奥田碩日経連会長ら。47分、宮沢蔵相。2時11分、自民党森派の故手塚光夫事務局長の加代子夫人ら。町村首相補佐官同席。23分、坪井栄孝日本医師会会長。31分、世耕弘成自民党参院議員。58分、町村補佐官、教育改革国民会議の江崎玲於奈座長、竹島一彦内閣内政審議室長。4時9分、日本商工会議所の稲葉興作会頭。20分、杉田和博内閣情報調査室長。51分、古川官房副長官、竹島内政室長。5時4分、堺屋経企庁長官。31分、額賀副長官。41分、大蔵省の黒田東彦財務官、溝口善兵衛国際局長。54分、町村補佐官、太田昭宏公明党代議士、泉信也保守党参院議員。6時7分、田中均外務省経済局長。10分、欧州委員会のプロディ委員長と電話会談。24分、川島裕外務事務次官。7時14分、東京・赤坂の「アークヒルズクラブ」。日本サッカー協会の岡野俊一郎会長らと会食。中川秀直自民党幹事長代理同席。9時36分、東京・紀尾井町の赤坂プリンスホテル。

2000年4月13日（木）

森首相と首相番の記者たちとの関係は、最初から良好なものではありませんでした。それを象徴するのが、この日のやりとりです。

「首相動静」に関して、「就寝時間についてはウソを言ってもいいんだろ」と発言したことに関して記者が追及しています。

森首相は弁解していますが、記者たちに誠実に向き合おうとはしていません。ここが前任者とは違うところです。小渕元首相は、記者たちの質問に、ときにはユーモアを交えながら、きちんと答えようとしていました。それが、小渕首相が愛された理由でもありました。

この後の「首相ことば」を見ればわかりますが、まるで自分の子どものような年齢の記者たちに対して、大人げない対応をする様子がしばしば紹介されます。記者たちには素っ気ない森首相ですが、政界の先輩たちには気配りします。歴代の首相の遺族や事務所に挨拶回りしています。首相に挨拶に来る人たちも相次ぎます。

夜は早速、赤坂の「アークヒルズクラブ」で会食です。この店には、就任直後の1週間で5回も行っています。文芸評論家の福田和也氏によると、ここは会員制クラブ。個人の入会金120万円、入会預託金180万円、年会費24万円なんだそうです。

その後、赤坂プリンスホテル泊。彼はここを定宿にしていて、都内に自宅があるのに、しばしば宿泊しています。

▼首相ことば

記者　今日はこれから野中幹事長との会談がありますが。

首相　野中、青木。

記者　青木さんも一緒ですね。会談の中身は総選挙の時期ですね。

首相　別に決まってるわけじゃないよ。そりゃ、やってみなきゃあ。

記者　かなり突っ込んだやりとりになるんでしょうね。

首相　いや、突っ込むとか突っ込まないとか、そういうことじゃないでしょう。

（午後7時前、首相官邸で）

▼首相動静　20日

【午前】9時1分、官邸。12分、桜井新自民党政調会長代理。47分、中央省庁等改革推進本部顧問会議。58分、「二十一世紀の科学技術」表彰式と懇談会。11時8分、福島、栃木、埼玉、山口、鹿児島各県の知事選候補者に自民党推薦証渡し。自民党の野中広務幹事長、中川秀直幹事長代理、鈴木宗男総務局長ら同席。15分、中川幹事長代理、鈴木総務局長。25分、深谷通産相、通産省の広瀬勝貞事務次官、今野秀洋通商政策局長、河野博文資源エネルギー庁長官。

【午後】0時31分、青木、額賀、松谷正副官房長官。56分、古川官房副長官、本村芳行外務省九州・沖縄サミット準備事務局長。1時9分、町村首相補佐官、狩野勝前自民党代議士、松島みどり同党東京第十四選挙区支部長。23分、能勢和子自民党副幹事長、全日本私立幼稚園連合会の三浦貞子会長ら。31分、石川県川北町の西田耕豊町長ら。51分、仲井真弘多沖縄電力社長。尾身幸次自民党代議士同席。2時、コマツの片田哲也会長、河合良一相談役。8分、室伏稔日本貿易会会長。18分、宮本富士夫石川県警備業協会会長ら。3時13分、高度情報通信社会推進本部の情報セキュリティー部会。20分、阿南惟茂内閣外政審議室長、藤崎一郎外務省北米局長らと欧米ロ訪問への勉強会。23分、古川副長官、町村補佐官加わる。27分、額賀、松谷両副長官加わる。45分、額賀副長官。5時5分、川島裕外務事務次官。10分、近藤茂夫内閣広報官。40分、報道各社のインタビュー。6時23分、無所属の会の椎木竜三代議士。36分、堀達也北海道知事、町村補佐官。57分、東京・赤坂の料亭「佳境亭」で森事務所関係者の慰労会。7時41分、東京・紀尾井町の「福田家」。自民党の野中幹事長、青木長官と会食。9時23分、東京・紀尾井町の赤坂プリンスホテル。自民党幹事長当時の担当記者と懇談。同ホテルに宿泊。

2000年4月20日（木）

森首相の本領発揮・面目躍如なのが、この日の行動です。

午後に全日本私立幼稚園連合会の会長らと会っています。森首相は文教族。私立幼稚園に対する支援に熱心で、幼稚園と保育所を一緒にする「幼保一元化」には反対の態度をとっています。

石川県の川北町の町長や石川県警備業協会会長も挨拶に。地元ですからね。

午後6時57分からは赤坂の料亭「佳境亭」へ。森事務所関係者の慰労会を開いています。これで終わりと思いきや、午後7時41分には紀尾井町の「福田家」に。この「首相動静」ではすっかりお馴染みの高級料亭です。歴代の多くの首相が愛用した店に、森首相も顔を出します。

ここでのお相手は、自民党の野中幹事長と青木官房長官でした。「首相ことば」では、記者たちが、「会談の中身は総選挙の時期ですね」と問いただしていますが、森首相は、軽くあしらっています。

野中、青木といえば、「五人組の密室会談」のメンバーです。

森首相の夜は、これでも終わりません。次は、定宿の赤坂プリンスホテルで自民党幹事長当時の担当記者と懇談しています。ここで、先ほどまでの会談の様子を説明したのでしょうか。記者と政治家との“仲良し”クラブ的な性格がうかがえます。この日もまた、このホテルに宿泊です。

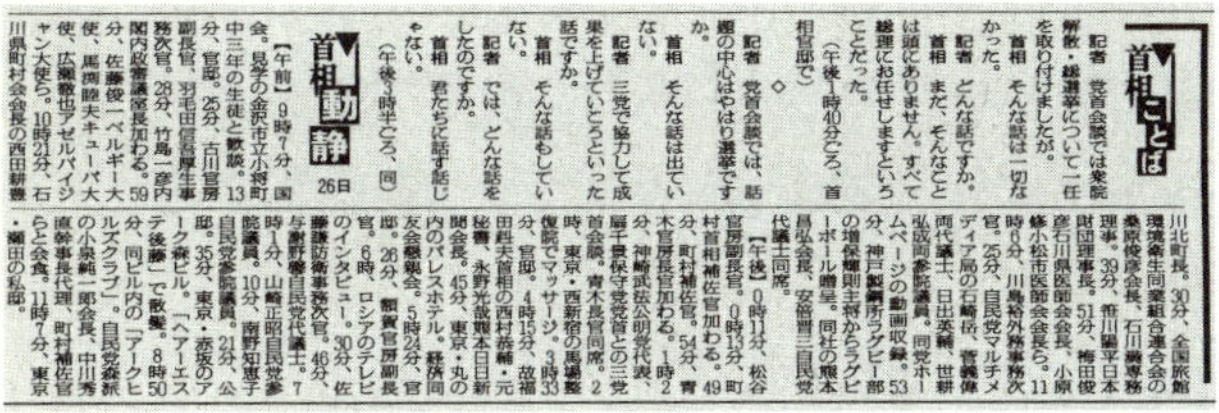

首相ことば

記者　党首会談では衆院解散・総選挙について一任を取り付けましたが。

首相　そんな話は一切なかった。

記者　どんな話ですか。

首相　まだ、そんなことは頭にありません。すべて総理にお任せしますということだった。

（午後1時40分ごろ、首相官邸で）

◇

記者　党首会談では、話題の中心はやはり選挙ですか。

首相　そんな話は出ていない。

記者　三党で協力して成果を上げていこうといった話ですか。

首相　そんな話もしていない。

記者　では、どんな話をしたのですか。

首相　君たちに話す話じゃない。

（午後3時半ごろ、同）

首相動静　26日

【午前】9時7分、国会。見学の金沢市立小将町中三年の生徒と歓談。13分、官邸。25分、古川官房副長官、羽毛田信吾厚生事務次官。28分、竹島一彦内閣内政審議室長加わる。59分、佐藤俊一ベルギー大使、馬渕睦夫キューバ大使、広瀬徹也アゼルバイジャン大使ら。10時21分、石川県町村会会長の西田耕川北町長。30分、全国旅館環境衛生同業組合連合会の桑原俊彦会長、石川興専務理事。39分、笹川陽平日本財団理事長。51分、梅田俊彦石川県医師会会長、小原修小松市医師会会長ら。11時6分、川島裕外務事務次官。25分、自民党マルチメディア局の石崎岳、菅義偉両代議士、日出英輔、世耕弘成両参院議員。同党ホームページの動画収録。53分、神戸製鋼所ラグビー部の増保輝則主将からラグビーボール贈呈。同社の熊本昌弘会長、安倍晋三自民党代議士同席。

【午後】0時11分、松谷官房副長官。0時13分、町村首相補佐官加わる。49分、町村補佐官。54分、青木官房長官加わる。1時2分、神崎武法公明党代表、扇千景保守党党首との三党首会談。青木長官同席。2時、東京・西新宿の馬場整復院でマッサージ。3時33分、官邸。4時15分、故福田赳夫首相の西村恭輔・元秘書、永野光哉熊本日日新聞会長。45分、東京・丸の内のパレスホテル。経済同友会懇親会。5時24分、官邸。26分、額賀官房副長官。6時、ロシアのテレビのインタビュー。30分、佐藤謙防衛事務次官。46分、与謝野馨自民党代議士。7時1分、山崎正昭自民党参院議員。10分、南野知恵子自民党参院議員。21分、公邸。35分、東京・赤坂のアーク森ビル。「ヘアーエステ後藤」で散髪。8時50分、同ビル内の「アークヒルズクラブ」。自民党森派の小泉純一郎会長、中川秀直幹事長代理、町村補佐官らと会食。11時7分、東京・瀬田の私邸。

2000年4月26日（水）

この日の午後、公明党の神崎武法代表、保守党の扇千景党首との3党首会談が開かれています。「首相ことば」での記者たちとのやりとりを見ると、記者が「党首会談では、話題の中心はやはり選挙ですか」と問いかけているのに対して、森首相は、「そんな話は出ていない」と答えています。

しかし、実際には、「そんな話」が出ていたのです。この「首相ことば」が掲載されている新聞の同じ紙面に、3党首の会談要旨が掲載されています。この中で3人は、衆議院の解散・総選挙について話し合っていました。森首相が、総選挙の時期について神崎代表、扇党首に意見を求めたところ、神崎代表は、「首相の決断で結構です」と答え、扇党首は、「保守党は生まれたてなので、本来であれば少しでも遅い方がありがたいが、首相がお決めになれば、それに従います」と答えています。

すぐにわかってしまうようなウソを、森首相が記者たちに話していることが、これでわかってしまいます。これでは記者たちの森首相への不信感が募るだけです。

この日は、西新宿の馬場整復院でマッサージ、赤坂の「ヘアーエステ後藤」で散髪しています。

散髪の前にはパレスホテルで経済同友会の懇親会、散髪後は「アークヒルズクラブ」で再び会食。大した食欲です。

▼首相ことば

記者　扇さんらと会食をされるようですが。

首相　扇さんだけじゃない。保守党のみなさんの会合に顔を出すんだ。

記者　政局についての突っ込んだ話もするんですか。

首相　そんな突っ込んだ話はしない。あなた方も記者の皆さんで会うときに突っ込んだ話をしますか。常識で考えて下さいよ。

（午後6時15分ごろ、首相官邸で）

▼首相動静　11日

【午前】8時33分、官邸。9時53分、阿南惟茂内閣外政審議室長。10時1分、ニカラグアのアレマン大統領。54分、谷野作太郎駐中国大使、阿南室長、槙田邦彦外務省アジア局長。11時1分、唐家璇中国外相。50分、額賀官房副長官。53分、近藤英一郎全国商工会連合会会長ら。

【午後】0時7分、岩山保雄全労済理事長。9分、尾身幸次自民党代議士。12分、古川官房副長官。41分、国会。42分、衆院本会議。3時31分、大島理森衆院議院運営委員長。34分、官邸。36分、横田耕一北海道稚内市長。金田英行自民党代議士同席。50分、青木、額賀正副官房長官。53分、町村首相補佐官加わる。4時1分、教育改革国民会議。52分、野上義二外務審議官。5時11分、厚生省の羽毛田信吾事務次官、大塚義治老人保健福祉局長、大蔵省の武藤敏郎主計局長。24分、牛尾治朗ウシオ電機会長。6時27分、東京・有楽町の日本料理店「胡蝶」。自民党の村上正邦参院議員会長、岡野裕参院幹事長、公明党の鶴岡洋副代表、白浜一良参院幹事長、保守党の扇千景党首らと会食。青木長官、松谷副長官同席。56分、同じ料理店に居合わせた渡部恒三衆院副議長、二階運輸相、鹿野道彦民主党副代表。7時27分、東京・六本木の料理店「あら井」。村岡兼造前幹事長代理、玉沢農水相ら、幹事長時代の幹部と会食。9時33分、東京・赤坂の料理店「きくみ」。46分、東京・紀尾井町の赤坂プリンスホテル。宿泊。

2000年5月11日（木）

保守党の扇党首らとの会食に関して、「扇さんらと会食をされるようですが」と記者が尋ねているのに、森首相は「扇さんだけじゃない」と反論しているのがおかしいですね。扇さんとだけでは都合が悪いことでもあるのでしょうか。

この日も、森首相の健啖家《けんたんか》ぶりが発揮されます。夕方、まずは有楽町の「胡蝶」へ。ここは懐石料理の店で、有楽町駅の近くとは思えない日本庭園まである店でしたが、2004年に閉店しています。

ここで会食していると、同じ店に渡部恒三衆議院副議長や二階俊博運輸相、鹿野道彦民主党副代表が居合せ、途中で合流したようです。政治家たちが、同じような料亭に頻繁に顔を出していることが、この記述からも見えてきます。

ここで終わらないのが、森首相。次は六本木の料理店「あら井」です。この表記は、料亭の事情に詳しくない若い記者が書いたのでしょうね。この店の正式名称は「茶寮あら井」です。「茶寮」というのは、昼は茶事もするという店のことです。福田和也氏の探訪によると、料理は2万円の家庭料理と3万5000円の懐石料理の2種類だけだそうです。

その次は赤坂の「きくみ」。こちらはアメリカ大使館近くの日本家屋の高級料亭。博多から移ってきた店なので、ふぐ料理が名物なのだそうですが、高級料亭をはしごするというのは、どんな胃袋なのでしょうか。

▼首相動静 14日

【午前】8時36分、羽田空港。11時13分、全日空のチャーター機で那覇空港。59分、沖縄県糸満市の平和祈念公園内の国立沖縄戦没者墓苑で献花。

【午後】0時7分、平和祈念公園内の「平和の礎（いしじ）」を視察。1時36分、名護市のザ・ブセナテラスビーチリゾート。岸本建男名護市長ら沖縄県北部地域関係者と懇談。2時2分、同市の万国津梁館（ばんこくしんりょうかん）の落成式。3時1分、名護市民会館。G8（主要八カ国）議長会見場、プレスセンターを視察。4時16分、那覇市の沖縄県立武道館。18分、中曽根文相。28分、「小中学生サミットin OKINAWA」に出席。5時17分、報道各社のインタビュー。41分、那覇市の国営沖縄記念公園内の首里城を視察。6時8分、沖縄県庁。稲嶺恵一同県知事らと懇談。23分、沖縄ハーバービューホテル。7時28分、記者会見。52分、那覇空港。8時4分、全日空チャーター機で同空港発。10時11分、羽田空港。57分、東京・王子本町の故小渕恵三前首相の私邸。弔問。11時54分、東京・瀬田の私邸。

2000年5月14日（日）

沖縄サミットが近づき、サミット会場になる万国津梁館《しんりょうかん》の落成式出席のため、沖縄を訪問しています。「平和の礎《いしじ》」は、糸満市の平和祈念公園内にあります。沖縄戦で亡くなった人たちの氏名が刻まれているのですが、日本人ばかりでなく、連合軍側の戦死者も掲示されているのが特徴です。

献花の後は、名護市のサミット会場とプレスセンターも視察。その後、那覇市に移って、小中学生によるサミットにも出席しました。

その後、再建された首里城も訪れています。このあたりになると、観光気分ですね。

いまも移転をめぐってもめている普天間基地の移転場所は、この前年に名護市辺野古《へのこ》沿岸に決まったのですが、この日の沖縄県知事との会談では、ほとんど議題になりませんでした。すべてはサミット後に先送りというムードです。

それが、２００９年にまで「先送り」が続くことになるのです。

夜になって帰京すると、羽田空港から東京・王子本町の故小渕恵三前首相の私邸に直行しています。この日、小渕前首相が亡くなったからです。

現職の首相として脳梗塞で倒れ、意識が戻らないままでした。常にストレスにさらされる首相の健康管理をどうするか、異常な症状が出たときに、緊急の医療が受けられるかどうかが大きな課題として残されました。

首相ことば

記者　おはようございます。今日もよろしくお願いします。質問してもよろしいでしょうか。
首相　……。
記者　公邸に近々移るとのことですが、いつごろになりそうですか。
首相　……。
（午前9時55分ごろ、首相官邸で）
◇
記者　総理、質問いたします。
首相　だめだ。
記者　お答えいただけませんか。
首相　だめだって。
（午後2時25分ごろ、首相官邸で）
◇
記者　雪印が、返品された製品を再利用するなど問題が広がっているが、総理はどう受け止めていますか。
首相　……。
記者　国民にも動揺が広がっていると思いますが。
首相　……。
（午後6時50分ごろ、首相官邸で）

首相動静 11日

【午前】9時9分、自民党本部。15分、党役員会。54分、官邸。59分、閣議。10時16分、河野外相、中川官房長官。35分、トヨタ自動車の豊田章一郎名誉会長、奥田碩会長ら。11時10分、安倍、上野、古川各官房副長官、野上義二外務審議官ら。

【午後】0時34分、田中均外務省経済局長。2時、小室哲哉、安室奈美恵両氏表敬。28分、川北優・石川県消防長会長ら。38分、日米財界人会議議長のマイケル・アームストロングAT&T会長、槙原稔三菱商事会長。3時5分、時事通信社の杉浦正章編集局長ら。27分、大蔵省の武藤敏郎事務次官、尾原栄夫主税局長。51分、土中幸雄JA石川県中央会長。4時13分、産経新聞社の熊坂隆光編集局長ら。32分、太田宏次電気事業連合会長ら。36分、日朝国交促進国民協会正副会長の村山富市元首相、明石康元国連事務次長。56分、岸本光造自民党代議士。5時10分、山科誠バンダイ名誉会長。33分、安倍副長官。6時30分、近藤茂夫内閣広報官。7時、東京・赤坂の日本料理店「ざくろ」。自民党森派の高市早苗、下村博文両代議士、山本一太、世耕弘成両参院議員。8時10分、安倍副長官加わる。27分、小野晋也経企庁総括政務次官加わる。10時18分、東京・瀬田の私邸。

2000年7月11日（火）

「首相ことば」のやりとりが面白いですね。記者の質問に一切答えようとしない森首相の様子が描かれています。無視された記者が、森首相の無視の様子を読者にわかってもらおうとしている記述の工夫もうかがえます。

首相が官邸の執務室から出て廊下を歩くとき、執務室の前に待機していた記者たちは、首相の周りを取り巻き、その時点の関心事を首相に聞くのですが、その応対は、首相によってさまざまです。

森首相の場合、しばしば記者の質問に反発し、一切口をきかないということがありました。それが何日も続くのです。

それはともかく、「首相動静」に目を移すと、「小室哲哉、安室奈美恵両氏表敬」とあります。沖縄サミットのイメージソング「NEVER END」が完成し、そのCDを森首相に届けに来たのです。

小室哲哉氏に作曲を依頼したのは、故・小渕前首相。小渕前首相の思いのこもった曲です。最近の小室哲哉氏の逮捕、裁判などを見ると隔世の感がありますが、沖縄サミットでの沖縄県主催のレセプションでは、安室奈美恵さんが歌を披露することになります。

夜は、今度は赤坂の日本料理店「ざくろ」へ。森首相が可愛がる高市早苗代議士が一緒です。新聞には日本料理店とありますが、しゃぶしゃぶ料理がメインの店です。森首相が通う店の中では、やや庶民的なイメージです。

▼首相動静 16日

【午前】9時42分、官邸。59分、社民党の土井たか子党首、田英夫国際委員長。10時34分、上野官房副長官、外務省の加藤良三外務審議官ら。

【午後】0時7分、本田技研工業相談役の川本信彦日印経済委員会会長、上島重二三井物産会長ら。1時12分、舞台「友情」出演の宇都宮愛さんら。政治評論家の三宅久之氏同席。34分、首藤新悟防衛庁防衛局長ら。55分、的場順三大和総研理事長。2時43分、中村参与。54分、中川官房長官。3時11分、中村純隆西日本新聞東京支社編集長。24分、加藤外務審議官。51分、林正和大蔵省主計局長。4時11分、中曽根補佐官、竹島一彦内閣内政審議室長。46分、近藤茂夫内閣広報官。5時5分、インターネットの首相官邸ホームページ用ビデオ収録。31分、パソコンの勉強。50分、中川長官。6時10分、パソコンの勉強。20分、公邸。

2000年8月16日（水）

この頃、日本にもIT（インフォメーション・テクノロジー）という概念が入ってきました。森首相が「IT」を「イットって、なんだ？」と尋ねたという説が流布されたのも、この頃です。事実かどうかは不明なまま、「森首相なら言いかねない」と思われたのでしょうね。

これからはIT革命の時代だ、と森内閣が掛け声をかけたこともあり、森首相としては、「魁《かい》より始めよ」ということなのでしょう。この頃、しばしばパソコンの練習に取り組んでいます。

とはいえ、練習している時間を計算すると、大した時間をかけているわけではありません。飽きてしまったのか、馴染めなかったのか。少なくともパソコンに取り組んでいるという姿勢を示すことが大事だったのでしょう。

アメリカではクリントン政権のゴア副大統領が、「情報ハイウェイ」の必要性を訴え、インターネットの普及発展に尽力していたのに比べると、その彼我の差に愕然とするのですが。

それでも、インターネットでの首相官邸ホームページ用のビデオ収録をしているところをみると、動画サイトができていたことがうかがえます。

森首相がたとえ、指1本でキーボードを叩いていても、周囲には、IT革命推進のスタッフがそれなりに存在していたことがわかります。

▼首相ことば

記者　「やはり首相にも神戸に行って頂きたい」という声がありますが。

首相　……。

（午後2時15分ごろ、首相官邸で）

◇

首相　（自ら語りだし）今日は楽しかったなあ。（官邸を訪れた新省庁の）幹部で自分の省庁の新しい電話番号をぱっと言える人がいなかった。いくつかの役所の代表に電話をしてみたが、なかなか出なかった。無理もない。交換（手）がまだ慣れていないから。難しい課を言うと時間がかかる。厚生労働省で、なくなった課を言うと、しばらくして「どういうご用でしょうか」と言われた。そういうのを幹部の前でやってみせた。省庁再編は国民のためにと言っているのだから、国民との接点を大事にしないといけない。

（午後6時5分ごろ、同）

▼首相動静　17日

【午前】9時59分、官邸。10時2分、嶋津昭総務事務次官ら幹部職員。就任、退任あいさつ。13分、小野元之文部科学事務次官ら。20分、近藤純五郎厚生労働事務次官ら。36分、熊沢英昭農水事務次官ら。45分、広瀬勝貞経済産業事務次官ら。11時1分、小野邦久国土交通事務次官ら。10分、太田義武環境事務次官ら。17分、森昭治金融庁長官ら。21分、林梓内閣府国際平和協力本部事務局長ら。33分、中名生隆旧経企事務次官ら。

【午後】0時59分、東京・内幸町の飯野ビル。同ビル内のイイノホールで環境省発足記念の「川口環境大臣と語るタウン・ミーティング」であいさつ。1時55分、公邸。2時16分、官邸。17分、小野国土交通事務次官。29分、古川官房副長官。3時24分、外務省の野上義二外務審議官、田中均経済局長。4時19分、安倍官房副長官。37分、木阪崇司内閣府原子力安全委員会事務局長。49分、福田官房長官。5時9分、総合科学技術会議議員の井村裕夫京大名誉教授、興直孝内閣府政策統括官。6時16分、東京・銀座の日本料理店「吉兆」。高村法相、宮沢財務相、亀井静香自民党政調会長らと会食。56分、渡部恒三衆院副議長加わる。7時38分、石原慎太郎東京都知事加わる。9時43分、公邸。

2001年1月17日（水）

「首相ことば」で、記者が「やはり首相にも神戸に行って頂きたいという声がありますが」と話しかけているのは、この日が1月17日。阪神・淡路大震災の慰霊の日だからです。自分に都合の悪い質問には答えようとしない森首相ですが、自分から上機嫌に話し出すこともあるようです。

中央省庁の再編の様子を自ら試してみた結果を得意げに披露しています。自分の省庁の新しい電話番号をすぐに言える幹部がいなかったこと、首相自ら代表番号にかけて交換手の対応を試してみたりしたようです。

首相が、自分でこんなことをする神経、それを得意げに話す神経、なかなか理解できません。他人のアラを探して、「今日は楽しかったなあ」と言うのですから。首相は、それほど暇なのでしょうか。

「首相動静」を見ると、この日は確かに朝から再編された新しい省庁の事務次官らが、相次いで首相に挨拶に来ています。この人たちが、自分の役所の電話番号を言えなかったのですね。

「楽しかった」1日の終わりは、やはり高級料亭へ。この夜は銀座の「吉兆」です。この料亭も、歴代の首相が愛用しています。

森首相の行動を追いかけているだけで、日本の保守政治家たちの行きつけの高級料亭のリストが完成してしまいそうな勢いです。

それにしても、面白うて、やがて悲しき、という言葉が浮かんできます。

第18章

自民党を破壊した

――小泉純一郎

「自民党をぶっ壊す」と宣言して自民党の総裁・首相になり、自ら推進した構造改革によって、自民党の支持基盤を掘り崩し、「公約通り」自民党をぶっ壊してしまった男。それが小泉純一郎です。

首相在任期間は5年半という、戦後の日本では佐藤栄作、吉田茂に次ぐ長期政権を維持しました。

小泉改革が日本を格差社会にしたという批判がある一方で、いまだに「首相になってほしい人物」として人気を誇るという両極端の評価を得る人物でもあります。

田中真紀子が「変人」と称した通り、従来の自民党議員とは大きく異なるライフスタイルを持っていたことは、「首相動静」を見てもわかります。前任者の森喜朗とは異なり、夜の宴席に出ることも少なく、オペラやコンサートに足繁く通い、休日は公邸から一歩も外に出ないでクラシック音楽を聞いている。政治家としては、極めて異質な生活ぶりでした。

戦前、逓信相などを歴任した小泉又次郎が祖父、防衛庁長官などを務めた小泉純也が父親という政治家3代目です。さらに本人が政治家を引退すると、息子の進次郎が2009年8月の総選挙で地盤を継いで当選。政治家4代という家系になりました。

慶応大学を卒業後、ロンドン大学留学中に父・純也が急死。日本に呼び戻されて1969年の衆議院総選挙に立候補しますが、落選。福田赳夫の秘書となり、書生のような暮らしをした後、1972年の選挙で当選して自民党福田派に所属しました。

経歴では「ロンドン大学留学」となっていますが、実際は聴講生の身分で「遊学」だったというのが正確なところのようです。ロンドンではオペラやミュージカル三昧だったと本人も認めています。

1979年に大平内閣で大蔵政務次官に就任した際、郵政民営化について学び、これを持論にしました。そこには、初の立候補の際、地元の郵便局が対立候補を応援して落選した経緯から、郵政省を敵視するようになった背景があるとの説もあります。

1992年の宮沢改造内閣で郵政大臣になりますが、持論の郵政民営化を唱えて、郵政事業の拡大に反対し、郵政官僚と真っ向から対立します。

1995年の自民党総裁選挙に立候補しますが、橋本龍太郎に大敗。3年後の総裁選挙に再び立候補しますが、小渕恵三に大敗し、2位の梶山静六にも及ばず最下位でした。

これにもめげないのが「変人」たるゆえん。

2001年4月の総裁選挙に3度立候補します。総裁選挙では、橋本龍太郎、麻生太郎、亀井静香を相手に戦いました。このとき田中真紀子の応援を受け、ブームを巻き起こします。自民党総裁選挙は

地方票と国会議員票の総計で当選者を決めますが、事前に開票された地方票で小泉が圧勝の勢いであるのを見て、国会議員も雪崩を打って小泉に投票し、遂に小泉内閣が誕生することになります。

このときの地方での演説で、小泉は、「改革できない自民党は私がぶっ壊す」と宣言。これが国民の熱い支持を得ました。

それまで歴代の内閣は、各派閥が大臣候補を推薦し、首相はそのリストから大臣を選ぶという方法をとってきましたが、小泉首相は、この手法を拒否。閣僚人事をすべて自分で決めてしまいます。いわゆる「官邸主導」と呼ばれる、「大統領的首相」の政治力を発揮します。発足時の内閣支持率は、90％近くに達し、過去最高を記録します。

このとき民間から慶応大学教授の竹中平蔵を経済財政政策担当大臣に起用して、構造改革の流れを作ります。

「構造改革なくして景気回復なし」「改革には痛みを伴う」などというスローガンを掲げ、特殊法人の民営化、三位一体の改革などを推進。とりわけ郵政民営化に政治生命を賭けました。

首相として靖国神社にも参拝し、中国や韓国との関係が悪化することもありました。

２００1年9月にアメリカで同時多発テロが発生すると、ブッシュ大統領の「テロとの戦い」にいち早く支持を表明し、テロ対策特別措置法を成立させて、インド洋に海上自衛隊を派遣し、米軍艦船などへの洋上給油を実施します。

２００2年9月には、北朝鮮を訪問して金正日総書記と会談。日朝平壌宣言に調印します。このとき金正日に日本人拉致事件を認めさせて謝罪を引き出します。さらに日本人拉致被害者5人を帰国させましたが、その後の交渉は暗礁に乗り上げたままになりました。

アメリカのブッシュ大統領との間で友人関係を築き、アメリカがイラクに侵攻してフセイン政権を倒すと、2004年1月、陸上自衛隊をイラクのサマーワに派遣します。

2005年7月、郵政民営化法案が衆議院では可決されたものの、8月に参議院で否決されると、小泉首相は、「国民の意見を聞きたい」と言って、衆議院を解散します。「郵政解散」です。

この選挙で、小泉首相は、民営化法案に反対した自民党議員には公認を与えず、各選挙区に自民党公認の「刺客」候補を送り込みました。

このドラマティックな展開は「小泉劇場」と呼ばれ、自民党は296議席を獲得するという大勝を収めます。

この後の特別国会に提出された郵政民営化法案は衆議院でも参議院でも可決され、小泉首相の長年の夢が遂に実現しました。

しかし、いったん郵政民営化が実現すると、小泉首相は「燃え尽き症候群」状態となり、2006年9月の自民党総裁の任期満了と共に内閣総辞職し、自ら後継者と定めた安倍晋三に総裁・首相の座を譲りました。

▼首相動静　9日

【午前】9時31分、官邸。34分、安倍官房副長官。10時13分、安倍副長官。11時54分、上野官房副長官。

【午後】0時15分、安倍、上野副長官。55分、国会。1時2分、衆院本会議。4時21分、官邸。29分、05年日本国際博覧会（愛知万博）協会の豊田章一郎会長。55分、上野副長官。59分、今井敬経団連会長。5時26分、小川忠男都市再生本部事務局長。31分、浦部官房副長官補、外務省の川島裕事務次官、藤崎一郎北米局長。6時5分、川島次官。6分、古川官房副長官、法務省の中尾巧入国管理局長加わる。11分、福田官房長官加わる。47分、福田長官、川島次官。56分、福田長官。7時35分、東京・紀尾井町の赤坂プリンスホテル。同ホテル内のフランス料理店「トリアノン」で秘書官と食事。8時27分、安倍副長官加わる。9時18分、福田長官加わる。36分、秘書官とともに同ホテル内のカクテルラウンジ「トップ・オブ・アカサカ」。10時43分、公邸。

2001年5月9日（水）

2005年に愛知で開かれる「日本国際博覧会」の豊田章一郎会長が訪問しています。愛知で開かれるとあって、トヨタが頼り。豊田会長頼みというところです。

ところで、小泉首相のライフスタイルは、歴代の首相とは大きく異なります。土日はほとんど外出することなく、音楽鑑賞です。Jポップからクラシックまで、実に多様なジャンルの音楽について造詣が深いのです。

また、高級料亭に顔を出すことも少なく、食事はレストランやラーメン店が多くなります。食事の趣味も、歴代の高齢者の首相たちとは違っています。

小泉首相は、赤坂プリンスホテルの中のレストランを愛用しました。小泉首相の兄貴分の森元首相が、このホテルを定宿にしていることと関係あるのかもしれませんが、その利用頻度の多さは群を抜いています。「首相動静」に連日赤坂プリンスホテルの名前が登場するのですから、いい宣伝にもなったことでしょう。

独身の首相ですので、一緒に食事をするのは秘書官がほとんどです。赤坂プリンスホテルの中のフランス料理店「トリアノン」で食事をし、その後、ホテルの中のカクテルラウンジ「トップ・オブ・アカサカ」に寄るというコースが多かったのです。

ただ、この日は安倍官房副長官、福田官房長官も食事に加わっています。でも、カクテルラウンジに行ったのは秘書官だけでした。

▼首相動静 15日

【午前】7時36分、官邸。38分、安倍官房副長官。8時27分、国会。28分、古川官房副長官。30分、竹中経済財政担当相。32分、閣議。46分、塩川財務相、竹中経済財政相。9時、衆院予算委員会。【午後】0時34分、日米の「さくらの女王」。49分、塩川財務相。1時、衆院予算委。5時3分、報道各社のインタビュー。8分、官邸。10分、古川副長官。51分、報道各社のインタビュー。6時29分、東京・銀座の日本料理店「吉兆」。日本テレビの氏家斉一郎社長ら民放幹部と会食。山崎拓自民党幹事長同席。9時、公邸。

2001年5月15日(火)

歴代の首相は、首相執務室を出て外に行くとき、歩きながら首相番の記者たちの質問に短く答えていました。このやりとりで失言の多かった森前首相は、最後には「歩きながら話しません」と言って、記者の問いかけに答えようとしませんでした。

これに対して小泉首相は、同じく「歩きながら話しません」という態度をとりましたが、その代わり、この日から、夕方に官邸内で記者たちの質問に立ったまま答えるというスタイルの記者会見を始めました。このスタイルは、以後の首相たちも踏襲することになります。この日の「首相動静」を見ると、午後5時51分から「報道各社のインタビュー」と記載のあるのが、それです。

この手法について、朝日新聞の首相番の記者は、この日の紙面で、「党内基盤が弱いだけに、国民に直接訴えかけたい。そんな思惑が見え隠れする」と分析しています。

やがて会見は1日2回に増え、小泉首相がテレビを通じて国民に訴えかける場所として使われるようになります。印象的な短いワンフレーズで言いたいことを言うという小泉首相の本領発揮の場所になっていくのです。

夜は、この欄ではすっかりお馴染みになった銀座の日本料理店「吉兆」です。日本テレビの氏家斉一郎社長ら民放幹部と会食とあります。新聞社や民放の幹部が首相を囲んで会食している事実も、この欄を見ているとわかるのです。

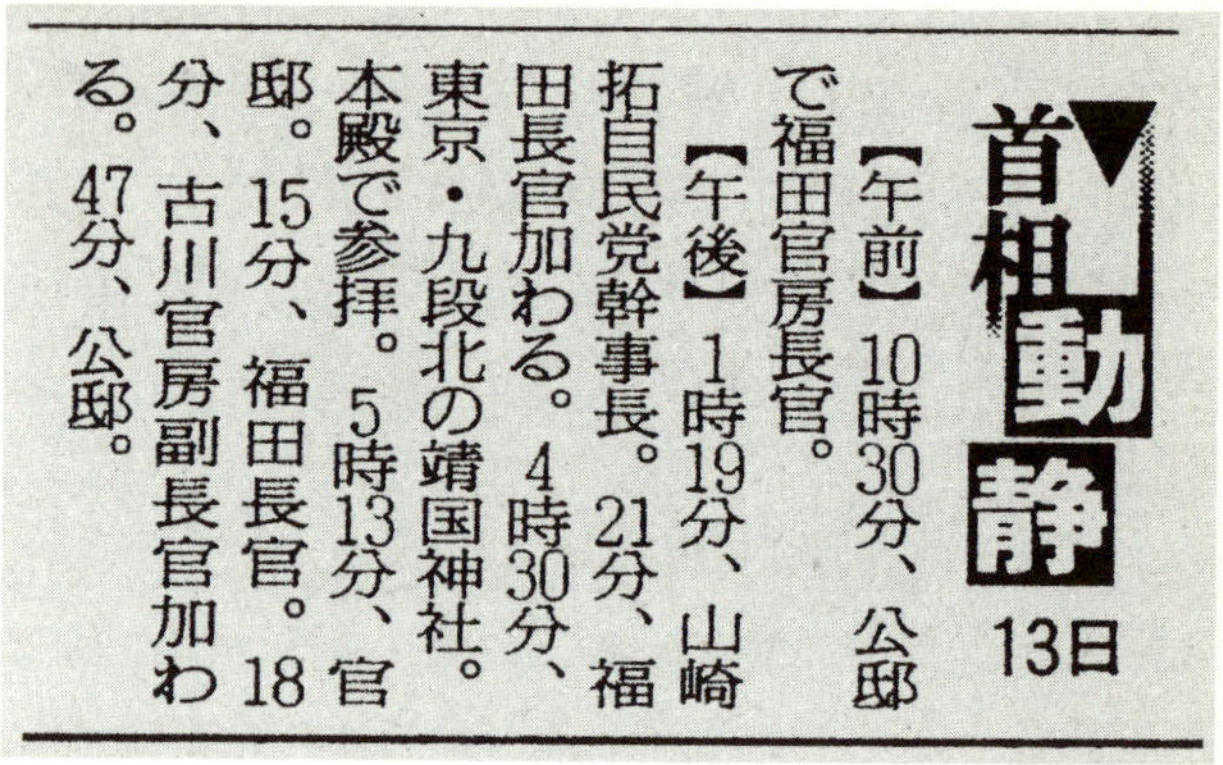
▼首相動静　13日

【午前】10時30分、公邸で福田官房長官。

【午後】1時19分、山崎拓自民党幹事長。21分、福田長官加わる。4時30分、東京・九段北の靖国神社。本殿で参拝。5時13分、官邸。15分、福田長官。18分、古川官房副長官加わる。47分、公邸。

2001年8月13日(月)

小泉首相が、靖国神社に参拝しています。これ以降、小泉内閣と中国、韓国との関係がギクシャクし始めます。

小泉首相は、首相になる前、自民党内での総裁選挙で、「8月15日の終戦記念日に靖国神社に参拝する」ことを公約にしていました。

これに対して、中国や韓国は、「戦争犯罪人を祭っている靖国神社に、よりによって終戦記念日に参拝すべきではない」と反発していました。

靖国神社を参拝したいが、8月15日だと国際的な反発が強い。そのジレンマの中で、小泉首相は、2日前倒しして参拝に踏み切りました。

終戦記念日に首相の靖国神社参拝を求めていた勢力は失望する一方、中国や韓国は、靖国神社に参拝したこと自体を問題にします。

靖国神社は、もともと明治維新の際の戊辰《ぼしん》戦争で官軍の側で戦って戦死した兵士を祭る神社として始まり、戦前、戦中は、天皇に命を捧げた軍人を「神」として祭ることで、戦意高揚をはかる役割を果たしました。

戦後、極東軍事裁判で、連合国によって「A級戦犯」として有罪判決を受け、処刑された東條英機元首相らを靖国神社が1978年から祭っていた(合祀)ことがわかり、以後、天皇陛下の参拝は見合わされたままになっています。

この日以降、毎年夏になると、小泉首相の靖国参拝が大きなニュースになります。

▼首相動静

▼11日

【午前】9時4分、官邸。6分、宮内義彦総合規制改革会議議長、石原行革担当相、坂篤郎内閣府政策統括官。15分、閣議。59分、塩川財務相、柳沢金融担当相、竹中経済財政担当相、石原担当相、福田官房長官。10時14分、全国都道府県知事会議。

【午後】0時31分、知事らと昼食。51分、公邸。1時53分、官邸。54分、行革断行評議会メンバーの作家猪瀬直樹氏。2時11分、WHOハンセン病制圧特別大使の笹川陽平日本財団理事長。35分、安倍、上野、古川の各官房副長官。44分、福田長官加わる。3時25分、安倍副長官。31分、塩川財務相、安倍副長官。35分、塩川財務相残る。36分、扇国土交通相加わる。4時5分、外務省の槙田邦彦アジア大洋州局長。27分、相沢英之自民党代議士。33分、経済財政諮問会議。6時22分、東京・平河町の都道府県会館。閣僚と知事との意見交換会。片山総務相、森山法相ら同席。44分、官邸。45分、柳沢担当相。47分、福田長官加わる。8時15分、紀尾井町の赤坂プリンスホテルのコーヒーハウス「ポトマック」で秘書官と食事。9時51分、公邸。10時31分、麻生太郎自民党政調会長。11時、福田長官加わる。25分、安倍副長官加わる。33分、上野副長官加わる。35分、大森官房副長官補加わる。45分、公明党の神崎武法代表加わる。49分、杉田和博内閣危機管理監加わる。54分、田中外相加わる。58分、公明党の東順治国対委員長代理加わる。

▼12日

【午前】0時、藤崎一郎外務省北米局長加わる。19分、官邸別館の危機管理センター。福田長官ら同席。20分、自民党の堀内光雄総務会長加わる。50分、村井国家公安委員長加わる。51分、田中外相加わる。

56分、古屋圭司経済産業副大臣加わる。1時15分、青木幹雄自民党参院幹事長加わる。32分、公邸。

2001年9月11日(火)

アメリカで同時多発テロが発生した日です。夜までの首相は、全国都道府県知事会議に出席したり、行革断行評議会メンバーの作家の猪瀬直樹氏と会ったりしていました。

ちなみに猪瀬氏は、小泉政権の下で道路公団の民営化などに取り組み、その後、石原都知事に請われて東京都の副知事に就任することになります。

夜は赤坂プリンスホテルのコーヒーハウス「ポトマック」で秘書官と食事。小泉首相が愛用するコーヒーハウスです。

しかし、9時51分に公邸に戻っています。アメリカでのテロの情報が入ったのでしょう。その後、官房長官や官房副長官、内閣危機管理監らが続々と詰めかけています。

麻生太郎自民党政調会長が駆けつけたのが一番早いというのが目立っています。

田中真紀子外相が駆けつけたのは、午後11時54分という遅い時間。田中外相は、「外務省の役人が連絡してこなかったんです」と弁解しながら公邸に入りましたが、田中外相は就任時「夜はプライベートな時間だから、自宅には電話してこないように」と外務省幹部に申し付けていました。

外務省幹部は、その言いつけを守っただけということですが、これほどの事態でも連絡しようとしなかったことに、日頃から田中外相の言動に振り回されていた外務省幹部の意趣返しの気配もうかがえます。

▼首相動静　23日

【午前】公邸で不審船事件の電話報告を受けるなどして過ごす。
【午後】0時26分、官邸。34分、皇居。天皇誕生日祝賀の儀・宴会の儀に出席。1時53分、公邸。2時31分、東京・紀尾井町の赤坂プリンスホテル。岡本行夫内閣官房参与らの「対外関係タスクフォース」勉強会。3時55分、公邸。4時2分、田中外相、丸谷佳織、小島敏男両外務政務官。

2001年12月23日(日)

午前中、公邸で不審船事件の電話報告を受けています。小泉内閣時代、さまざま大事件が発生しましたが、これもそのひとつです。

前日の22日、鹿児島県奄美大島沖の日本の漁業海域を航行していた国籍不明の不審船を海上保安庁の巡視船が追跡しました。

停止命令に従わないため、巡視船が停止させせようと発砲したところ、不審船は巡視船に向けて発砲。海上保安官3人が負傷しました。このため巡視船が応戦したところ、不審船は自爆しました。乗っていた約15人の船員は行方不明になりました。

その後の調べで、不審船は、巡視船に対して旧ソ連製の小型ロケット弾を少なくとも2発発射していたことがわかりました。ロケット弾は巡視船に命中しませんでしたが、当たっていたら、巡視船に大きな被害の出るところでした。

この時点では「不審船」という表現でしたが、その後、北朝鮮の工作船であったことがわかっています。

1999年3月にも石川県能登半島沖に不審船が現われ、海上自衛隊や海上保安庁が追跡しましたが、取り逃がすという事件がありました。この事件を教訓に、この年、海上保安庁法が改正され、日本の領海内であれば、船体射撃ができることになりました。

ただ今回は、領海外だったため、逃走防止などを目的とする警察官職務執行法が根拠とされました。

▼首相動静 15日

【午前】8時13分、国会。15分、安全保障会議。30分、閣議。48分、古川官房副長官。52分、福田官房長官。9時、官邸。8分、内閣府の河出英治事務次官、勝野堅介政府広報室長。33分、江利川毅内閣府官房長。47分、島田晴雄内閣府特命顧問。10時32分、財務省の武藤敏郎事務次官、大武健一郎主税局長、寺沢辰麿理財局長。11時22分、BBCやCNNなど外国プレスのインタビュー。

【午後】0時18分、安倍、上野両官房副長官。2時、月刊誌「中央公論」の企画で作家城山三郎氏と対談。54分、日本語ジュニアサミット ジャパン・リターン・プログラム実行委員会の池崎美代子事務局長ら。小野清子自民党参院議員同席。3時30分、田中均外務省アジア大洋州局長。50分、加藤良三駐米大使、藤崎一郎外務省北米局長。4時5分、安倍副長官、岡本行夫内閣官房参与、加藤駐米大使、大島正太郎外務審議官。日米首脳会談の勉強会。51分、経済産業省の広瀬勝貞事務次官、岡本巌製造産業局長、太田信一郎商務情報政策局長。6時12分、東ティモール国際平和協力隊の派遣あいさつ。中谷防衛庁長官ら同席。7時3分、経済財政諮問会議。8時11分、東京・愛宕の森タワー内のすし店「An」で作家の林真理子氏、宮内義彦オリックス会長ら「不機嫌の会」メンバーと会食。10時15分、永田町のキャピトル東急ホテル内の理髪店「村儀理容室」で散髪。11時15分、公邸。

2002年2月15日(金)

午前中はBBCやCNNなど外国プレスのインタビュー、午後は「中央公論」の企画で城山三郎氏と対談など、この日も多忙です。「日本語ジュニアサミット」というのは、日本語を勉強している世界の若者たちに日本に集まってもらい、日本語で世界平和について語るというイベントです。サミットに首相メッセージを出してもらう表敬訪問です。

夕方には東ティモール国際平和協力隊を前に挨拶しています。隣国インドネシアに長年支配されていた東ティモールは、1999年に住民投票で独立を決めましたが、インドネシア政府の支援を受けた独立反対派の民兵による暴動が発生。多数の死傷者が出ました。このため国連による暫定行政機構が設立され、この年の5月に独立を果たしました。日本の自衛隊も、国連の平和維持活動(PKO)として派遣されました。

夜は愛宕のすし店で「不機嫌の会」のメンバーと会食しています。「不機嫌の会」は、作家の林真理子さんと宮内義彦オリックス会長、奥谷禮子ザ・アール社長、カルチュア・コンビニエンス・クラブの増田宗昭社長、野田聖子元郵政相、小泉首相の男女6人の仲良しグループです。3か月に一度、映画や演劇の話をしたり、一緒に旅行に行ったりしています。会の名前は、林さんの小説『不機嫌な果実』に由来します。小泉首相は、その後、郵政民営化に反対した野田聖子の選挙区に刺客を立てているのですから、非情です。

首相動静

▼6日
午後6時52分、山崎拓自民党幹事長。8時11分、福田官房長官。

▼7日
【午前】7時3分、官邸。47分、安倍官房副長官。8時22分、閣議。45分、川口外相。47分、平沼経産相、石原行革担当相。50分、竹中経済財政担当相。57分、国会。9時、衆院有事法制特別委員会。

【午後】0時4分、官邸。49分、安倍氏。1時12分、国会。16分、衆院有事法制特別委員会。4時59分、官邸。5時、塩川財務相。29分、石田真敏、谷本龍哉両代議士、世耕弘成参院議員。6時22分、公明党の神崎武法代表、浜四津敏子代表代行ら。36分、竹内行夫外務事務次官。7時13分、東京・虎ノ門のホテルオークラの日本料理店「山里」で自民党の山崎幹事長ら役員会メンバーと会食。8時57分、公邸。

◇

小泉首相が7日から新首相官邸で執務を始めました。旧官邸では首相執務室前で来客の出入りを確認できましたが、新官邸では危機管理のため、モニターカメラを通してしかチェックできません。新官邸の出入り口などでもチェックし、確認された来客についてのみ掲載します。ご了承ください。

2002年5月7日(火)

新しい総理官邸が完成し、7日から首相が執務を始めました。前の総理官邸は、横に移動させて内部を改装し、総理公邸として使っていますが、この時点では東五反田の仮公邸住まいです。

これまでの官邸では、2階の首相執務室前の狭い廊下に記者たちが待機し、首相が執務室から出てくると、首相を取り囲んでひと言を引き出そうとしてきました。

しかし、一国の政治のリーダーと取材記者たちが、これほどまでに近い場所に常にいて、いつでも声をかけられるというのは、世界の先進国では極めて珍しいケースでした。

首相に会う人たちは、必ず記者たちの前を通らなければならず、首相が誰と会ったか、常にオープンになっていました。これは、民主主義としては望ましいことですが、警備する側からすれば、記者たちの間にテロリストが紛れ込む恐れもありますし、首相や首相周辺では、首相が誰と会ったか全部わかってしまうのは困るという意見もありました。

その結果、新しい官邸では、記者たちの控え室が遠ざけられ、モニターカメラを通してでなければ執務室に出入りする人を確認できなくなりました。

さらに、モニターカメラに映らずに執務室に出入りできるルートも確保されました。

このため、紙面に「お断り」が掲載されているように、首相動静は全部がそのまま報じられるわけではなくなったのです。

▼首相動静 17日

【午前】6時18分、羽田空港。46分、訪朝のため、政府専用機で出発。

【午後】10時45分、羽田空港着。11時16分、東京・東五反田の仮公邸。

2002年9月17日（火）

小泉首相、電撃的な北朝鮮訪問です。

首相の特使と北朝鮮の窓口との間で極秘裏に進められてきた交渉が実り、小泉首相が日帰りで北朝鮮を訪問しました。宿泊すると、歓迎の宴に出なければならず、それでは日本の国民感情に反するということを配慮しての日帰りでした。昼食も、北朝鮮側が用意すると日本国内で反発する声が出ることを考え、日本から持参するという念の入れようでした。

交渉の途中、日本側だけの打ち合わせでは、北朝鮮側に盗聴されていることを前提にしゃべったり、内密にしておきたいことは筆談に切り替えたりするなどの対策を講じました。

日朝首脳会談ですから、相手の金正日総書記は、国家を代表して小泉首相と会いました。その場合、金正日の肩書きは「国防委員長」です。総書記というのは、朝鮮労働党の役職名だからです。

この会談で小泉首相は、過去の植民地支配に反省とおわびを表明する一方、北朝鮮は、日本人を拉致したことを認めて日本側に謝罪しました。さらに不審船が自国の船だったことを認め、日本人の生命や安全にかかわる「遺憾な問題」が再び生じることのないように適切な措置をとることを約束しました。

北朝鮮は、会談に先立ち、日本人拉致事件について、8人が死亡し、5人が生存していると回答。5人は日本に帰国できましたが、「8人死亡」を含め、不明な点が多く、その後も両国間の問題として残っています。

▼首相動静　28日

【午前】9時49分、官邸。51分、岡本首相補佐官。10時3分、ハラジ・イラン外相。岡本補佐官、堂道外務省中東アフリカ局長同席。50分、江口隆一熊本県水俣市長ら。11時5分、李源潮・中国共産党江蘇省委員会書記。額賀自民党幹事長代理同席。

【午後】0時8分、政府与党連絡会議。2時31分、黒柳徹子ユニセフ親善大使。3時、有馬龍夫政府代表。谷内官房副長官補、堂道局長同席。37分、岡本補佐官。4時3分、米俳優トム・クルーズ氏ら。34分、対外経済協力関係閣僚会議。5時7分、藤崎外務審議官。25分、竹内外務次官、小田野外務省儀典長。43分、古川官房副長官。7時59分、東京・高輪のラーメン店「壇太」で秘書官らと会食。9時18分、東京・東五反田の仮公邸。

2003年8月28日（木）

この日の午後、俳優のトム・クルーズが小泉首相を訪問しています。

トム・クルーズは、この年に公開された映画『ラストサムライ』の宣伝のために来日していました。ハリウッドスターが首相と会談するのは異例のことです。小泉首相は、映画や演劇、歌舞伎、オペラなどを見るのが大好き。小泉首相ならではの異色会談になりました。

この会談で、小泉首相は、『トップガン』や『レインマン』など、トム・クルーズ主演の映画の題名を挙げるなど、映画通ぶりを発揮しました。

小泉首相は、アメリカの歌手エルビス・プレスリーの大ファンで、首相退任直前には、アメリカのプレスリーの自宅を、当時のブッシュ大統領夫妻と訪問したほどです。この日は、プレスリーの曲を、トム・クルーズと合唱したそうです。

ちなみに、なぜ異色会談が実現したのか。小泉首相は、「関係者から会いたいという話があったと説明しましたが、トム・クルーズは、「ご招待を受けた」と答えました。

夜になると、高輪のラーメン店「壇太」で秘書官らと会食です。この店は、小泉首相がたびたび通っています。「ラーメン店」と表記されていますが、ラーメンや焼き餃子が名物の居酒屋というイメージです。これ以来、この店は、「小泉元首相」など「多くの著名人からご愛顧頂き」と宣伝するようになります。

▼首相動静 25日

【午前】9時47分、官邸。49分、川口外相。10時4分、竹中経済財政・金融相、内閣府の伊藤副大臣、小平政策統括官、伏屋官房副長官補、金融庁の高木長官、増井総務企画局長、五味監督局長。37分、生田正治日本郵政公社総裁。11時20分、自民党ホームページの新年あいさつの録音。33分、財務省の溝口財務官、渡辺国際局長。

【午後】0時10分、内閣記者会加盟報道各社キャップと懇談。1時48分、近藤剛日本道路公団総裁。2時11分、細田、山崎、二橋各官房副長官、柴田内閣総務官。28分、福田官房長官加わる。3時7分、ソプラノ歌手の佐藤しのぶ氏、水木初彦神奈川新聞社長らによる神奈川新聞、テレビ神奈川の共同インタビュー。45分、兼元内閣情報官。4時19分、カタールの衛星テレビ局「アルジャジーラ」のインタビュー。5時6分、経済財政諮問会議。6時3分、蓮実衆院議員。15分、藤崎外務審議官、溝口財務官、佐野経産審議官ら。細田副長官、岡本首相補佐官、谷内官房副長官補ら同席。36分、田中外務審議官。7時37分、東京・銀座のホテル西洋銀座内の日本料理店「吉兆」で作家の宮尾登美子さんらと会食。10時35分、東京・東五反田の仮公邸。

2003年12月25日(木)

ソプラノ歌手の佐藤しのぶ氏と会ったり、作家の宮尾登美子さんらと会食したりと、小泉首相の交友関係は、過去の首相たちと異なっています。

注目されるのは、カタールの衛星テレビ局「アルジャジーラ」のインタビューに応じていることです。

アルジャジーラは、1996年にカタールの首都ドーハに設立されたアラビア語放送です。

アラブ諸国では、放送局は国営が多く、国王や政府の厳重なコントロール下にあります。表現・報道の自由はほとんどありません。ところがアルジャジーラは、イギリスのBBCで働いていたジャーナリストが多く、欧米流の自由な報道をモットーにしています。カタールの首長が設立に資金を出しましたが、放送の内容には口を出さないため、アラブ圏では唯一の自由な報道をする放送局になりました。

米軍によるイラク侵攻では、空爆で被害を受けるイラク国民の姿を伝えるなど、アラブ世界の視点からニュースを伝え、アラブの人々の絶大な支持を得ました。現在は英語放送も開始し、世界に大きな影響力を持つようになっています。

小泉首相としては、日本の自衛隊のイラク派遣が、「人道支援に行くのであって、戦争をしに行くわけではない」と説明するためにインタビューに応じたようです。

第19章

ひ弱なお坊ちゃんだった

――安倍晋三

北朝鮮に対する強硬な姿勢と育ちの良さ、甘いマスクが人気となったものの、いざ首相になると、次々と押し寄せる難題に立ち向かうことができず、「お友達」を集めた内閣はバラバラに。とうとう胃腸を悪くして途中退場。「KY（空気が読めない）首相」とまで呼ばれるようになってしまいました。

安倍の存在が国民に広く知られるようになったのは、小泉首相の北朝鮮訪問です。このとき官房副長官として同行した安倍は、安易な妥協をすべきではないと対北朝鮮強硬論を主張。さらに帰国後は、拉致問題で誠意を見せない北朝鮮に対して経済制裁を主張し、この毅然たる姿勢が、国民の支持を得ました。

さらに国民から人気の高い小泉首相の支持を得て、後継者として浮上。２００6年の自民党総裁選挙で、麻生太郎、谷垣禎一を大差で破って当選しました。

首相就任は52歳という若さで戦後最年少でした。初の戦後生まれの首相が誕生したのです。

安倍の父親は安倍晋太郎です。外務大臣や自民党の幹事長を務め、あと一歩で総理大臣という地位まで上り詰めたところで、病気のため、思いを果たせなかった悲劇の人です。

安倍晋三の母方の祖父は岸信介元首相、父方の祖父は安倍寛元代議士という華麗なる政治家一家に生まれました。

本籍地は山口県で、山口から選挙に出ていますが、実際は東京生まれの東京育ちです。成蹊中学、成蹊高校、成蹊大学とエスカレーターで進学しました。

大学卒業後、一時期アメリカの大学に留学しますが、中途退学して神戸製鋼に入社。サラリーマンを経験しますが、28歳で退社して、父の秘書になります。

父の死後、1993年の衆議院総選挙で当選します。父が派閥の領袖を務めた清和会に所属します。同じ清和会の小泉純一郎の引きで森内閣の官房副長官を務めました。小泉内閣でも引き続き官房副長官でしたが、2003年9月には小泉の指名で自民党幹事長に抜擢されます。大臣経験がないままの若手幹事長は極めて異例のことでした。

小泉の任期満了後は、小泉人気に乗る形で総裁・首相になります。

総裁選挙直前には『美しい国へ』を出版してベストセラーになります。政権のスローガンも、「美しい国日本をつくる」でしたが、意味がよくわからないという批判も受けます。

政権の課題として、「戦後レジーム（体制）からの脱却」とも主張しましたが、これまた意味不明という批判を受けます。本人としては、アメリカに押し付けられた憲法を改正するという意味もあったのでしょうが、対米協調という「戦後レジーム」まで変えようというつもりなのかとアメリカから警戒されてしまいます。

ただ、戦後レジームの一環であると考えていた教育基本法の改正は果たし、防衛庁の防衛省への昇格も果たします。

小泉政権時代、小泉首相の靖国参拝で冷え込んでいた中国や韓国との関係については、自身の靖国参拝に関して明言しないという曖昧戦略で臨み、中国や韓国との関係を改善しました。

２００６年の９月から11月にかけて、小泉時代に自民党から追い出された郵政民営化反対派の復党を進めたことが、「小泉改革を否定しようとしている」と国民に受け止められ、内閣支持率が下がり始めます。

内閣の閣僚や、それを支える人材に親しい友人を多く起用したことから「お友達内閣」と揶揄されましたが、その「お友達」が次々にスキャンダルで失脚。２００７年５月には、松岡利勝農林水産大臣が、事務所経費問題で自殺します。

さらに２００７年には「消えた年金記録」の問題が浮上。社会保険庁の信じられないような杜撰《ずさん》な仕事ぶりと、それを放置してきた自民党政権に対する批判が噴出し、参議院選挙で自民党は大敗します。

安倍首相は、選挙で大敗しても続投の方針を打ち出し、８月に内閣改造を果たし、９月10日の臨時国会で所信表明演説をしておきながら、その２日後、突如として辞意を表明。そのまま慶応大学病院に入院してしまいます。病名は「機能性胃腸障害」でした。

首相職を途中で投げ出したことに国民の批判が高まりましたが、本人は議員を辞職することなく、首相退陣後、健康状態が回復すると、政治活動を再開。ここでもＫＹぶりを発揮しています。

▼首相動静 26日

安倍新首相

【午前】8時50分、官邸。9時4分、閣議。31分、国会。34分、自民党役員会。50分、官邸。51分、小泉首相。10時3分、官邸で小泉首相を見送り。30分、国会。32分、民主党の菅直人代表代行、鳩山由紀夫幹事長ら。中川自民党幹事長ら同席。44分、官邸。

【午後】0時30分、国会。33分、自民党両院議員総会。36分、同党代議士会。1時2分、衆院本会議。39分、小泉前首相、二階自民党国対委員長。45分、中川幹事長加わる。55分、衆院の正副議長、議運委員長、各党各会派にあいさつ回り。中川幹事長、二階国対委員長同行。2時19分、参院の正副議長、議運委員長、各党各会派にあいさつ回り。片山自民党参院幹事長、矢野同党参院国対委員長同行。36分、官邸。3時19分、下村官房副長官。24分、塩崎官房長官、鈴木官房副長官加わる。32分、的場官房副長官加わる。44分、神崎武法公明党代表との党首会談。中川幹事長、太田昭宏公明党幹事長代行同席。49分、中川幹事長、青木参院議員会長ら自民党5役と神崎公明党代表らで組閣本部立ち上げ。58分、新閣僚の呼び込み。5時23分、世耕首相補佐官。24分、根本首相補佐官加わる。28分、中山、小池両首相補佐官加わる。29分、山谷首相補佐官加わる。6時32分、皇居。内奏、首相任命式、閣僚認証式。8時57分、官邸。9時16分、内閣記者会との記者会見。45分、閣僚に補職辞令交付。10時2分、初閣議。25分、閣僚と記念撮影。29分、首相補佐官ら特別職に辞令交付。38分、正副官房長官や首相補佐官と記念撮影。11時39分、塩崎官房長官ら。

2006年9月26日(火)

安倍内閣が成立しました。新閣僚の呼び込みをした後、計5人の首相補佐官が続々到着しています。

安倍首相は、「内閣主導」の政治を進めようとして、気心の知れた議員を官邸に集めました。これが、「お友達内閣」と揶揄されることにもなります。安倍首相は、自分の意に沿わない者とは敵対し、身内にはトコトン甘いと言われています。

世耕弘成補佐官は、NTT出身で米大学に留学中は「企業広報論」を学び、NTTの報道担当課長も務めました。安倍内閣ではメディア戦略を担当します。

根本匠補佐官は、建設省の官僚出身で、「政策新人類」と呼ばれる政策通。経済財政担当です。

中山恭子補佐官は、拉致問題に取り組んで拉致被害者家族からの信頼があります。

山谷えり子補佐官は教育担当。安倍首相とは保守イデオロギーが一致する同志的関係で、教育再生会議のまとめ役を担当します。

小池百合子補佐官は、小泉内閣で「刺客」を務めて頭角を現し、環境大臣としてはクールビズを定着させました。安倍内閣では、国家安全保障問題を担当します。

5人の補佐官を集めたものの、補佐官同士の連携はなく、山谷補佐官は文部科学大臣との分担が曖昧で、教育再生会議は迷走します。小池補佐官の担当と防衛庁長官の担当の仕分けもうまくいかず、内閣が混乱する元にもなったと批判されることになります。

▼首相動静 30日

【午前】東京・富ケ谷の自宅で過ごす。

【午後】0時49分、東京・平河町の都市センターホテル。50分、控室で公明党の太田昭宏、神崎武法新旧代表、北側一雄、冬柴鉄三新旧幹事長ら。1時5分、同ホテル内の「コスモスホール」で第6回公明党全国大会に出席。43分、東京・永田町のキャピトル東急ホテル。同ホテル内の「村儀理容室」で散髪。3時9分、富ケ谷の自宅。

2006年9月30日(土)

公明党と連立を組んでいることもあり、この日安倍首相は、公明党大会に来賓として出席しました。

この大会で、公明党は、退任する神崎武法代表に代わって、太田昭宏幹事長代行を選出しました。

太田代表は挨拶の中で、自民党との連立について、「互いに言うべきことは言うという第2期にしなければならない」と語りました。

太田代表は平和運動に熱心に取り組んできた経験があり、公明党の支持母体である創価学会も、自民党の小泉・安倍ラインの「タカ派」傾向には警戒感があります。公明党が連立を組んでいながら、小泉首相の靖国神社参拝を阻止することもできませんでした。

そうした公明党の連立ありきの姿勢に対する批判を意識して、太田代表は、「言うべきことは言う」という態度を強調せざるを得なかったのです。

これに対して安倍首相も、「主張すべきことは主張し、新しいものを作っていくという考えは、私も全く同じだ」と同調する一方、選挙での支援を要請しました。選挙で公明党や創価学会に支援してもらわないと選挙に勝てないという自民党の弱みを自ら認めるような挨拶でした。

大会出席の後は、キャピトル東急ホテルの「村儀理容室」で散髪。この店、小泉前首相の行きつけの店でもありました。

▼首相動静 8日

【午前】東京・富ケ谷の自宅で過ごす。
【午後】1時39分、東京・西新宿のホテル「パークハイアット東京」。同ホテル内のフィットネスクラブ「クラブ オン ザ パーク」。4時44分、自宅。7時30分、公邸。

2007年1月8日(月)

安倍首相時代の「首相動静」で印象的なのは、休日に高級ホテルのフィットネスクラブに通う頻度の高さです。この日は西新宿のホテル「パークハイアット東京」の中のフィットネスクラブ「クラブ オン ザ パーク」で長時間過ごしています。

どんなフィットネスクラブなのだろうと、ホテルのホームページで見ると、45階と47階にまたがり、床面積が計2100平方メートルという広大さです。「ご宿泊のお客様と会員の皆様だけにご利用いただける」と書いてあります。安倍首相は、この日このホテルに宿泊しているわけではないので、おそらく「会員の皆様」なのでしょう。会員になるには、どれだけの費用が必要か、ホームページに記載はありません。

安倍首相は、別の日には東京・六本木のホテル「グランドハイアット東京」の中にあるフィットネスクラブ「NAGOMI スパ アンド フィットネス」にも行っています。

こちらのホームページを見ると、「メンバーとホテルゲストだけに許された心身のくつろぎと調和のためのスペース」とあります。やはりこちらも、安倍首相は「メンバー」になっているのでしょう。こちらも、メンバーになるにはどうしたらいいか記載がありません。

森元首相は高級料亭。安倍首相は高級フィットネスクラブ。ライフスタイルは天と地ほども違いますが、多額の費用がかかる点は共通しています。

▼首相動静 25日

【午前】8時16分、JR東京駅。24分、新幹線で同駅発。10時13分、新潟県長岡市の長岡駅。17分、泉田裕彦同県知事、篠田昭新潟市長。51分、長岡市陽光台の仮設住宅。中越地震で被災した旧山古志村の住民と懇談。森民夫長岡市長、長島忠美衆院議員ら同行。11時53分、同県小千谷市の船岡公園。戊辰戦争の西軍墓地視察。谷井靖夫小千谷市長ら同行。

【午後】0時54分、同県燕市の洋食器メーカー「小林工業」視察。菅総務相ら同行。1時27分、同市の燕商工会議所。山崎悦次会頭らと懇談。2時42分、新潟市の研磨業「小林研業」視察。3時46分、同市のホテルオークラ新潟。48分、ホテル内宴会場「コンチネンタル」で蓮池薫、祐木子夫妻ら拉致被害者。中山首相補佐官同席。4時5分、ホテル内レストラン「スターライト」で拉致被害者と会食。6時19分、同市の新潟駅。20分、貴賓室で吉田六左エ門衆院議員、小熊博同県副知事ら。35分、新幹線で同駅発。9時、東京駅。14分、公邸。

2007年2月25日(日)

日頃から多忙な首相としては、地方に視察に行くときには、さまざまな予定を組みます。この日の新潟往復のスケジュールを見ると、それがよくわかります。新潟県長岡市で新潟県知事、新潟市長と会った後、中越地震で被災した旧山古志村の住民と懇談しています。

2004年10月に発生した中越地震では、68人が死亡し、4800人以上が負傷、避難した住民は10万3000人に上りました。とりわけ旧山古志村の住民の多くは、長期間自宅に戻ることができませんでした。

長岡に来たついでなのでしょうか、戊辰戦争の西軍墓地を視察しています。戊辰戦争は、旧幕府と薩長連合の新政府との戦争で、西軍は薩長連合側の軍隊のこと。山口県選出の安倍首相としては、西軍の墓地にお参りしたかったのでしょう。

燕市の洋食器メーカーといえば、輸出産業として有名です。円高になると打撃を受けやすいことでも知られています。

新潟市のホテルオークラ新潟では、北朝鮮による拉致被害者の蓮池薫さん夫妻、地村保志さん夫妻、曽我ひとみさんと面会し、会食しています。

被害者たちは、まだ帰国できないでいる拉致被害者のことを気遣い、解決を首相に要請しました。拉致問題で北朝鮮に強硬な態度をとって人気の出た安倍首相としては、問題解決に尽力すると決意を述べています。

▼首相動静 22日

【午前】8時58分、国会。9時2分、閣議。22分、麻生外相。29分、塩崎官房長官。31分、赤城農水相。10時、東京・浜松町の文化放送本社。同社内のスタジオでラジオ番組収録のためタレントのみのもんた氏と対談。52分、官邸。54分、守屋防衛次官。11時55分、公明党の太田代表、神崎武法前代表ら。

【午後】0時56分、国会。1時2分、衆院本会議。49分、官邸。2時49分、的場官房副長官。3時1分、根本首相補佐官。24分、菅総務相。4時2分、三谷内閣情報官。25分、防衛省の大古防衛政策局長加わる。30分、三谷内閣情報官。5時3分、内閣記者会のインタビュー。6時35分、東京・西五反田の桐ケ谷斎場。故渡辺襄元毎日新聞社長の通夜に参列。7時9分、東京・紀尾井町のホテルニューオータニ。同ホテル内の中国料理店「Taikan En」で、衆院教育再生特別委員会の大島理森筆頭理事、参院文教科学委員会の中川義雄筆頭理事らと会食。塩崎官房長官、伊吹文科相、菅総務相同席。45分、菅総務相出る。8時57分、公邸。

2007年6月22日（金）

午前中、文化放送でラジオ番組の収録に顔を出しています。お相手は、みのもんたさん。

安倍内閣が力を入れている公務員制度改革のPRをしました。

番組収録で、みのさんが、年金記録問題を説明する安倍首相を持ち上げる発言をしたことで、安倍首相はすっかりご機嫌。みのさんに対して、「国民への発信力、コミュニケーション（力）を生かし、1回政府に来ていただけるのが一番いい」と呼びかけました。

「政権入り」したらどうかと誘ったのですね。みのさん人気に便乗し、政府のスポークスマン役をしてほしいという依頼でした。

TBS系列の朝のニュース番組「みのもんたの朝ズバッ！」は、庶民の視線で政府や官僚批判を繰り返すみのさんが人気。これには政府も戦々恐々としています。それならいっそのこと、みのさんを政権に取り込んでしまおうというわけです。

この収録ですっかり意気投合した2人は、後日、会食しています。

「安倍さんにご馳走になってしまったから、安倍さんの悪口が言えなくて」とは、みのさんが、テレビのスタジオで私に耳打ちしたセリフです。

テレビニュースのキャスターとして、その姿勢はどうよ、と突っ込みを入れたくなりますが、そのあっけらかんとした正直ぶりが憎めないのです。

2007年8月27日(月)

「消えた年金記録」5000万件、松岡利勝農水相の自殺、後任の赤城徳彦農水相の「ばんそうこう会見」、久間章生防衛相の「原爆投下しようがない」発言と、スキャンダルまみれのまま7月の参議院選挙に突入した安倍政権は、歴史的敗北を喫しました。

選挙中、安倍首相は、民主党の小沢一郎代表を引き合いに出して、こう演説しました。

「自民党の責任者である私、小沢さん、どちらが本当のことを言い、政策を実行できるのか。国民にご判断いただきたい」

これは、本人が自覚していたかどうかはともかく、「参議院選挙で敗北したら、自分には政策実行力がないと国民が判断したことになる」という意味です。「選挙で負けたら辞任する」と宣言したようなものです。

その結果、敗北したわけですから、誰もが安倍首相の退陣を予測しました。ところが安倍首相は続投を宣言。この日、内閣改造を実施しました。

さらに9月10日には所信表明演説をして、今後の政治への決意を語りました。

しかし、そもそも胃腸が弱かった安倍首相は、下血を伴った下痢が止まらない状態でした。シドニーで開かれたAPEC（アジア太平洋経済協力会議）にも出席しましたが、帰国後の12日、政権投げ出しを宣言。そのまま慶応大学病院に、逃げるように入院してしまうのです。口では勇ましいことを語りながらも、ひ弱なお坊ちゃんだったのです。

▼首相動静 27日

【午前】8時46分、自民党本部。53分、自民党の二階国対委員長。54分、麻生外相加わる。9時7分、石原伸晃幹事長代理加わる。40分、中川幹事長加わる。42分、笹川尭党紀委員長加わる。50分、丹羽総務会長加わる。10時3分、臨時総務会で新役員を決定。43分、役員会。11時3分、官邸。

【午後】1時3分、臨時閣議で辞表取りまとめ。21分、同党の菅新選対総局長。3時33分、公明党の太田代表と与党党首会談。自民党の麻生新幹事長、公明党の北側幹事長同席。44分、自民党の麻生幹事長ら党5役と公明党の太田代表、北側幹事長ら。組閣本部設置。54分、新閣僚の呼び込み始まる。5時3分、山谷首相補佐官。53分、中山首相補佐官。7時1分、皇居。内奏、新閣僚認証式。8時51分、官邸。9時、記者会見。27分、新閣僚への補職辞令交付。44分、初閣議。10時5分、新閣僚と記念撮影。26分、公邸。

第20章

「あなたとは違うんです」

――福田康夫

安倍首相の突然の政権投げ出しに続き、福田首相も突然の辞任。２代続けての政権投げ出しに、国民は呆れるばかり。辞任記者会見で、記者が福田首相に、「総理の会見は他人事のように聞こえる」と言うと、福田首相は、「私は自分を客観的に見ることはできるんです。あなたとは違うんです」と言い返し、周囲を唖然とさせました。

この捨て台詞で記憶に残る首相になってしまいました。

安倍首相の突然の政権投げ出しで政界が混乱すると、それまで総裁選への意欲を示したことのなかった福田康夫が、出馬の意向を示します。

総裁選挙は麻生太郎との一騎打ち。福田が圧勝し、２００７年９月、首相に就任しました。父・福田赳夫元首相の長男であり、日本の憲政史上初の親子２代の首相誕生です。71歳での首相就任は、奇《く》しくも父親と同じでした。

福田赳夫の長男として生まれ、麻布中学・高校を経て早稲田大学を卒業後、丸善石油（現・コスモ石油）に入社。サラリーマンとしてアメリカ・ロサンゼルス支店に勤務したこともあります。本人は政治家になるつもりがありませんでしたが、父の後継者と目されていた弟が病気となったことから、母親の強い勧めで政治家の道に入ります。父・福田赳夫の総理大臣秘書官を務めた後、１９９０年の衆議院総選挙で群馬の父親の地盤から出馬して当選を果たします。初当選が53歳という、政治家としては遅咲きです。

２０００年の第２次森内閣で官房長官に就任。森

首相の失言の弁解に追われました。常に冷静な受け答えで、安定感を示しますが、クールでシニカルな性格が垣間見えました。

　その後の小泉内閣でも引き続き官房長官を務め、官房長官在任期間がトップという記録を達成しますが、2004年5月、自身の国民年金保険料未納が明らかになったとして辞任しています。突然の辞任は、小泉首相のお守りに疲れての責任放棄の印象を与え、首相の座を放り出したときも、〝放棄癖〟が出たと受け止められました。

　2007年9月の国会での首班指名選挙で、衆議院では福田が首相に指名されますが、野党が過半数を占める参議院では民主党の小沢一郎代表が指名されるという「ねじれ国会」を象徴する事態となります。

　組閣にあたって福田首相は、「一歩でも間違えば、自民党が政権を失う可能性もある」と指摘し、自身の内閣を「背水の陣内閣」と名づけました。福田首相の指摘通り、自民党は2009年に政権を失うことなるのですが。

福田内閣が誕生してまもなくの11月、驚天動地の事態が起こります。福田首相と民主党の小沢代表が会見し、大連立構想が持ち上がったからです。

衆議院では自民党が公明党と連立を組んで、3分の2の絶対多数の議席を確保していますが、参議院では自公が一緒になっても過半数に達しません。これでは政権運営に支障が出るとして、対立していたはずの自民党と民主党が連立政権を樹立しようという話でした。

この大連立構想の仕掛け人は、読売新聞グループ本社代表取締役の渡辺恒雄会長でした。このことは、読売新聞以外の各新聞が報じました。

小沢代表は、この構想をいったん持ち帰りますが、民主党内で批判を受け、撤回。さらに民主党代表の座も辞任する意向を明らかにしましたが、これまた説得を受けて撤回しました。

福田首相は、小泉内閣が実現できず、安倍内閣でも一部しか実現できなかった道路特定財源の一般化を実現しました。

さらに、消費者庁の実現に意欲を示して、その道筋をつけ、2009年9月に発足させています。

福田康夫の父の赳夫は、1979年に日本の首相としてサミットの議長を務める予定でしたが、前年の自民党総裁選で大平正芳に敗れて、果たすことができませんでした。しかし康夫は2008年7月、洞爺湖サミットで議長を務め、父親ができなかったことを実現させました。

2008年8月には内閣改造を実施しましたが、翌9月1日夜、突然緊急記者会見を開き、首相を辞任することを明らかにしました。

いまのままでは次の衆議院選挙で自民党が敗北し、政権交代が起きてしまうという危機感から、「党の顔」を国民に人気のありそうな麻生太郎に替えて選挙をすることが得策だと考えたようです。

麻生内閣誕生後、内閣支持率が高いうちに解散・総選挙に打って出るべきだと考えての辞任表明でした。

自分や自民党の現状に対して客観的な判断を下そうとしたのでしょう。

退陣表明の記者会見で、中国新聞の記者が、「総理の会見は他人事のように聞こえるという印象を受けます」と発言したのに対して、福田首相は、「私は自分自身を客観的に見ることはできるんです。あなたとは違うんです」と切り返しました。

この発言は大きな反響を呼び、この年の新語・流行語大賞のトップ10に選ばれるほどでした。

しかし、2代続けての政権投げ出しと、選挙という国民の審判を経ないまま首相交代が続いたことは、国民の怒りを買い、麻生内閣が実施した解散・総選挙で、国民は政権交代を選ぶことになるのです。

▼首相動静　2日

【午前】8時25分、国会。28分、町村官房長官。35分、閣議。50分、町村長官。54分、二階自民党総務会長。9時29分、官邸。38分、増田総務相。55分、文科省の銭谷事務次官、樋口スポーツ・青少年局長。10時39分、タイのニット外相。安藤官房副長官補、渥美外務省南部アジア部長同席。11時14分、防衛省の金沢防衛政策局長、椋木情報本部長、三谷内閣情報官。33分、三谷情報官。

【午後】0時57分、町村長官。1時18分、二橋官房副長官。2時24分、国会。27分、太田公明党代表と与党党首会談。伊吹自民党幹事長、北側公明党幹事長同席。3時、小沢民主党代表と党首会談。自民党の伊吹幹事長、大島国対委員長、民主党の鳩山幹事長、山岡国対委員長同席。2分、小沢代表。4時17分、官邸。21分、町村、二橋正副長官。5時34分、二橋副長官。6時、シンガポールのリー・シェンロン首相と電話会談。安藤副長官補、渥美南部アジア部長同席。26分、国会。29分、小沢民主党代表との党首会談再開。自民党の伊吹幹事長、大島国対委員長、民主党の鳩山幹事長、山岡国対委員長同席。7時27分、伊吹幹事長、大島国対委員長。52分、官邸。8時30分、町村長官。9時18分、東京・野沢の自宅。

2007年11月2日(金)

首相に就任したばかりの福田首相と民主党の小沢代表との党首会談が行われ、連立協議が話し合われました。これには多くの国民が驚きました。

これまでも複数の政党が連立を組んで国会での過半数を確保するという連立はありましたが、これまで対立し合っていた政党同士が一緒になって連立政権を樹立するというのは、いわゆる「大連立」です。

安倍内閣が参議院選挙で敗北したため、自民党と公明党が連立を組んでも参議院で過半数を確保できなくなっていました。この「ねじれ国会」によって、思い通りの国会運営ができなくなったことに焦燥を抱いた福田首相は、小沢代表に大連立を持ちかけたのです。

この動きの裏には、読売新聞グループ本社の渡辺恒雄会長の仕掛けがありました。このことを、朝日新聞と毎日新聞は伝えましたが、読売新聞はまったく報じませんでした。

小沢代表は、いったんは乗り気になって民主党に戻り、幹部に事の経緯を説明しましたが、幹部たちは大反対。結局、小沢代表は、大連立協議は受け入れられないと福田首相に通告します。

この後、小沢代表は、「民主党は政権を取るだけの力がない」と批判して代表を辞任するという声明を出します。これに対して幹部たちが必死の引きとめ工作をして、辞任を阻止しました。大連立構想は、民主党に深い傷を与えたのです。

▼首相動静 23日

【午前】8時56分、官邸。59分、消費者行政推進会議。10時2分、スロベニアのヤンシャ首相と首脳会談。37分、欧州連合（EU）のバローゾ欧州委員長、ヤンシャ首相らと写真撮影。39分、日・EU定期首脳協議。11時45分、同首相らと昼食会。

【午後】1時33分、ヤンシャ首相、バローゾ委員長と共同記者会見。57分、玄関で同首相ら見送り。2時32分、町村官房長官。4時8分、伊藤首相補佐官。24分、二橋官房副長官。5時11分、中央防災会議。31分、上川少子化担当相。51分、経済財政諮問会議。7時10分、公邸。

2008年4月23日（水）

消費者行政推進会議の席上、福田首相は突然、来年度に「消費者庁」を創設すると宣言しました。

とかく自らリーダーシップをとることがないと批判されてきた福田首相が、強い意思を示したのです。

これまで日本には、農民や漁民、企業など生産者側に立った役所はありましたが、消費者の立場になった役所は存在していませんでした。地方自治体の消費者センターや中央の国民生活センター程度しかなかったのです。福田構想は、各役所に分散している消費者行政を一元化して、消費者保護の仕組みを作るというものです。

過去に消費者団体が、「消費者庁を設立してほしい」と政府に陳情したことはありますが、その後は、積極的に働きかけることはありませんでした。それだけに、各消費者団体はびっくり。福田首相の応援団が結成されます。これが、福田首相のねらいだったのかもしれません。

消費者庁構想に対しては、企業活動への制約を懸念する声もありますが、福田首相は、「消費者の利益にかなうことは、企業に成長をもたらし、産業の発展にもつながる」と強調しました。

この消費者庁は、翌年2009年9月1日、つまり選挙で自民党政権が敗北した直後に発足することになります。福田首相の置き土産でした。

▼首相動静

▼6日
【午前】公邸で過ごす。
【午後】2時53分、稲畑耕一郎早大教授。4時16分、外務省の佐々江外務審議官、斎木アジア大洋州局長、宮本雄二駐中国大使。6時7分、東京・日比谷公園のレストラン「松本楼」。中国の胡錦濤国家主席と非公式夕食会。奥田内閣特別顧問、五百旗頭真防衛大学校長ら同席。8時23分、公邸。
▼7日
【午前】8時59分、皇居。中国の胡主席夫妻の歓迎行事。9時52分、公邸。59分、官邸。10時21分、玄関で貴代子夫人と胡主席夫妻を出迎え。26分、日中首脳会談。
【午後】0時16分、胡主席と共同文書署名式。28分、胡主席と共同記者会見。1時15分、胡主席とデジタル地球儀「触れる地球」見学。23分、玄関で胡主席らを見送り。3時10分、町村官房長官、坂官房副長官補。29分、自民党行政改革推進本部の中馬弘毅本部長、宮沢洋一事務局長。4時3分、ジェラルド・カーティス米コロンビア大教授。47分、二橋官房副長官、柳沢官房副長官補。5時1分、食料・農業・農村政策推進本部と「食料の未来を描く戦略会議」の合同会合。6時20分、公邸。7時12分、皇居。胡主席夫妻歓迎の宮中晩餐（ばんさん）会。10時34分、東京・野沢の自宅。11時8分、公邸。

2008年5月6日(火)・7日(水)

中国の胡錦濤国家主席が来日し、7日に首脳会談が開かれました。

会談で両者は、「『戦略的互恵関係』の包括的推進に関する日中共同声明」という共同文書に署名しました。1972年に日本と中国の国交が正常化して以来、中国の国家主席と日本の首相が署名するのは初めてのことです。

日中関係は、小泉内閣時代、小泉首相が毎年靖国神社を参拝したことから、すっかり冷え切っていました。それが安倍内閣になってからは、「靖国神社については参拝するしないを明言しない」という曖昧戦略をとったことから、関係が改善され、「戦略的互恵関係」を発展させていくことで合意していました。

自民党の中で親中派として知られる福田首相と、前任者の江沢民に比べて対日重視の胡錦濤国家主席ですから、会談はスムーズに進み、過去のような「歴史問題」が支障になることもなく、未来志向を強調しました。また、かつては「日本の軍国主義化」と批判していた中国が、戦後日本の歩みについて、「平和的手段で世界の平和と安定に貢献している」という内容が盛り込まれました。

さらに、東シナ海の日中の境界線付近で中国がガス田の開発を進めていることに関しては、日中での共同開発など話し合いを続けて行くことになりましたが、この問題に関しては、その後も進展を見せないまま中国側の開発が進んでいます。

▼首相動静 28日

【午前】8時15分、宿泊先の横浜市西区のヨコハマグランドインターコンチネンタルホテルで第4回アフリカ開発会議（TICAD）参加各国首脳らと記念撮影。22分、同区のパシフィコ横浜。29分、TICAD開会式であいさつ。9時2分、同ホテル。12分、スワジランドのムスワティ3世国王。39分、スーダンのバシル大統領。10時、ガンビアのヌジャイセイディ副大統領。28分、コンゴ共和国のサスヌゲソ大統領。58分、ジブチのゲレ大統領。11時16分、南アフリカのムベキ大統領。51分、カボベルデのピレス大統領。【午後】0時13分、エジプトのアブルゲイト外相。30分、首相主催の参加各国首脳らとの昼食会。2時12分、パシフィコ横浜。「アフリカン・フェア2008」開会式であいさつ。ガボンのボンゴ、マダガスカルのラベロマナナ両大統領らとフェアを視察。50分、同ホテル。3時2分、ウガンダのムセベニ大統領。26分、セーシェルのミシェル大統領。40分、ザンビアのムワナワサ大統領。4時20分、モザンビークのゲブザ大統領。40分、ナミビアのポハンバ大統領。5時7分、リベリアのサーリーフ大統領。6時13分、同区のパンパシフィック横浜ベイホテル東急。7時8分、第1回野口英世アフリカ賞授賞式・記念晩餐（ばんさん）会。9時34分、ヨコハマグランドインターコンチネンタルホテル。同ホテルに宿泊。

2008年5月28日（水）

横浜で「第4回アフリカ開発会議」（TICAD）が始まりました。あまり馴染みがないかもしれませんが、日本の呼びかけで始まったアフリカ支援の国際会議で、日本と国連、世界銀行による共催です。

第1回の会合は1993年に東京で開かれました。戦後の東西冷戦の中で、両陣営とも影響力を高めるためにアフリカへの援助合戦を繰り広げてきましたが、冷戦終結と共に、アフリカは忘れられた存在になっていました。そこで乗り出したのが日本。以後、5年ごとに東京で国際会議を開き、援助のあり方を話し合ってきました。今回は初めて会場を横浜に移しました。

近年、アフリカでは石油やIT機器に欠かせないレアメタルなどの資源を求めて、中国が大規模な援助攻勢をかけています。前年には、中国も同じような「中国・アフリカサミット」を北京で開いています。日本としても、負けられないのです。

この会議には、41人の国家元首や首脳級の人たちが参加するという大規模なものになりました。

夜には第1回野口英世アフリカ賞の授章式も開かれています。これは、2006年にアフリカを訪問した小泉元首相の発案で創設されました。アフリカでの感染症対策などのために研究と医療活動のそれぞれの分野で功績を上げた人に各1億円が授与されます。第1回は、イギリス人とケニア人が受賞しました。

▼首相動静　7日

【午前】10時30分、滞在中の北海道洞爺湖町のザ・ウィンザーホテル洞爺で、ブラウン英首相と会談。11時30分、メルケル独首相と会談。【午後】0時32分、G8各国首脳らを出迎え。56分、G8、アフリカ7カ国、国際機関各首脳との拡大会合昼食会。2時11分、写真撮影。30分、拡大会合。4時30分、南アフリカのムベキ大統領と会談。5時6分、アルジェリアのブーテフリカ大統領と会談。45分、ナイジェリアのヤラドゥア大統領と会談。7時4分、G8社交行事。8時5分、G8社交ディナー。

2008年7月7日(月)

北海道洞爺湖サミットが開かれました。

各国首脳が集まるのを機会に、前日から首脳会議が相次いで開かれています。福田首相とアメリカのブッシュ大統領との会談は前日に開かれました。その日はブッシュ大統領の62歳の誕生日。夕食会では誕生ケーキも出ました。

前回、沖縄でサミットが開かれたとき、会場を沖縄に決めた小渕首相は亡くなり、森首相がホストを務めました。今回は、洞爺湖を会場に定めた安倍首相が退陣。福田首相が議長を務めました。

サミットの場所を決めた人と、実際には担当する人は、いつも異なるという歴史が続いてきました。

福田首相の父の福田赳夫元首相は、1979年に日本で初めて開かれる東京サミットで議長を務めるつもりでしたが、自民党総裁選挙でよもやの敗北。大平に敗れてサミット議長の夢を果たせませんでした。

それだけに、「父親が成し遂げることができなかった」サミット議長を務めることができて以降、福田首相は、目的を失ってしまったように私には見えます。

今回のサミットには、アフリカの首脳たちも招待されました。世界の問題を考えるとき、一部の先進国の首脳だけでは解決できない問題が多くなってしまったことを物語っています。

▼首相動静 1日

【午前】7時48分、官邸。49分、内閣危機管理センターで総合防災訓練の関係閣僚協議。8時30分、同訓練の記者会見。40分、同訓練の緊急災害対策本部会議。11時3分、羽田空港。20分、航空自衛隊のU4多用途支援機で同空港発。

【午後】0時34分、関西空港。1時1分、大阪府岸和田市の浜工業公園。近畿府県合同災害訓練を視察。24分、同市の人工島ちきりアイランド。同訓練視察。2時21分、報道各社インタビュー。53分、関西空港。3時8分、U4機で同空港発。4時10分、羽田空港。44分、公邸。5時26分、官邸。54分、麻生自民党幹事長。6時4分、町村官房長官加わる。7時5分、町村長官残る。9時30分、内閣記者会との記者会見で辞意を表明。50分、町村、岩城、二橋正副官房長官。53分、塩谷官房副長官加わる。10時28分、公邸。

2008年9月1日(月)

安倍首相に続き、福田首相の突然の政権投げ出し。「私は自分を客観的に見ることはできるんです」という発言も飛び出しました。

9月1日は「防災の日」。早朝から内閣危機管理センターで総合防災訓練の関係閣僚協議を開いた後、航空自衛隊機で関西に飛び、近畿府県合同災害訓練を視察しています。

東京に戻り、公邸に入った後、麻生自民党幹事長、町村官房長官が駆けつけ、なにやら不穏な空気漂うと思いきや、午後9時半、突然の記者会見で辞意を表明します。なぜ首相を辞めなければならないのか。記者会見で、次のように述べています。

「先の国会では民主党が重要案件の対応に応じず」「決めるべきことがなかなか決まらない」「今度開かれる国会でこのようなことは決して起こってはならない」「この際、新しい布陣の下に政策の実現を図ってまいらなければいけないと判断し、本日、辞任をすることを決意しました」

これでは何のことか意味不明ですが、福田首相は、翌年に迫った衆議院の任期切れを意識しています。いまの低い内閣支持率では解散総選挙をしても自民党の敗北は必至。首相を変えて直ちに選挙をすれば、大敗は免れるのではないかと判断したようです。自分が自民党のために犠牲になるという判断ができるのだという自負が、「私は自分を客観的に見ることはできるんです」という発言に結びついたのでしょう。

おわりに

　戦後日本の政治は、長い間、「疑似政権交代」が行われてきたのではないでしょうか。

　1955年以降、現在まで、一部の期間を除いて、自由民主党が政権を維持してきました。しかし、首相はしばしば交代しました。首相が替わり、新しい内閣が誕生すると、それまでの政治のスタイルが大きく変化します。これが、まるで「政権交代」のように見えたのではないか、ということです。

　ところが、実際には自民党政権であることに変わりはないので、根本的なところでは政治に大きな変化はありません。それが結果的に、「政治なんて変わりっこない」という国民のあきらめにつながり、投票率も低迷していたのではないか、ということです。

　「首相動静」を読んでいくと、確かに首相が替わったことで、政治スタイルは変化するのですが、首相も大臣も、官僚の振り付けによって動き、官僚が用意した原稿を棒読みする。そんなことが繰り返されてきました。

　政治を政治家が担わず、官僚に丸投げしてきたのです。

　これでは、「政治は変わらない」という思いを持つのは当然のことでしょう。

　しかし、2009年9月に政権交代が起きたことで、政治は大きく変わっています。

　政治は変えることができるという、まったく当たり前のことを、私たちはいま目撃・実感しているのです。

歴代の首相の行動を見ると、なんとも牧歌的な時代があったものだ、という認識を新たにします。

いまなら、官邸の危機管理はどうなっているんだ、と大問題になりそうなことが度々起きているにもかかわらず、当時のマスコミは、それを問題にしていません。

連日連夜、料亭に通っていた首相。その金は、いったいどこから出ていたのか。それを追及するマスコミはありませんでした。

「首相動静」を見ることで、日本の政治の貧しさと共に、日本の政治報道の貧しさも見えてくる気がします。今度は、日本の政治報道が「政権交代」する時期を迎えているのかもしれません。

この本は、私が「首相動静」の愛読者だと知ったビジネス社の瀬知洋司さんの提案で生まれました。とはいえ、過去の「首相動静」を読み返すのは大変なこと。それを野本千尋さんが担当しました。せっせと図書館に通い、朝日新聞の縮刷版と連日取り組み、膨大なコピーをとってくださったのです。その努力に報いるために、私もコピーの山と取り組んだ結果が、これです。

この本には各首相の動静が一部しか掲載されていませんが、その背後には、これを抽出する大変な作業があったのだということを知っていただければ幸いです。

池上　彰

主要参考文献一覧

『自民党戦国史』伊藤昌哉（筑摩書房）
『自民党抗争史』奥島貞雄（中央公論新社）
『空白の宰相』柿崎明二、久江雅彦：共著（講談社）
『首相官邸物語』仮野忠男（角川書店）
『自民党』北岡伸一（中央公論新社）
『首相の蹉跌』清水真人（日本経済新聞出版社）
『政治家失格』田﨑史郎（文藝春秋）
『日本の「総理大臣」がよくわかる本』御厨貴監修（ＰＨＰ研究所）
『真空国会』読売新聞政治部（新潮社）